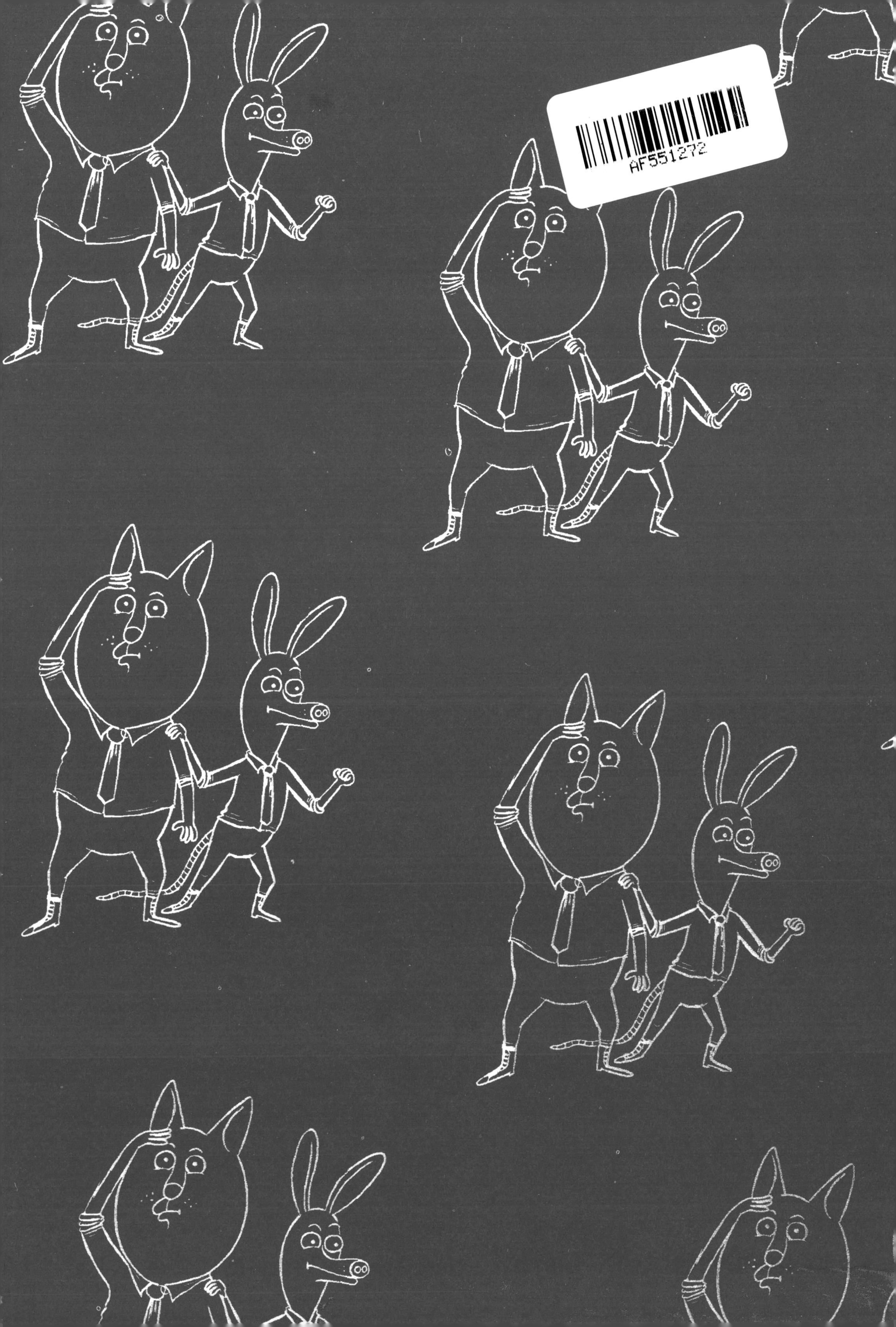

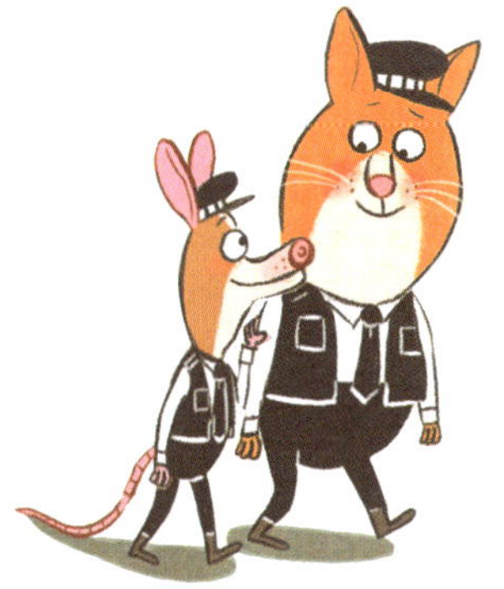

Für Jessie natürlich, die beste Schwester und Comic-Partnerin der Welt, die mir so viel bei diesem Buch geholfen hat. ♥

Aus dem Englischen von Matthias Wieland
Redaktion: Wiebke Helmchen
Korrektur: Gustav Mechlenburg
Lettering: Olav Korth und Michael Hau
Herstellung: Anna Weißmann

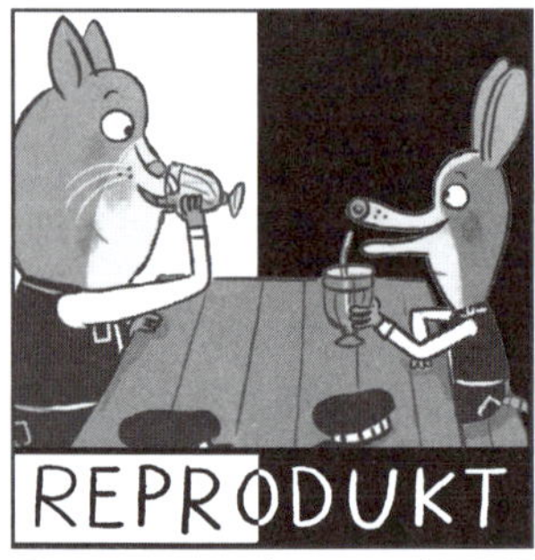

Gottschedstr. 4 / Aufgang 1
13357 Berlin

Originally published in Great Britain by Bog Eyed Books,
39 Coptefield Drive, Belvedere, Kent, DA17 5RL
Published by arrangement with Bog Eyed Books Ltd.
Herausgeber: Dirk Rehm
ISBN 978-3-95640-224-1
Druck: OZGraf, Olsztyn, Polen

Erste Auflage: Juli 2020

www.reprodukt.com

WILLKOMMEN IN ODDLEIGH

ODDLEIGH (sprich ODD-LI), vom englischen Wort „odd" (sonderbar, seltsam), ist eine kleine Stadt, in der reichlich merkwürdige Dinge vor sich gehen...

INHALT

OMM
NOMM
NOMM

Der Fluch von Lorringham

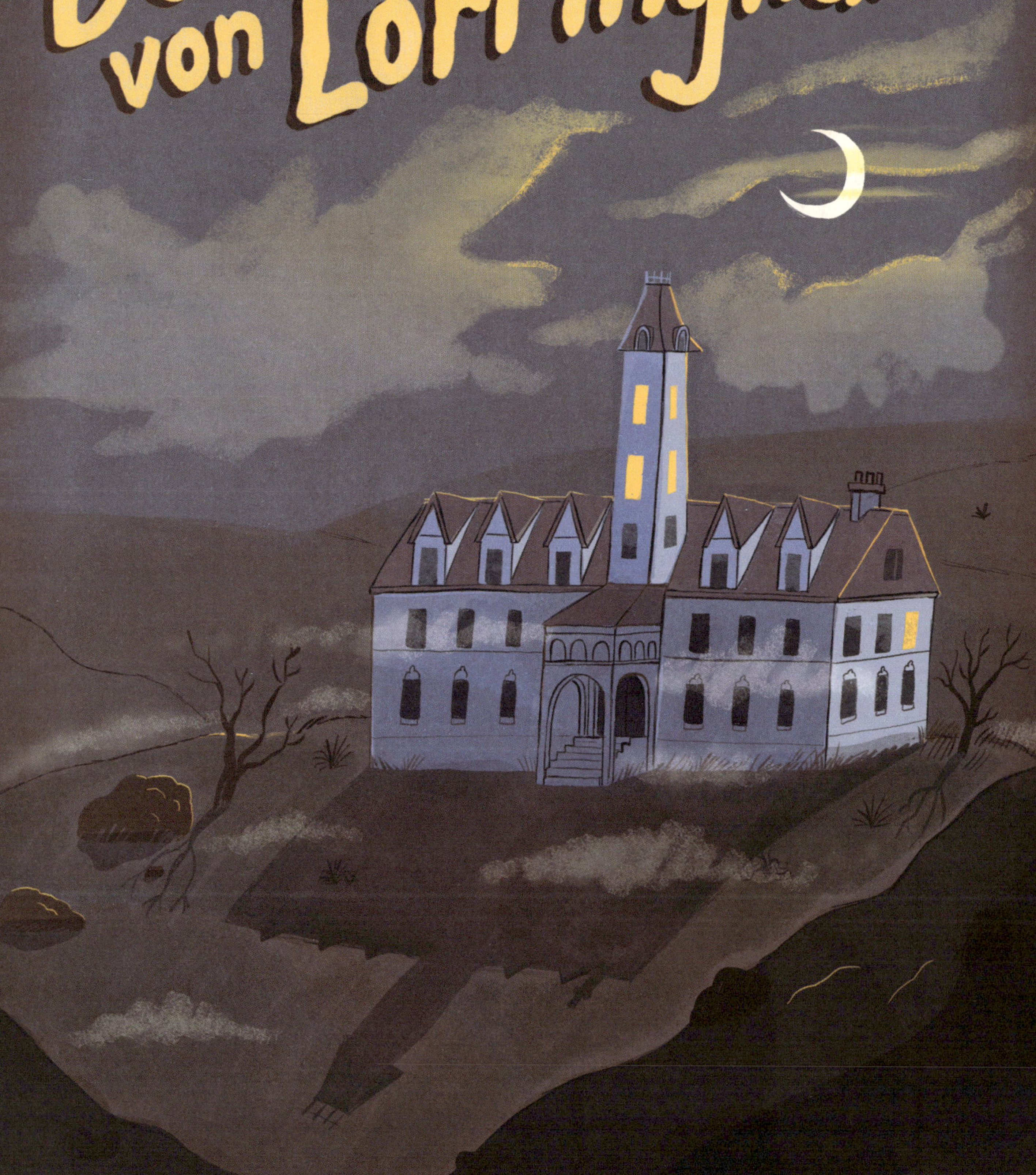

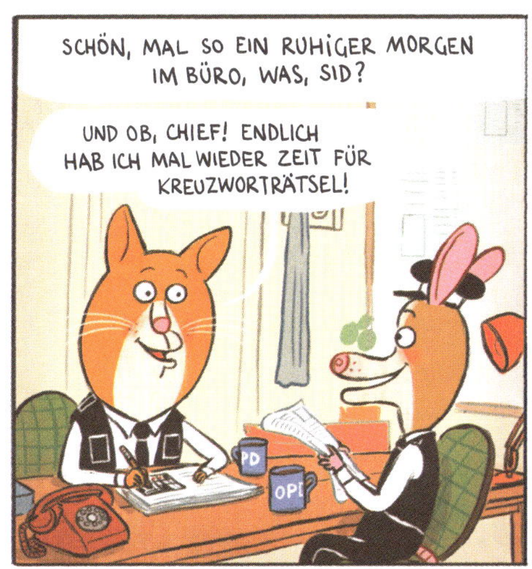
SCHÖN, MAL SO EIN RUHIGER MORGEN IM BÜRO, WAS, SID?
UND OB, CHIEF! ENDLICH HAB ICH MAL WIEDER ZEIT FÜR KREUZWORTRÄTSEL!

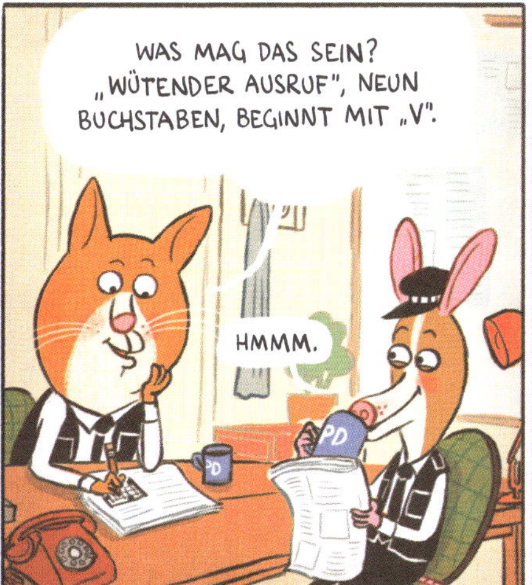
WAS MAG DAS SEIN? „WÜTENDER AUSRUF", NEUN BUCHSTABEN, BEGINNT MIT „V".
HMMM.

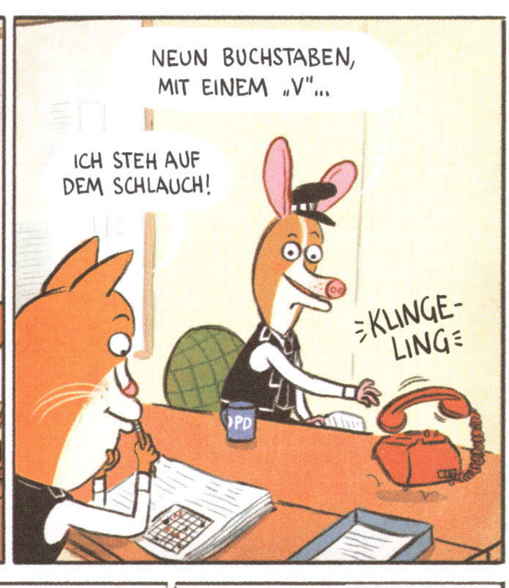
NEUN BUCHSTABEN, MIT EINEM „V"...
ICH STEH AUF DEM SCHLAUCH!
KLINGE-LING

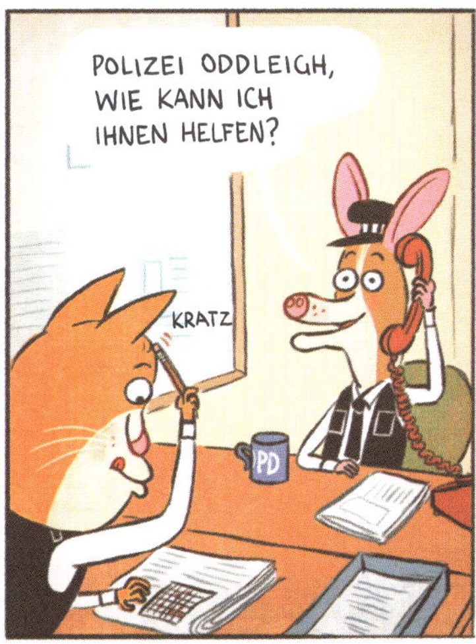
POLIZEI ODDLEIGH, WIE KANN ICH IHNEN HELFEN?
KRATZ

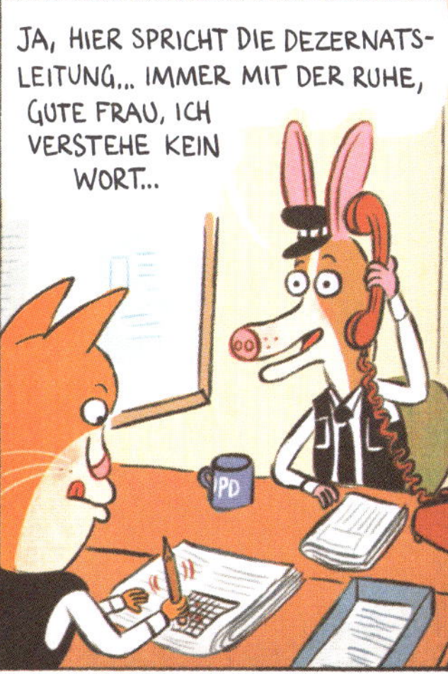
JA, HIER SPRICHT DIE DEZERNATS-LEITUNG... IMMER MIT DER RUHE, GUTE FRAU, ICH VERSTEHE KEIN WORT...

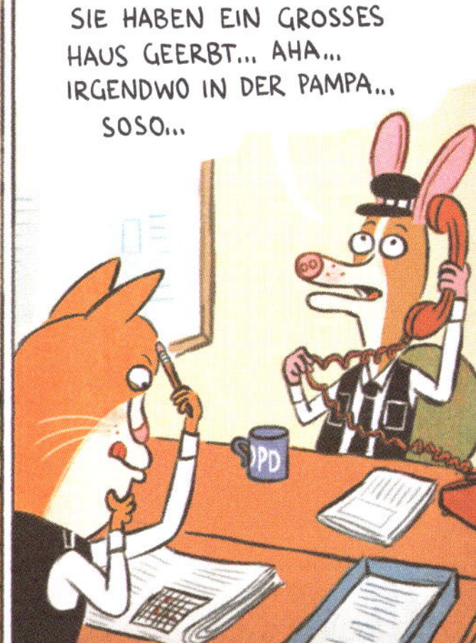
SIE HABEN EIN GROSSES HAUS GEERBT... AHA... IRGENDWO IN DER PAMPA... SOSO...

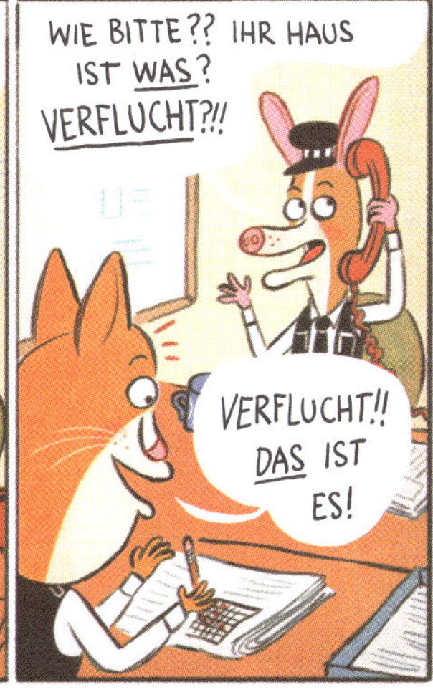
WIE BITTE?? IHR HAUS IST WAS? VERFLUCHT?!!
VERFLUCHT!! DAS IST ES!

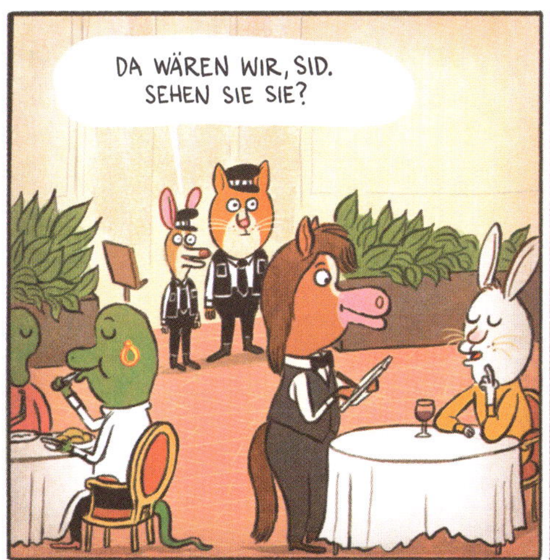
DA WÄREN WIR, SID. SEHEN SIE SIE?

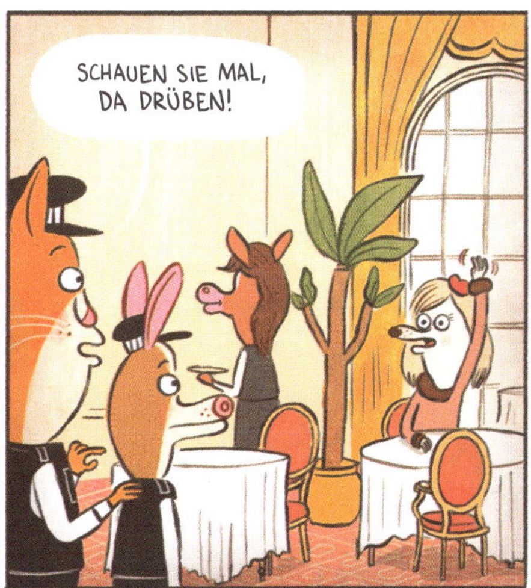
SCHAUEN SIE MAL, DA DRÜBEN!

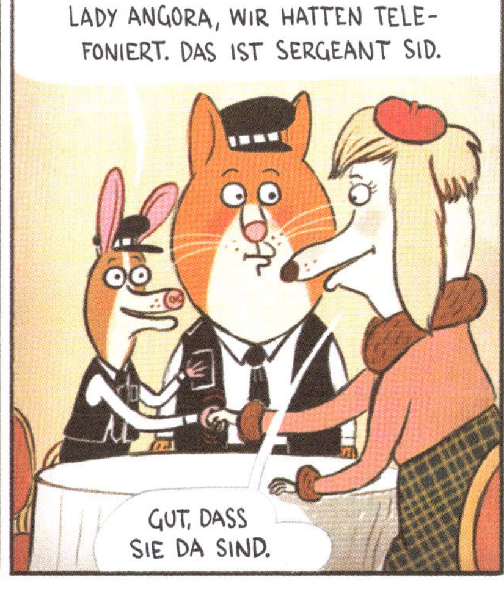
LADY ANGORA, WIR HATTEN TELE-FONIERT. DAS IST SERGEANT SID.
GUT, DASS SIE DA SIND.

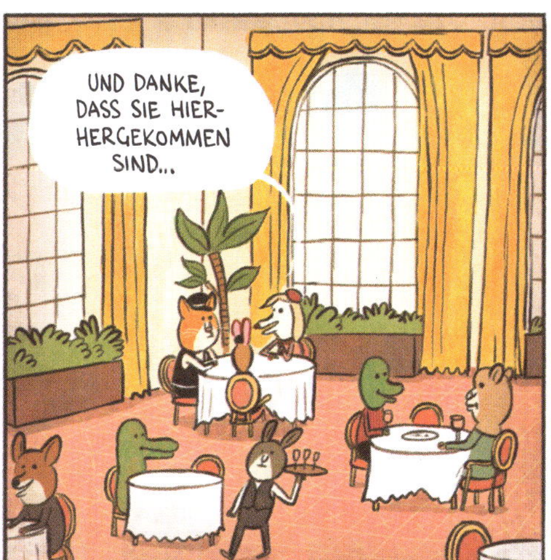
UND DANKE, DASS SIE HIER-HERGEKOMMEN SIND...

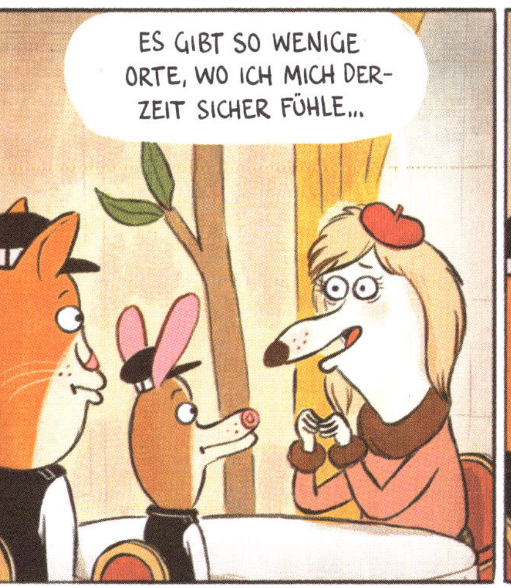
ES GIBT SO WENIGE ORTE, WO ICH MICH DER-ZEIT SICHER FÜHLE...

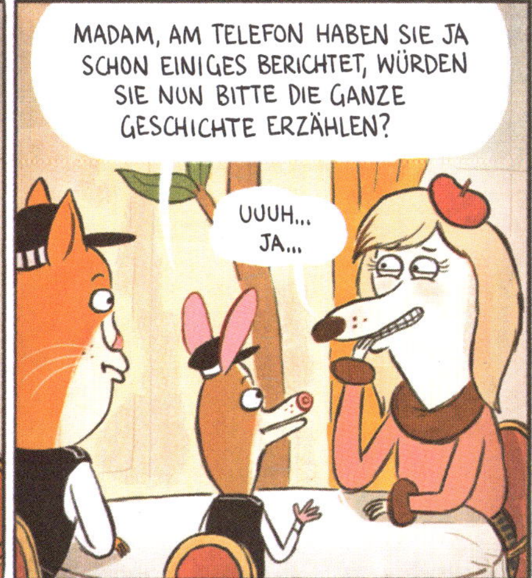
MADAM, AM TELEFON HABEN SIE JA SCHON EINIGES BERICHTET, WÜRDEN SIE NUN BITTE DIE GANZE GESCHICHTE ERZÄHLEN?
UUUH... JA...

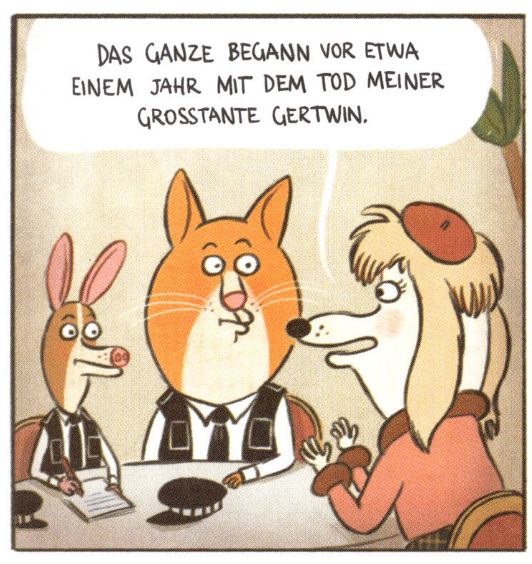
DAS GANZE BEGANN VOR ETWA EINEM JAHR MIT DEM TOD MEINER GROSSTANTE GERTWIN.

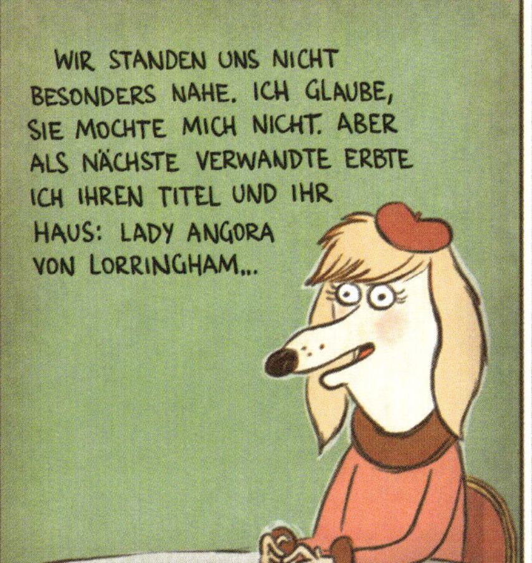
WIR STANDEN UNS NICHT BESONDERS NAHE. ICH GLAUBE, SIE MOCHTE MICH NICHT. ABER ALS NÄCHSTE VERWANDTE ERBTE ICH IHREN TITEL UND IHR HAUS: LADY ANGORA VON LORRINGHAM...

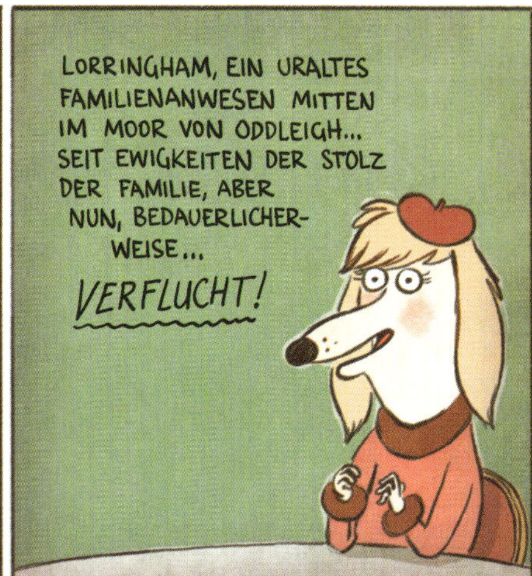
LORRINGHAM, EIN URALTES FAMILIENANWESEN MITTEN IM MOOR VON ODDLEIGH... SEIT EWIGKEITEN DER STOLZ DER FAMILIE, ABER NUN, BEDAUERLICHERWEISE...
VERFLUCHT!

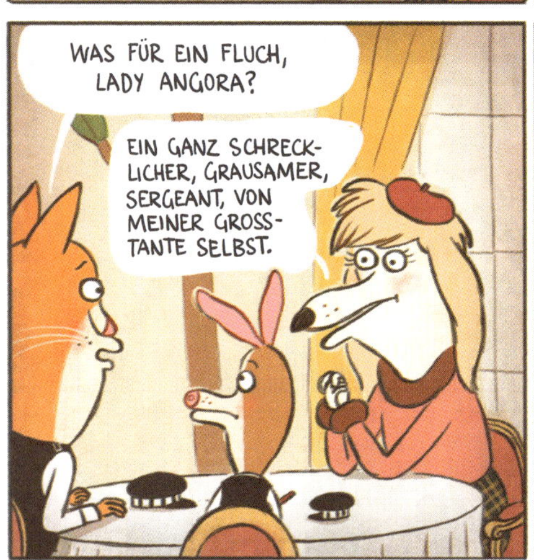
WAS FÜR EIN FLUCH, LADY ANGORA?
EIN GANZ SCHRECKLICHER, GRAUSAMER, SERGEANT, VON MEINER GROSSTANTE SELBST.

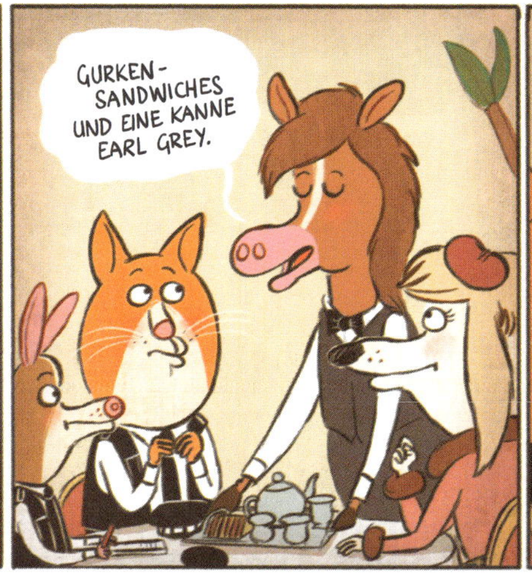
GURKENSANDWICHES UND EINE KANNE EARL GREY.

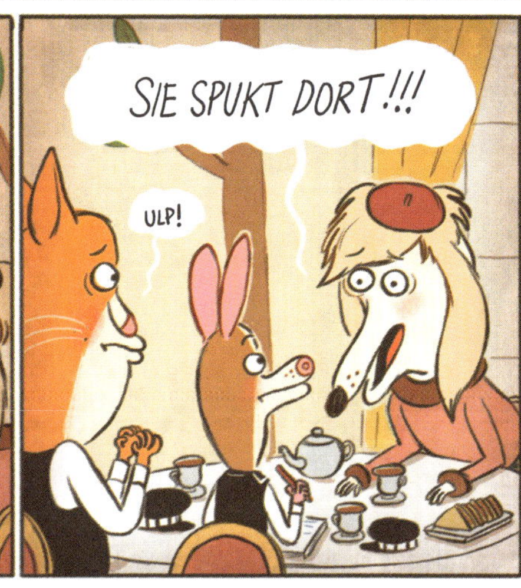
SIE SPUKT DORT!!!
ULP!

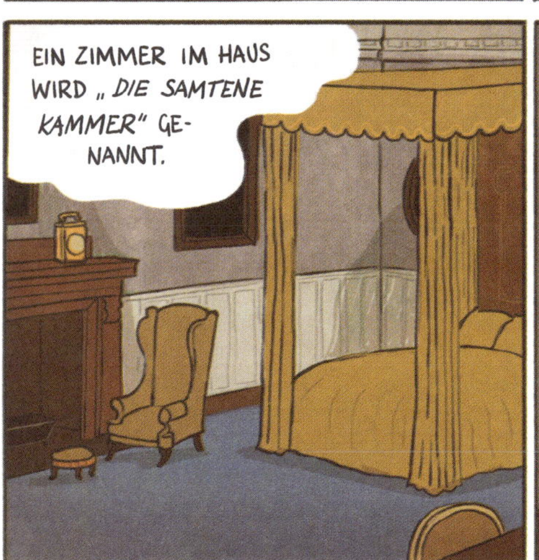
EIN ZIMMER IM HAUS WIRD „DIE SAMTENE KAMMER" GENANNT.

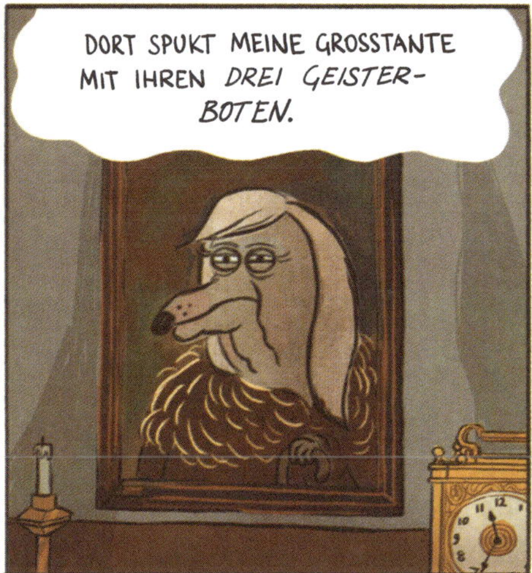
DORT SPUKT MEINE GROSSTANTE MIT IHREN DREI GEISTERBOTEN.

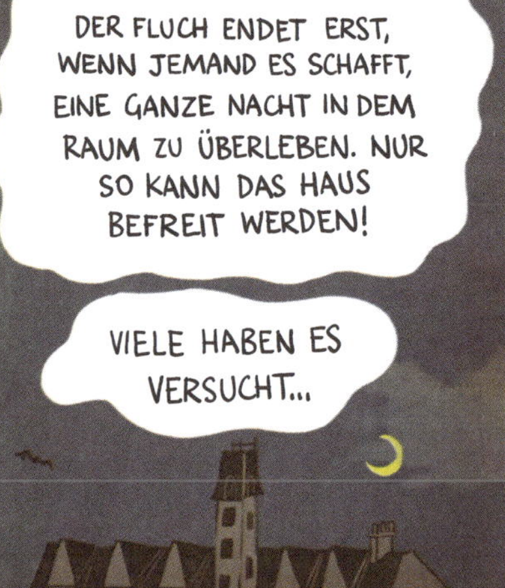
DER FLUCH ENDET ERST, WENN JEMAND ES SCHAFFT, EINE GANZE NACHT IN DEM RAUM ZU ÜBERLEBEN. NUR SO KANN DAS HAUS BEFREIT WERDEN!
VIELE HABEN ES VERSUCHT...

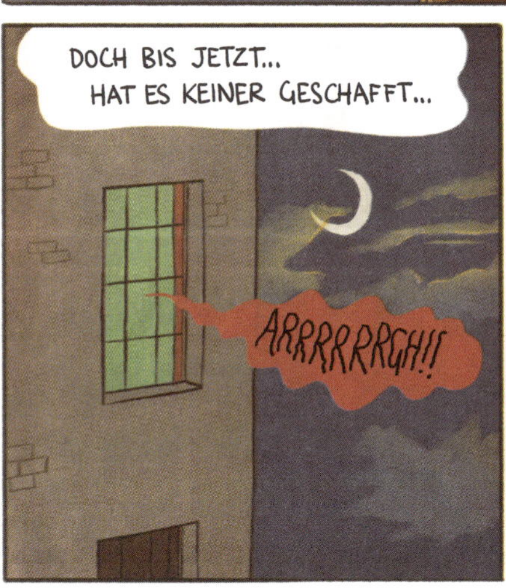
DOCH BIS JETZT... HAT ES KEINER GESCHAFFT...
ARRRRRRGH!!

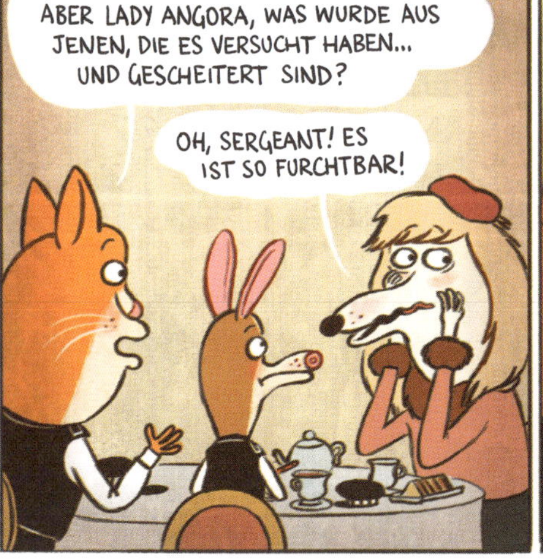
ABER LADY ANGORA, WAS WURDE AUS JENEN, DIE ES VERSUCHT HABEN... UND GESCHEITERT SIND?
OH, SERGEANT! ES IST SO FURCHTBAR!

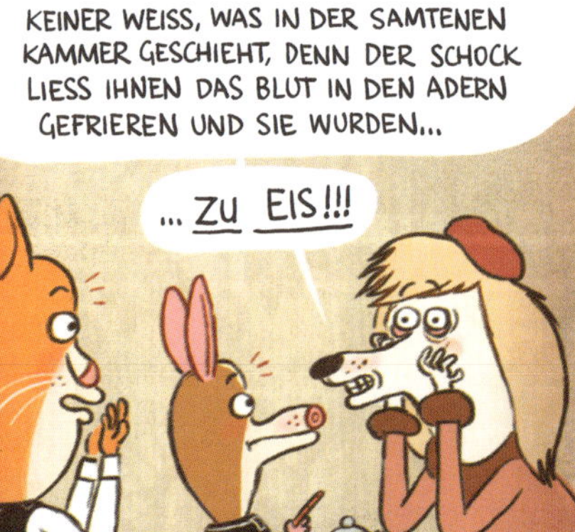
KEINER WEISS, WAS IN DER SAMTENEN KAMMER GESCHIEHT, DENN DER SCHOCK LIESS IHNEN DAS BLUT IN DEN ADERN GEFRIEREN UND SIE WURDEN...
... ZU EIS!!!

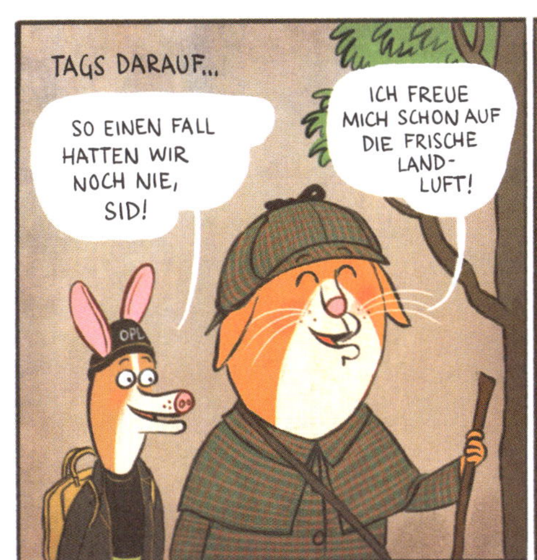
TAGS DARAUF...
SO EINEN FALL HATTEN WIR NOCH NIE, SID!
ICH FREUE MICH SCHON AUF DIE FRISCHE LANDLUFT!

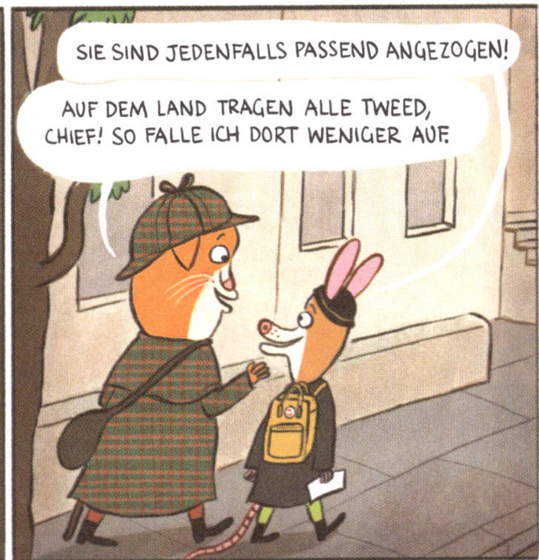
SIE SIND JEDENFALLS PASSEND ANGEZOGEN!
AUF DEM LAND TRAGEN ALLE TWEED, CHIEF! SO FALLE ICH DORT WENIGER AUF.

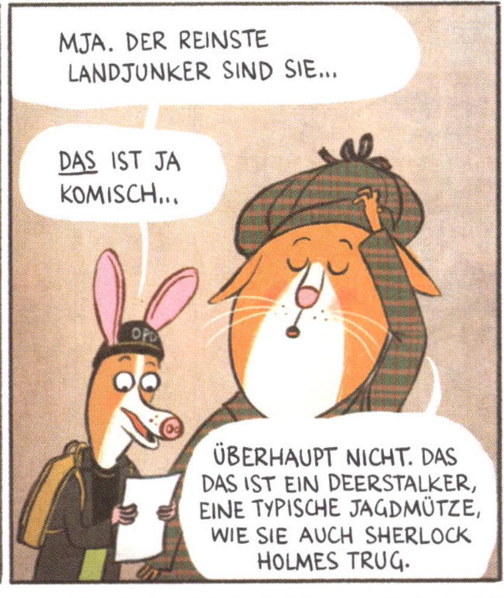
MJA. DER REINSTE LANDJUNKER SIND SIE...
DAS IST JA KOMISCH...
ÜBERHAUPT NICHT. DAS DAS IST EIN DEERSTALKER, EINE TYPISCHE JAGDMÜTZE, WIE SIE AUCH SHERLOCK HOLMES TRUG.

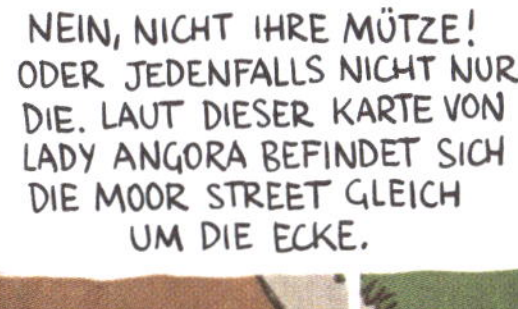
NEIN, NICHT IHRE MÜTZE! ODER JEDENFALLS NICHT NUR DIE. LAUT DIESER KARTE VON LADY ANGORA BEFINDET SICH DIE MOOR STREET GLEICH UM DIE ECKE.

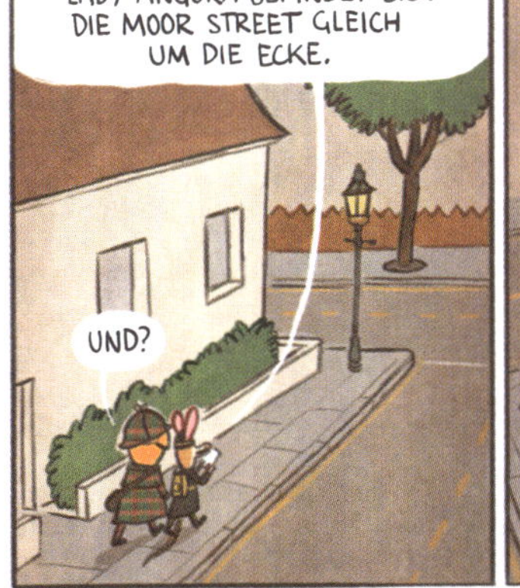
UND?

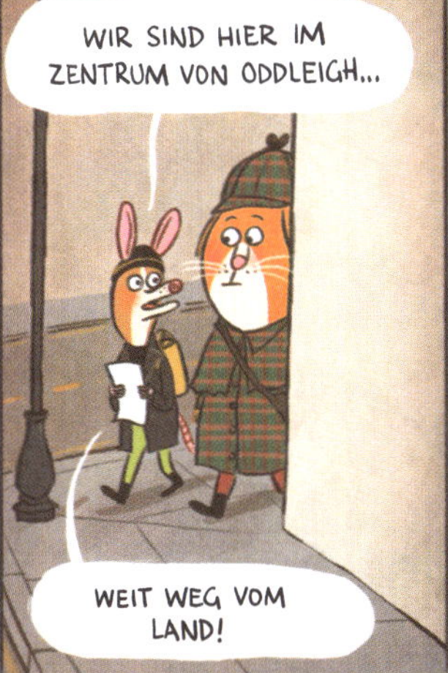
WIR SIND HIER IM ZENTRUM VON ODDLEIGH...
WEIT WEG VOM LAND!

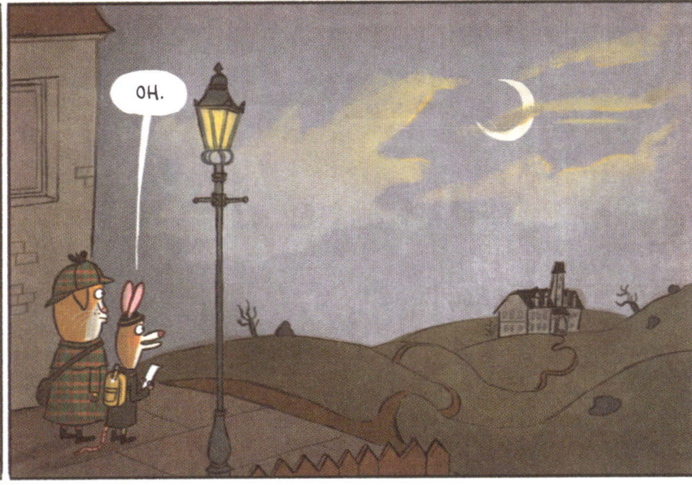
OH.

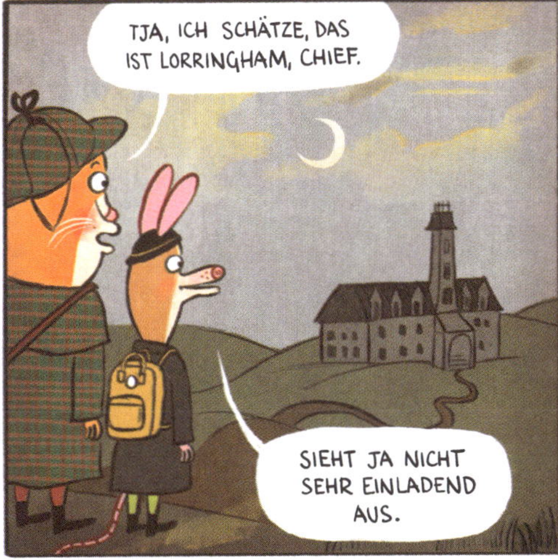
TJA, ICH SCHÄTZE, DAS IST LORRINGHAM, CHIEF.
SIEHT JA NICHT SEHR EINLADEND AUS.

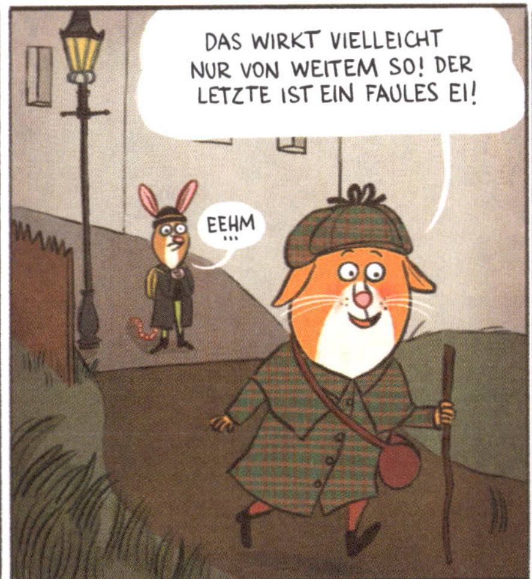
DAS WIRKT VIELLEICHT NUR VON WEITEM SO! DER LETZTE IST EIN FAULES EI!
EEHM ...

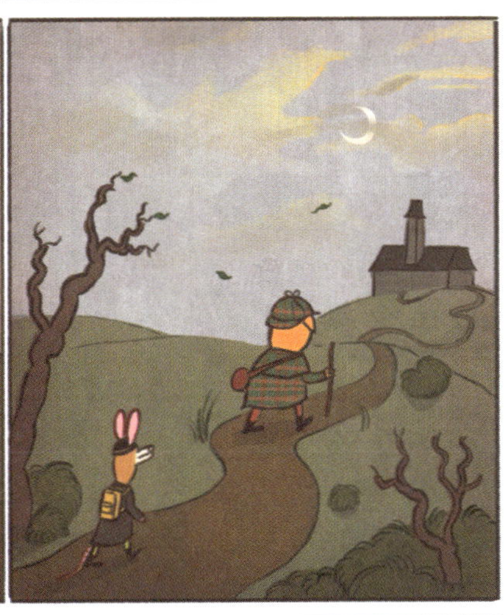

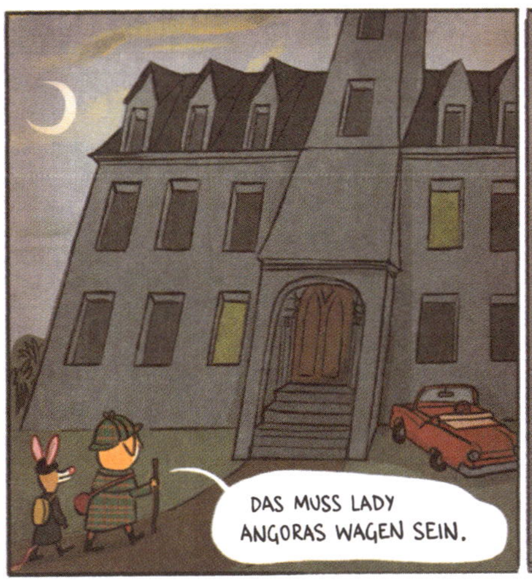
DAS MUSS LADY ANGORAS WAGEN SEIN.

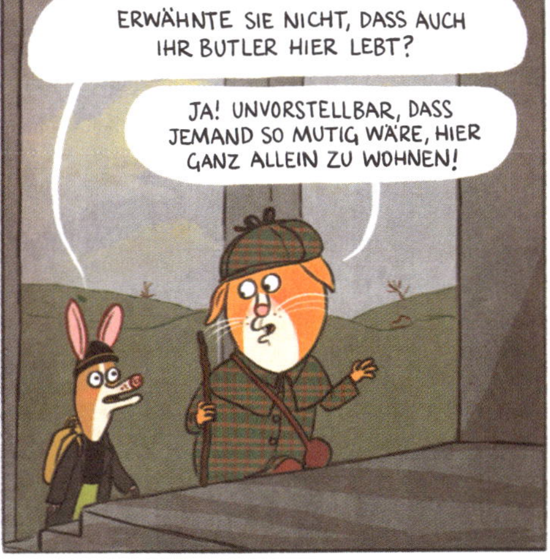
ERWÄHNTE SIE NICHT, DASS AUCH IHR BUTLER HIER LEBT?
JA! UNVORSTELLBAR, DASS JEMAND SO MUTIG WÄRE, HIER GANZ ALLEIN ZU WOHNEN!

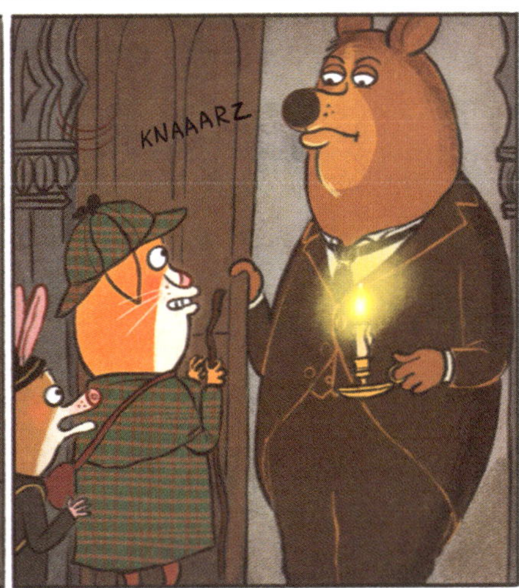
KNAAARZ

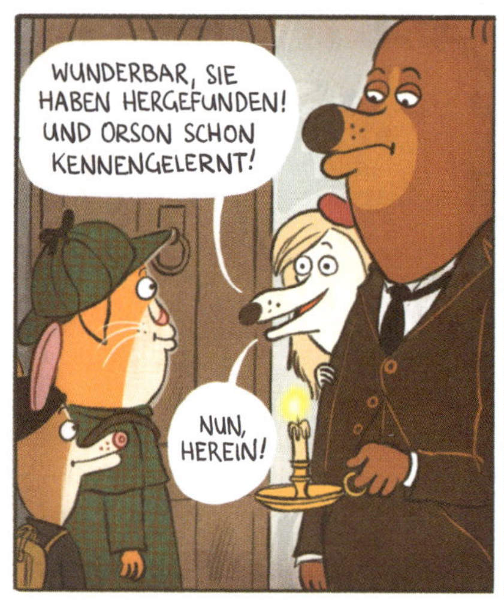
WUNDERBAR, SIE HABEN HERGEFUNDEN! UND ORSON SCHON KENNENGELERNT!
NUN, HEREIN!

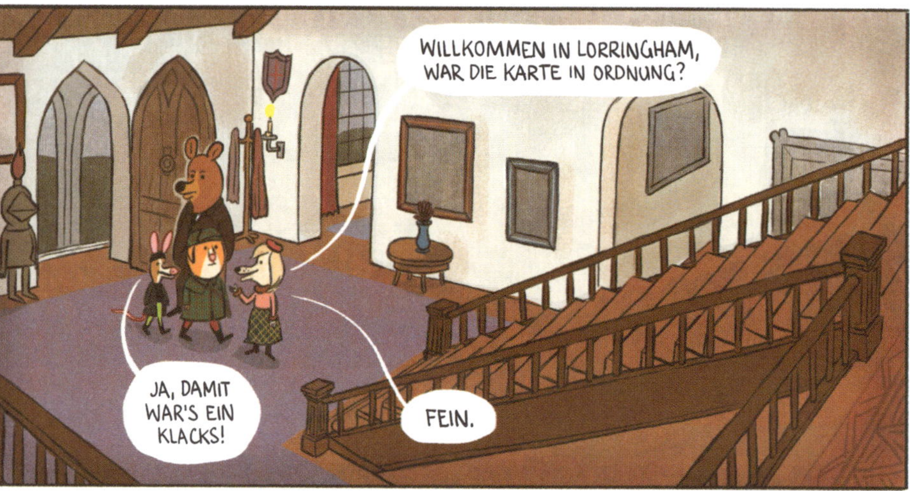
WILLKOMMEN IN LORRINGHAM, WAR DIE KARTE IN ORDNUNG?
JA, DAMIT WAR'S EIN KLACKS!
FEIN.

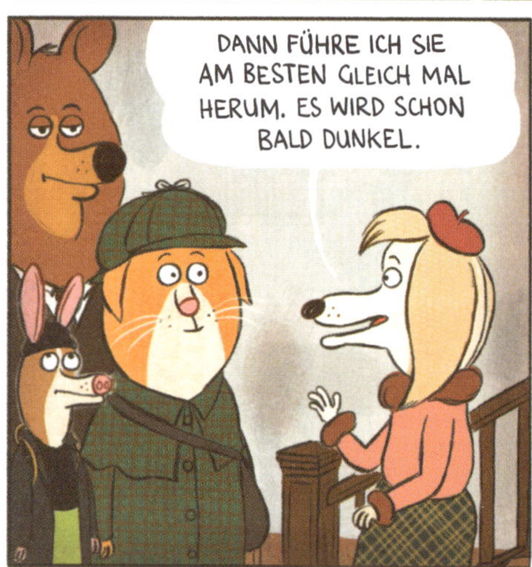
DANN FÜHRE ICH SIE AM BESTEN GLEICH MAL HERUM. ES WIRD SCHON BALD DUNKEL.

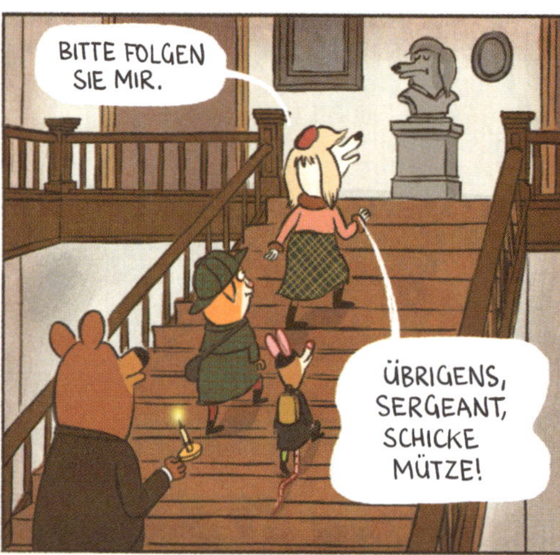
BITTE FOLGEN SIE MIR.
ÜBRIGENS, SERGEANT, SCHICKE MÜTZE!

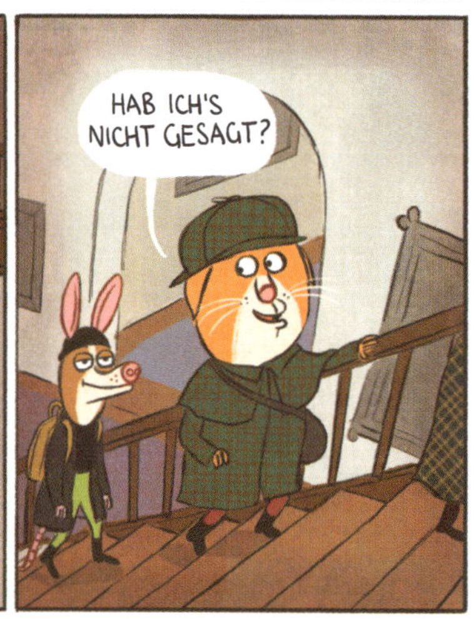
HAB ICH'S NICHT GESAGT?

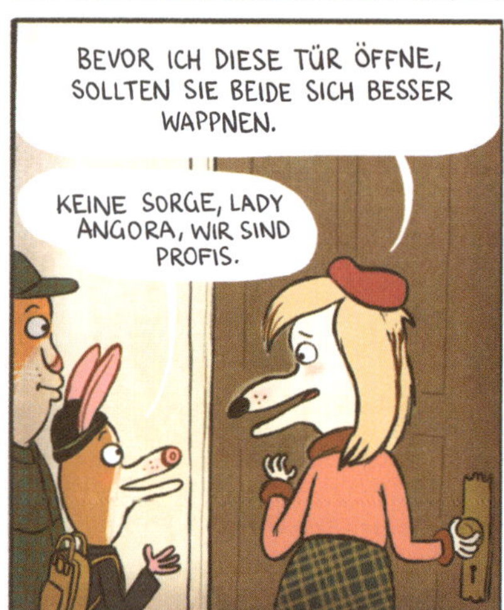
BEVOR ICH DIESE TÜR ÖFFNE, SOLLTEN SIE BEIDE SICH BESSER WAPPNEN.
KEINE SORGE, LADY ANGORA, WIR SIND PROFIS.

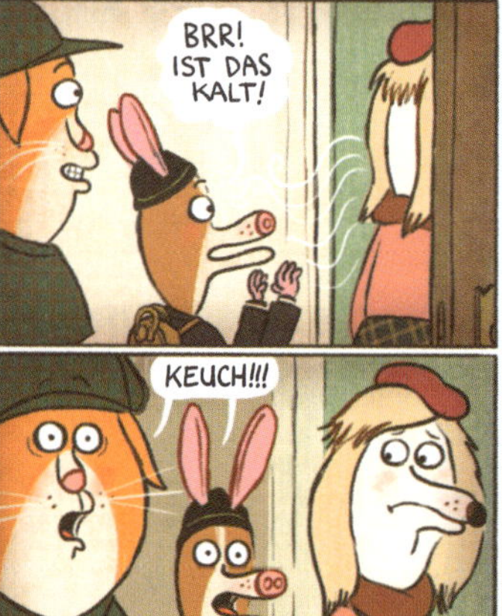
BRR! IST DAS KALT!
KEUCH!!!

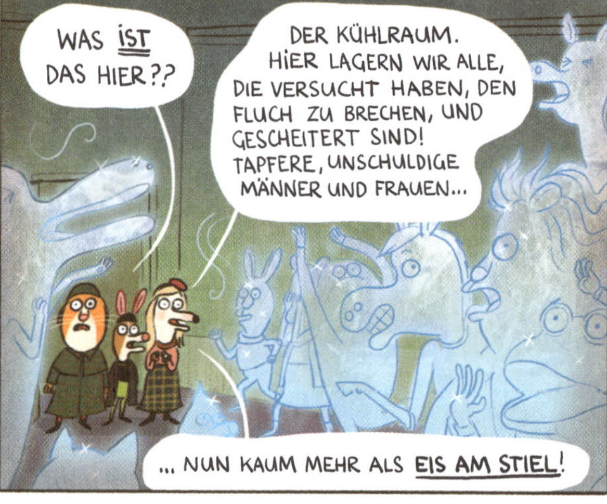
WAS IST DAS HIER??
DER KÜHLRAUM. HIER LAGERN WIR ALLE, DIE VERSUCHT HABEN, DEN FLUCH ZU BRECHEN, UND GESCHEITERT SIND! TAPFERE, UNSCHULDIGE MÄNNER UND FRAUEN...
... NUN KAUM MEHR ALS EIS AM STIEL!

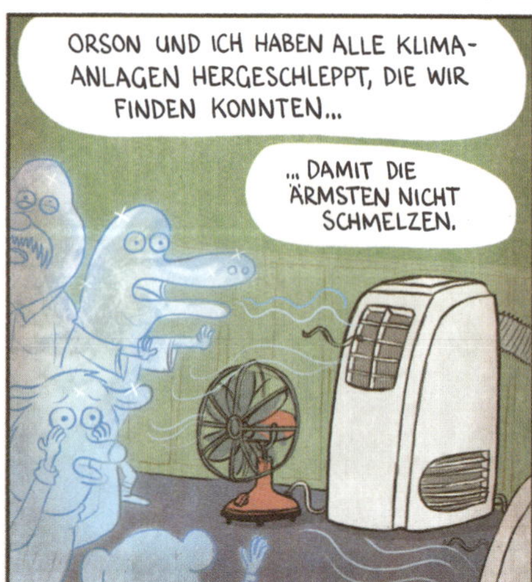
ORSON UND ICH HABEN ALLE KLIMA-ANLAGEN HERGESCHLEPPT, DIE WIR FINDEN KONNTEN...
... DAMIT DIE ÄRMSTEN NICHT SCHMELZEN.

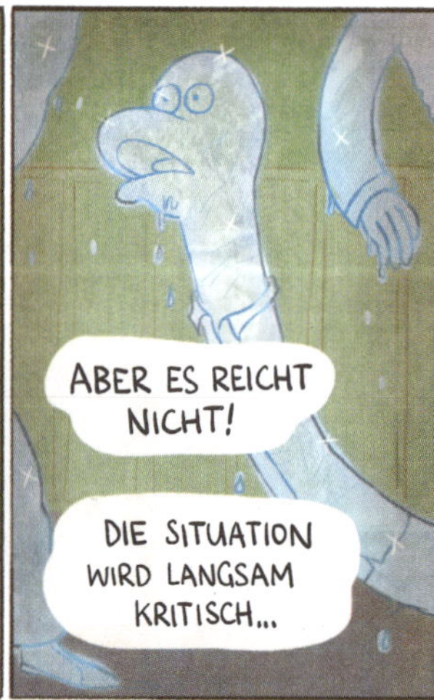
ABER ES REICHT NICHT!
DIE SITUATION WIRD LANGSAM KRITISCH...

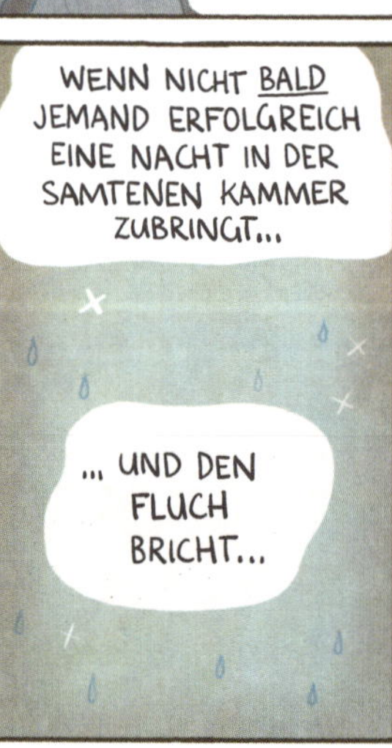
WENN NICHT BALD JEMAND ERFOLGREICH EINE NACHT IN DER SAMTENEN KAMMER ZUBRINGT...
... UND DEN FLUCH BRICHT...

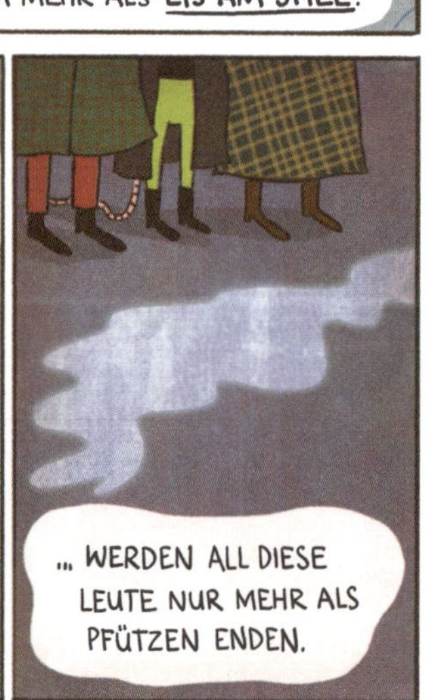
... WERDEN ALL DIESE LEUTE NUR MEHR ALS PFÜTZEN ENDEN.

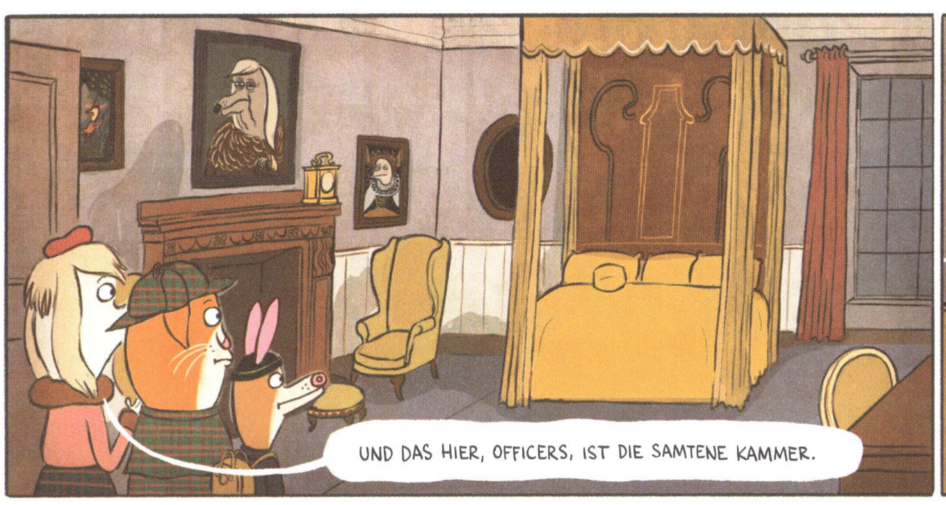
UND DAS HIER, OFFICERS, IST DIE SAMTENE KAMMER.

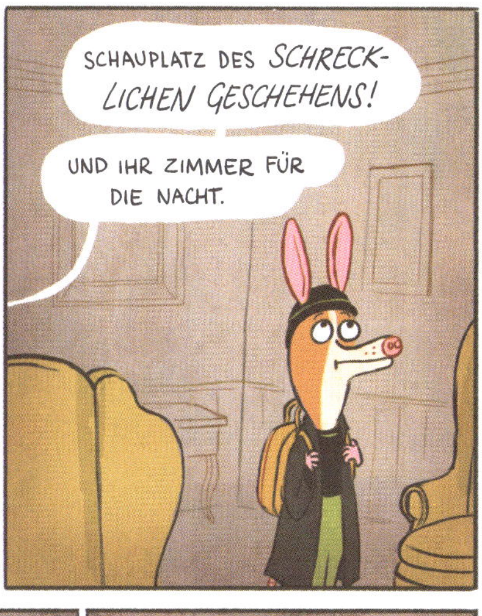
SCHAUPLATZ DES SCHRECKLICHEN GESCHEHENS!
UND IHR ZIMMER FÜR DIE NACHT.

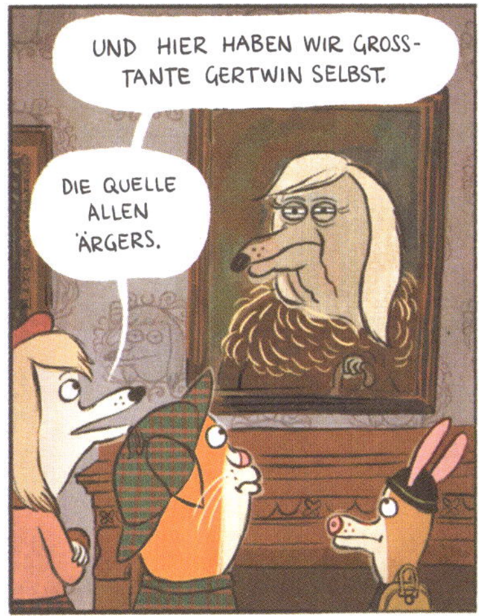
UND HIER HABEN WIR GROSSTANTE GERTWIN SELBST.
DIE QUELLE ALLEN ÄRGERS.

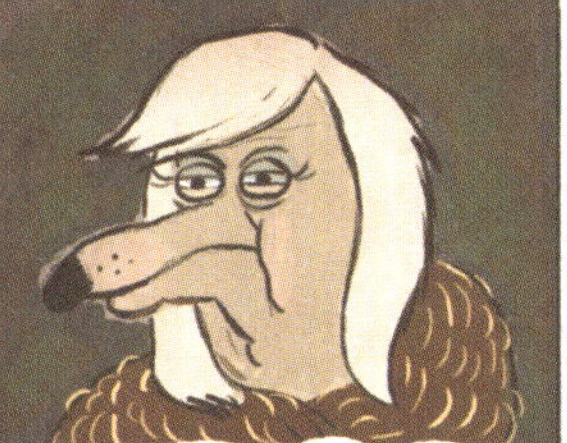
WEIL SIE ALS JUNGE FRAU VON DER LIEBE ENTTÄUSCHT WURDE, SOLLTE AUCH KEINER IHRER NACHKOMMEN JE GLÜCKLICH WERDEN... UND DAFÜR TRÄGT SIE WAHRLICH SORGE!

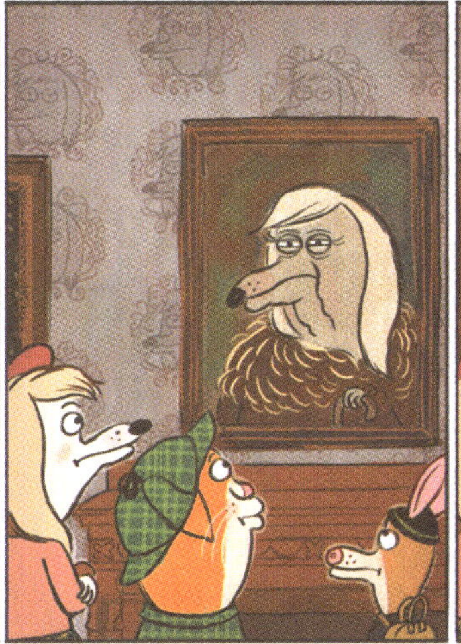

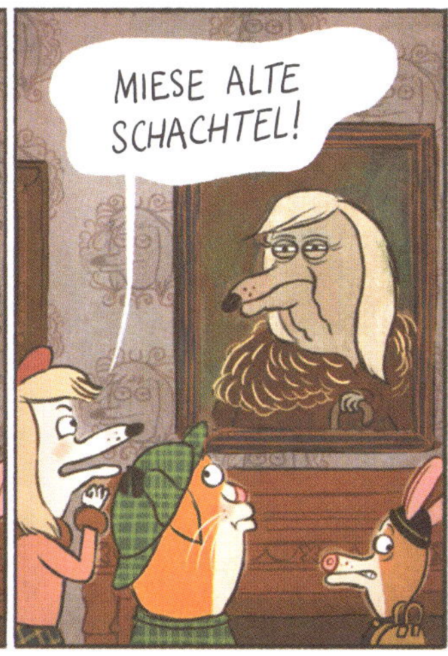
MIESE ALTE SCHACHTEL!

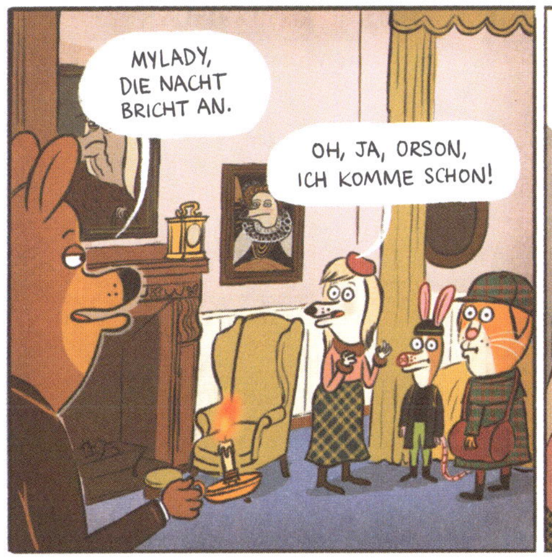
MYLADY, DIE NACHT BRICHT AN.
OH, JA, ORSON, ICH KOMME SCHON!

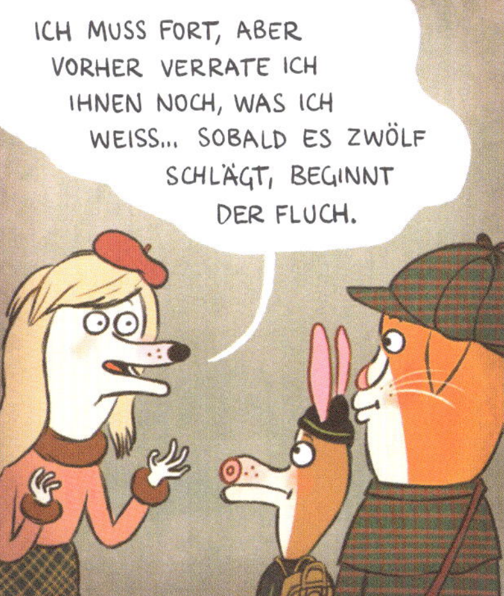
ICH MUSS FORT, ABER VORHER VERRATE ICH IHNEN NOCH, WAS ICH WEISS... SOBALD ES ZWÖLF SCHLÄGT, BEGINNT DER FLUCH.

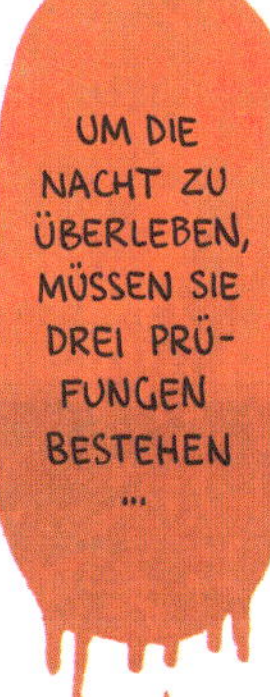
UM DIE NACHT ZU ÜBERLEBEN, MÜSSEN SIE DREI PRÜFUNGEN BESTEHEN ...

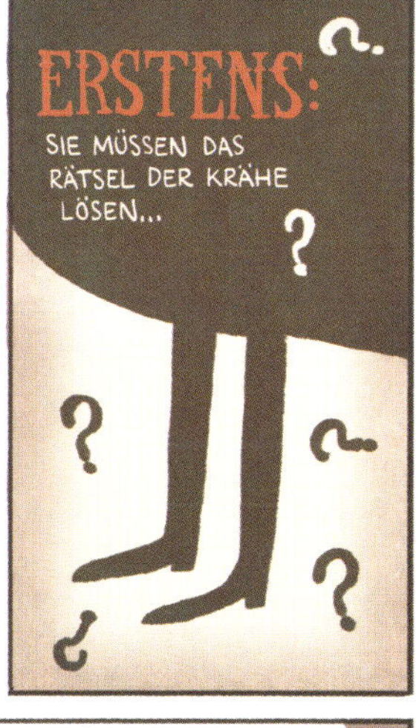
ERSTENS:
SIE MÜSSEN DAS RÄTSEL DER KRÄHE LÖSEN...

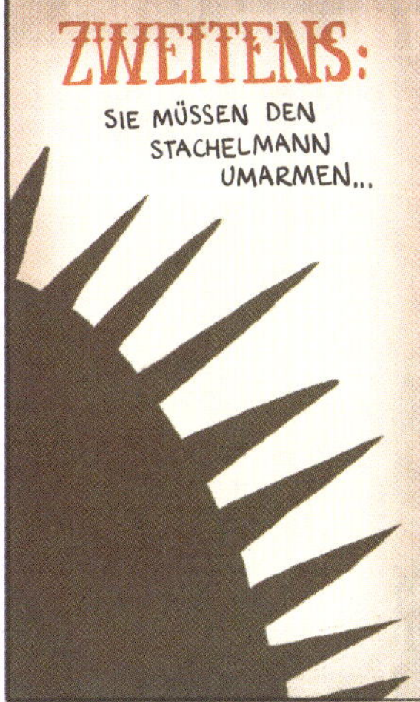
ZWEITENS:
SIE MÜSSEN DEN STACHELMANN UMARMEN...

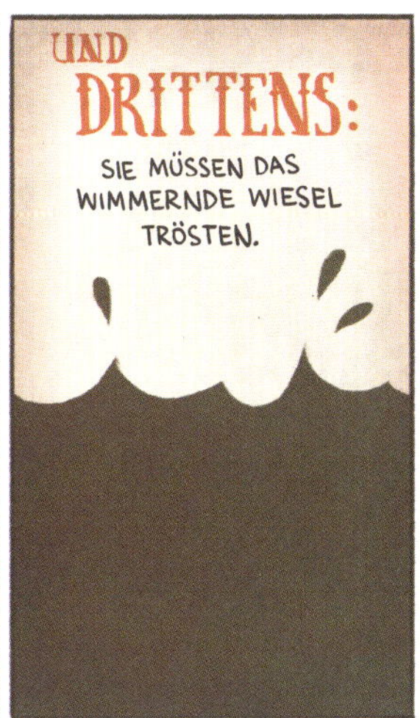
UND DRITTENS:
SIE MÜSSEN DAS WIMMERNDE WIESEL TRÖSTEN.

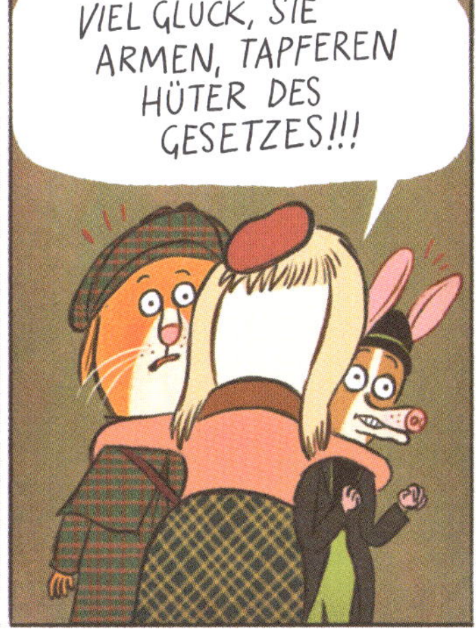
VIEL GLÜCK, SIE ARMEN, TAPFEREN HÜTER DES GESETZES!!!

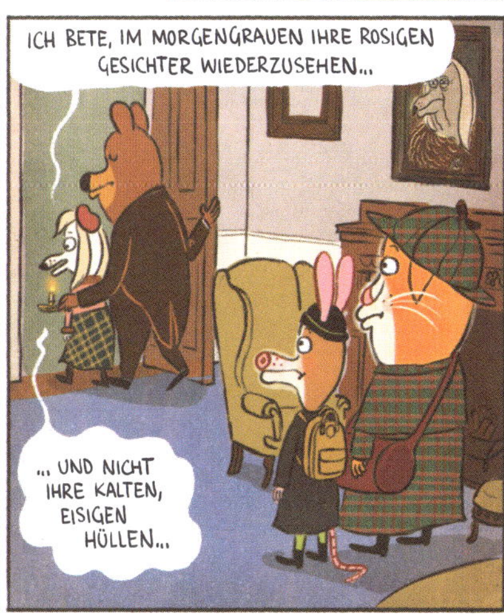
ICH BETE, IM MORGENGRAUEN IHRE ROSIGEN GESICHTER WIEDERZUSEHEN...
... UND NICHT IHRE KALTEN, EISIGEN HÜLLEN...

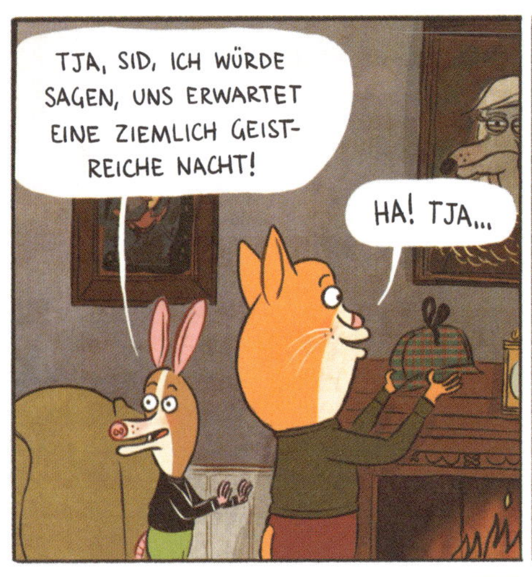
TJA, SID, ICH WÜRDE SAGEN, UNS ERWARTET EINE ZIEMLICH GEIST-REICHE NACHT!
HA! TJA...

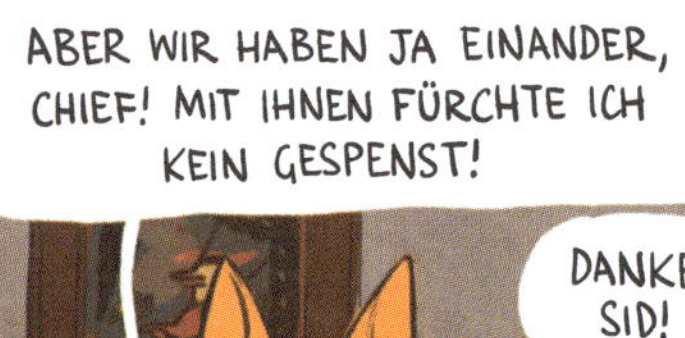
ABER WIR HABEN JA EINANDER, CHIEF! MIT IHNEN FÜRCHTE ICH KEIN GESPENST!

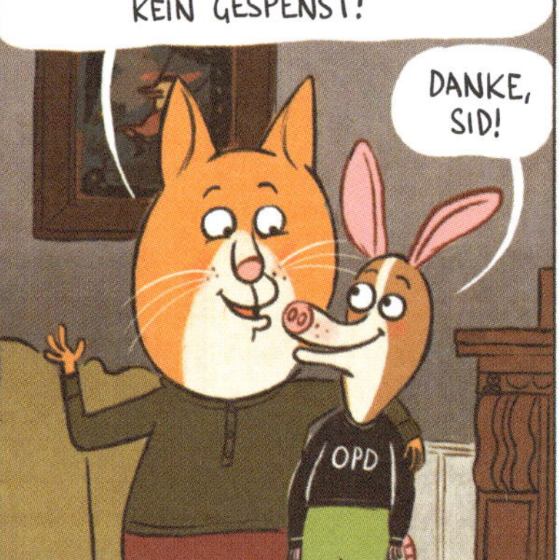
DANKE, SID!

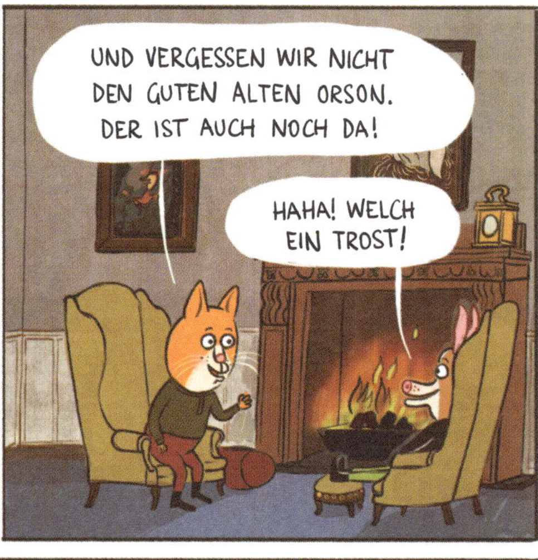
UND VERGESSEN WIR NICHT DEN GUTEN ALTEN ORSON. DER IST AUCH NOCH DA!
HAHA! WELCH EIN TROST!

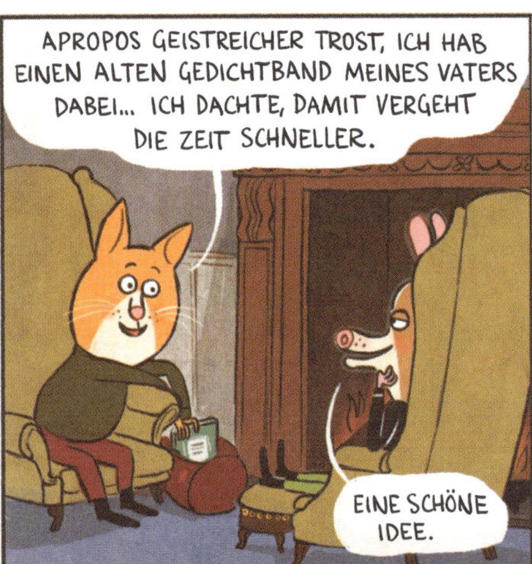
APROPOS GEISTREICHER TROST, ICH HAB EINEN ALTEN GEDICHTBAND MEINES VATERS DABEI... ICH DACHTE, DAMIT VERGEHT DIE ZEIT SCHNELLER.
EINE SCHÖNE IDEE.

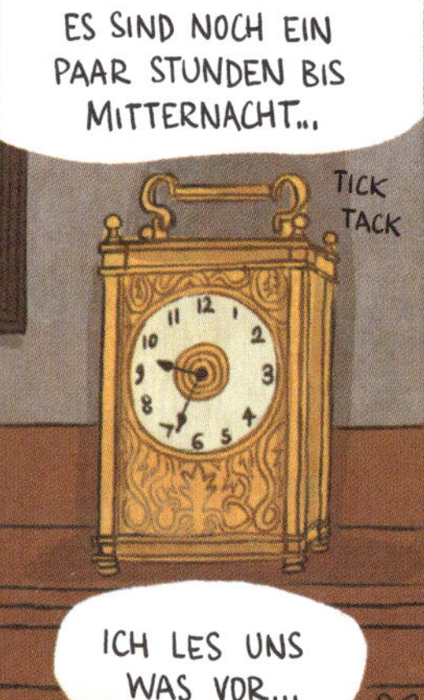
ES SIND NOCH EIN PAAR STUNDEN BIS MITTERNACHT...
TICK TACK
ICH LES UNS WAS VOR...

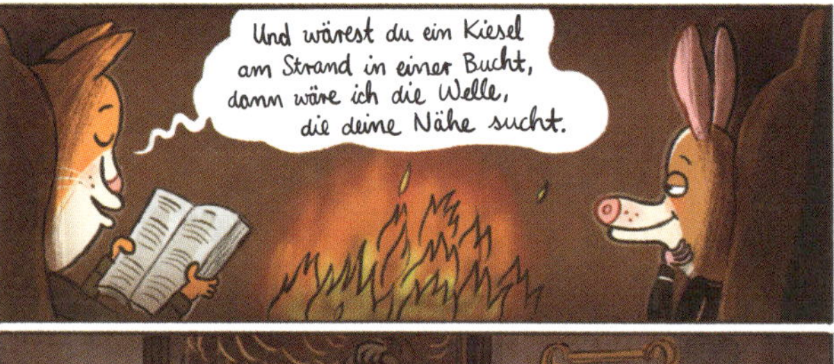
Und wärest du ein Kiesel am Strand in einer Bucht, dann wäre ich die Welle, die deine Nähe sucht.

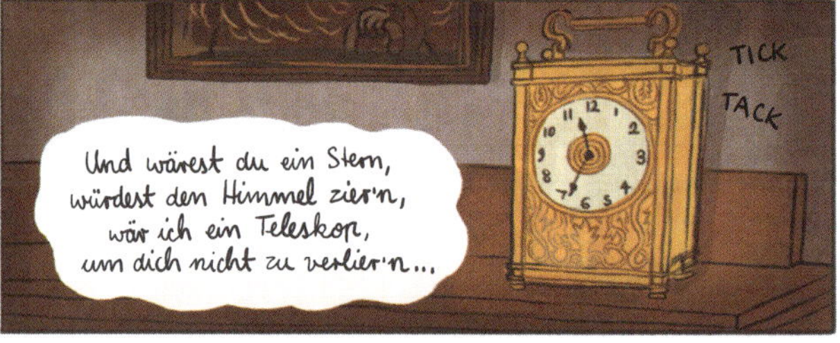
TICK
TACK
Und wärest du ein Stern, würdest den Himmel zier'n, wär ich ein Teleskop, um dich nicht zu verlier'n...

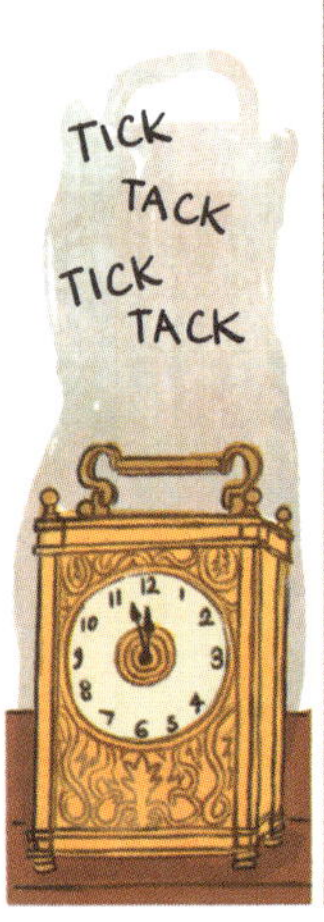
TICK
TACK
TICK
TACK

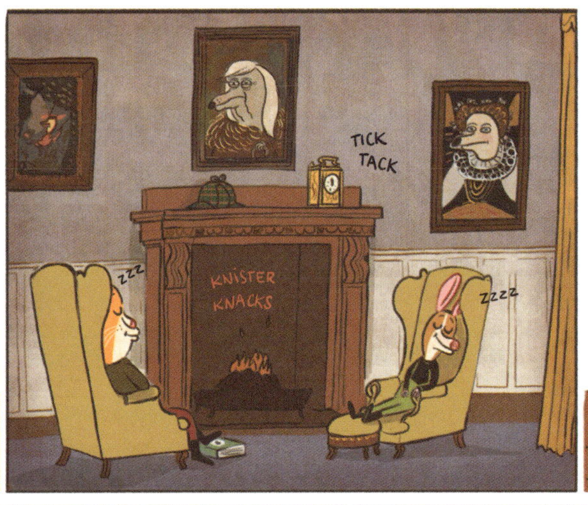
TICK
TACK
ZZZ
KNISTER
KNACKS
ZZZZ

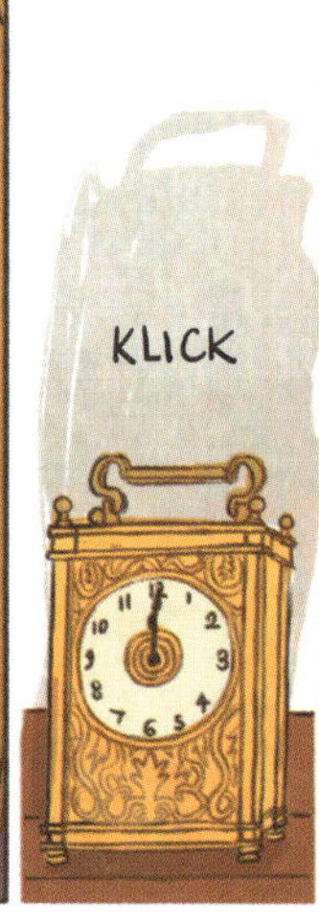
KLICK

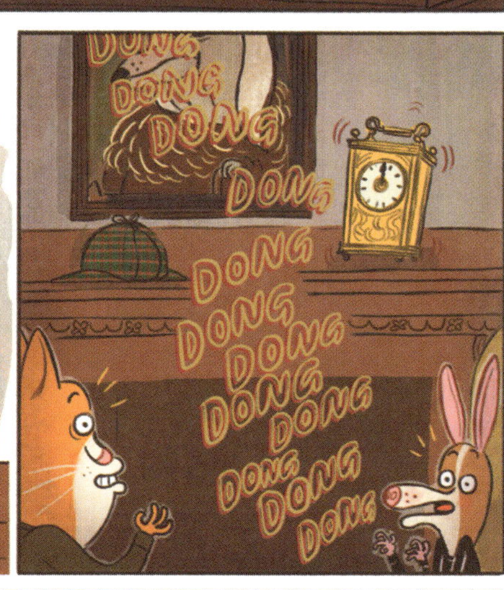
DONG DONG DONG DONG DONG DONG DONG DONG DONG DONG DONG DONG

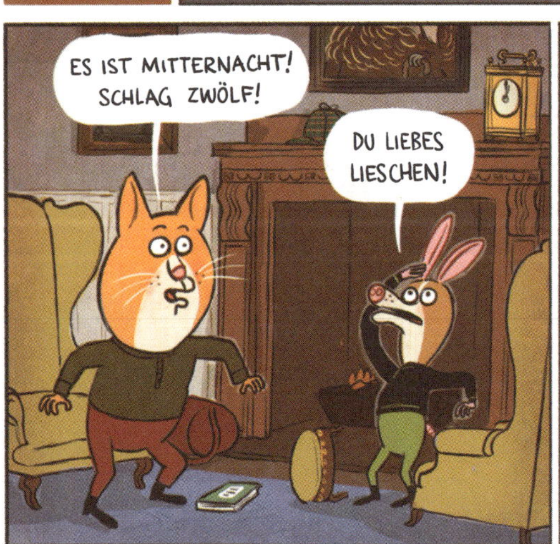
ES IST MITTERNACHT! SCHLAG ZWÖLF!
DU LIEBES LIESCHEN!

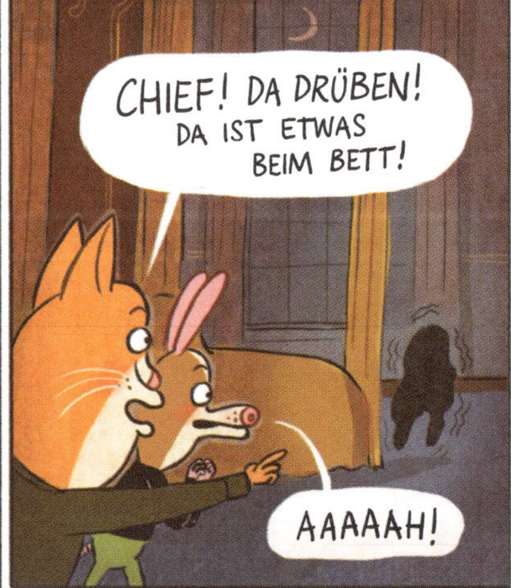
CHIEF! DA DRÜBEN! DA IST ETWAS BEIM BETT!
AAAAAH!

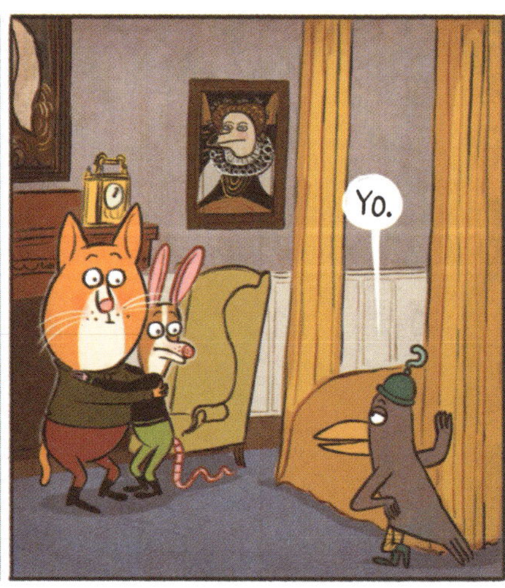
YO.

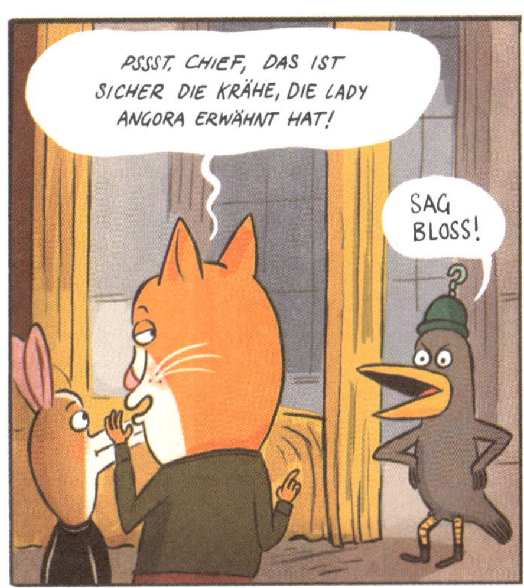
PSSST, CHIEF, DAS IST SICHER DIE KRÄHE, DIE LADY ANGORA ERWÄHNT HAT!
SAG BLOSS!

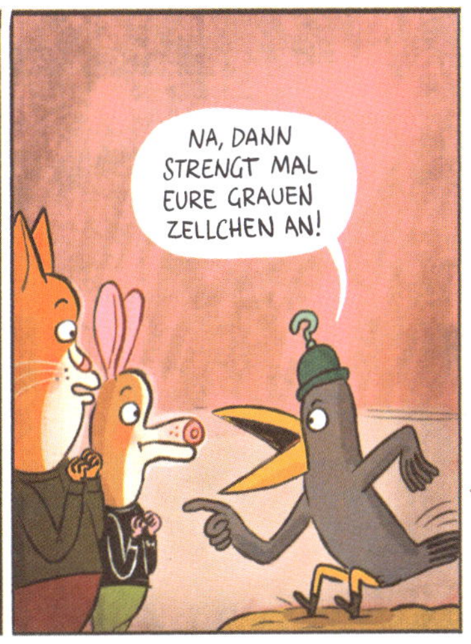
NA, DANN STRENGT MAL EURE GRAUEN ZELLCHEN AN!

WAS HAT VORNE EIN „T" UND HINTEN EIN „E" UND IST ANSONSTEN VOLLER „T"?

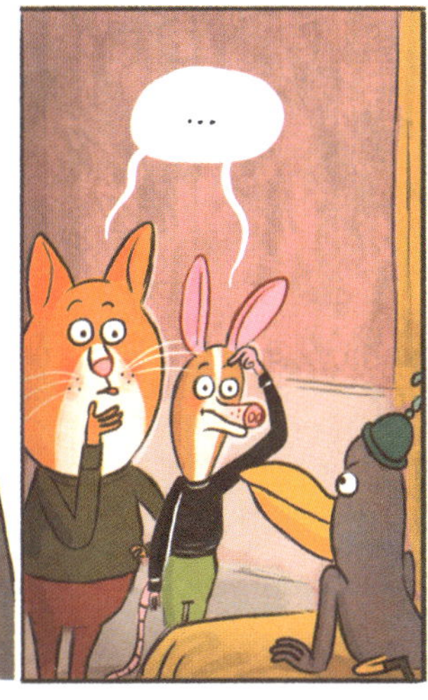
...

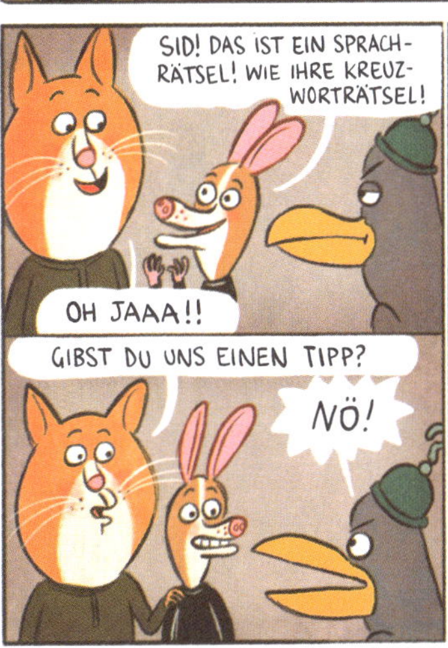
SID! DAS IST EIN SPRACHRÄTSEL! WIE IHRE KREUZWORTRÄTSEL!
OH JAAA!!
GIBST DU UNS EINEN TIPP?
NÖ!

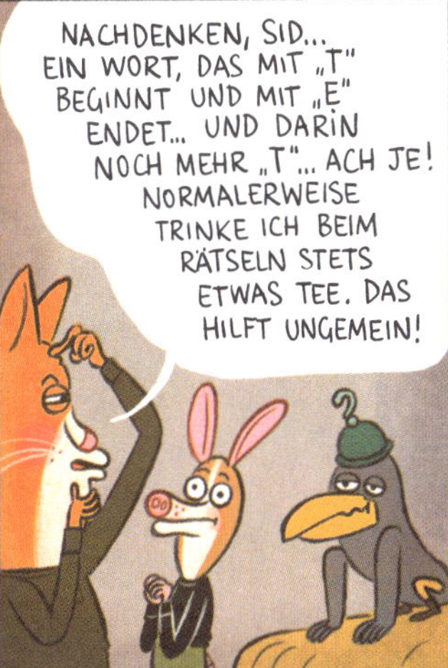
NACHDENKEN, SID... EIN WORT, DAS MIT „T" BEGINNT UND MIT „E" ENDET... UND DARIN NOCH MEHR „T"... ACH JE! NORMALERWEISE TRINKE ICH BEIM RÄTSELN STETS ETWAS TEE. DAS HILFT UNGEMEIN!

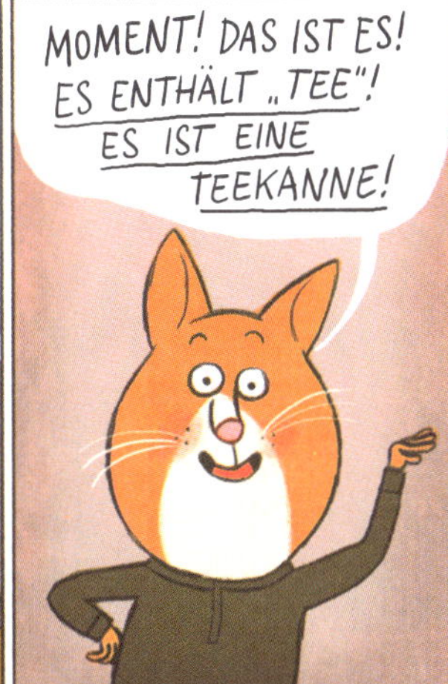
MOMENT! DAS IST ES! ES ENTHÄLT „TEE"! ES IST EINE TEEKANNE!

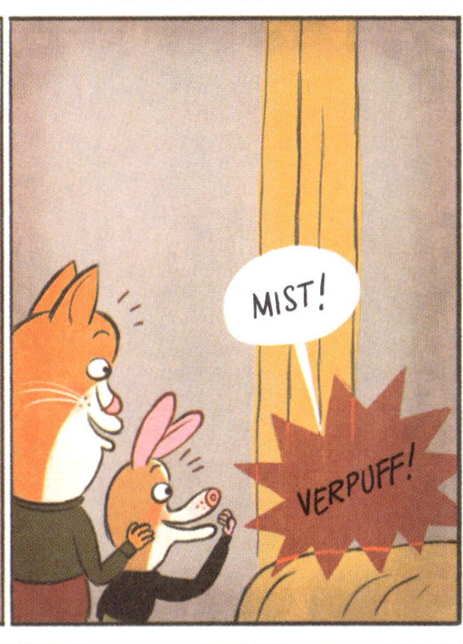
MIST!
VERPUFF!

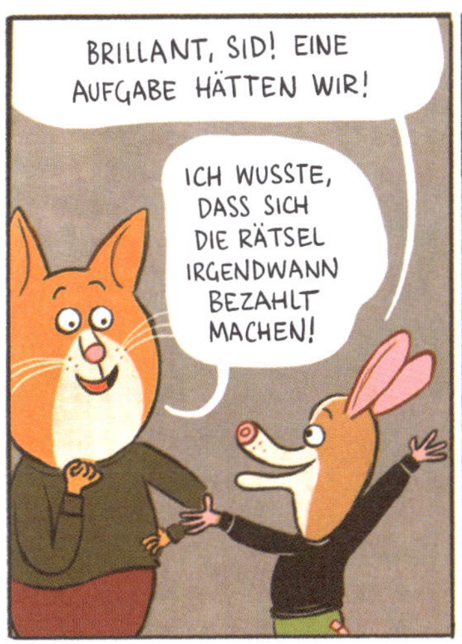
BRILLANT, SID! EINE AUFGABE HÄTTEN WIR!
ICH WUSSTE, DASS SICH DIE RÄTSEL IRGENDWANN BEZAHLT MACHEN!

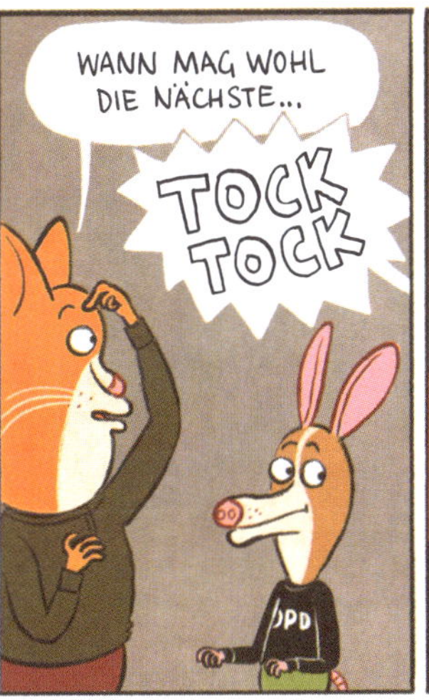
WANN MAG WOHL DIE NÄCHSTE...
TOCK TOCK

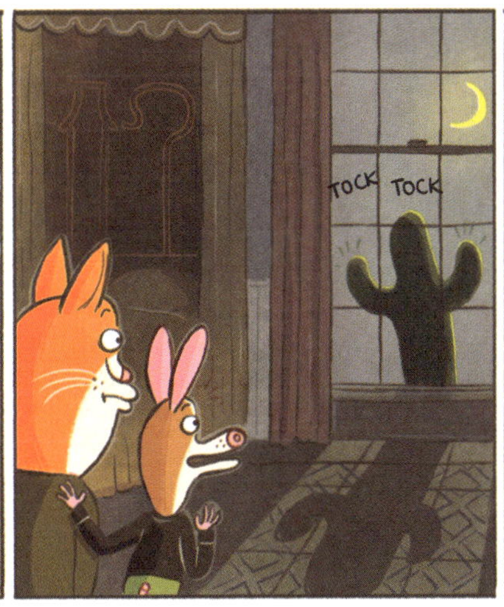
TOCK TOCK

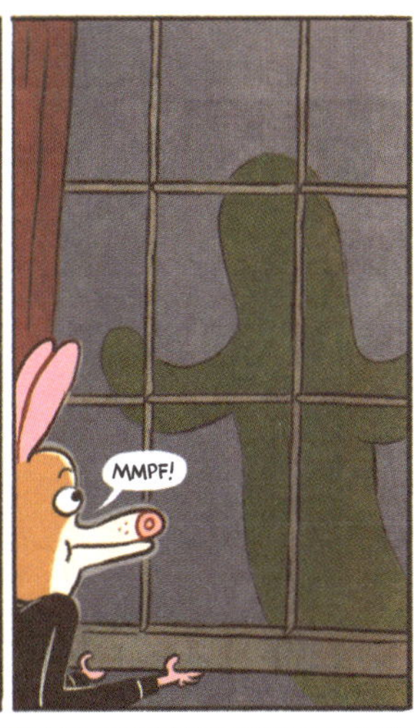
MMPF!

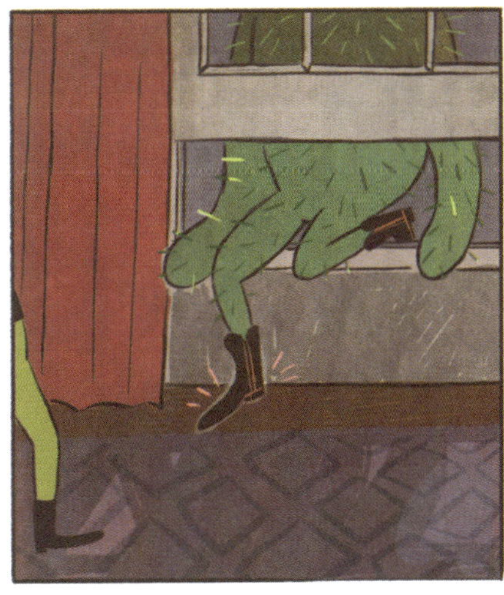

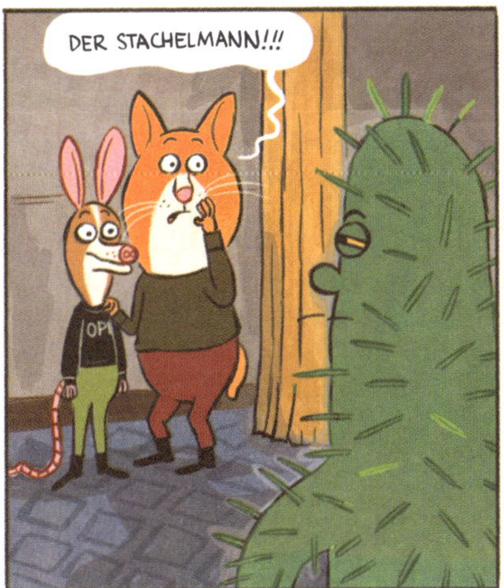
DER STACHELMANN!!!

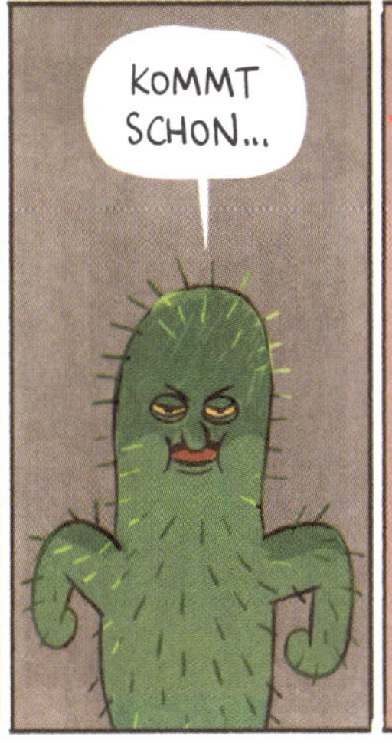
KOMMT SCHON...

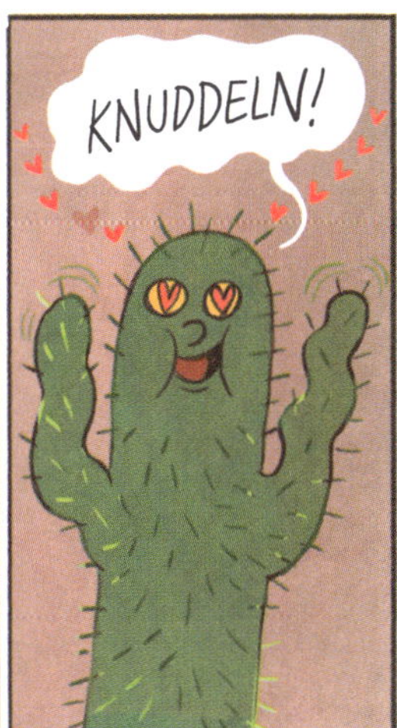
KNUDDELN!

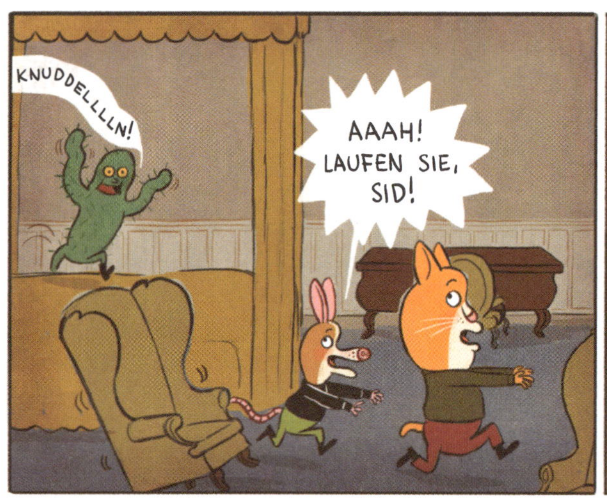
KNUDDELLLLN!
AAAH! LAUFEN SIE, SID!

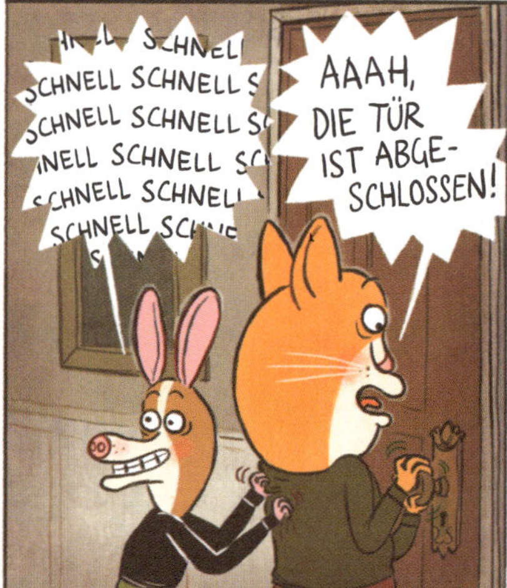
SCHNELL SCHNELL SCHNELL SCHNELL SCHNELL SCHNELL SCHNELL SCHNELL SCHNELL SCHNELL
AAAH, DIE TÜR IST ABGE-SCHLOSSEN!

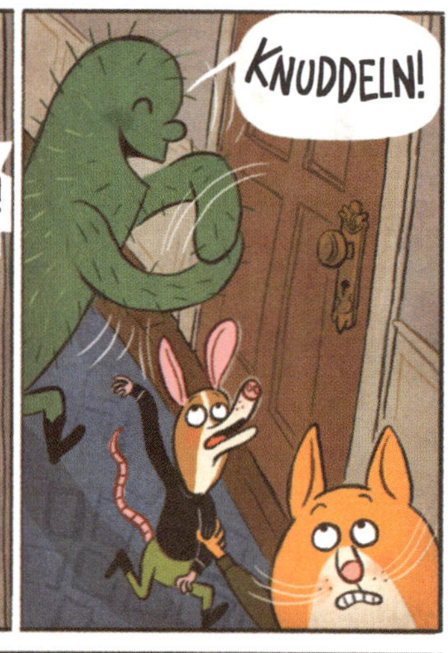
KNUDDELN!

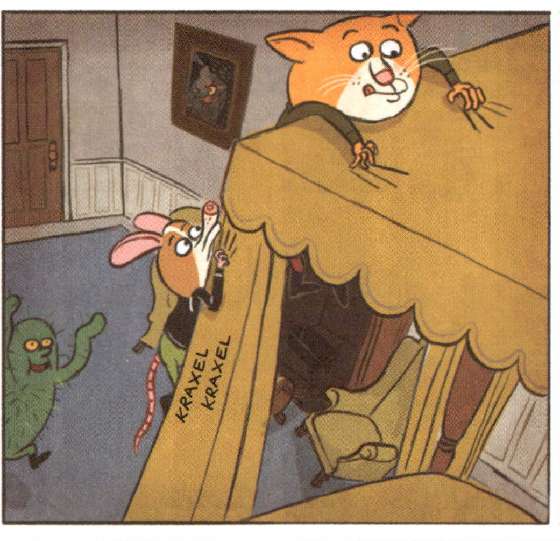
KRAXEL KRAXEL

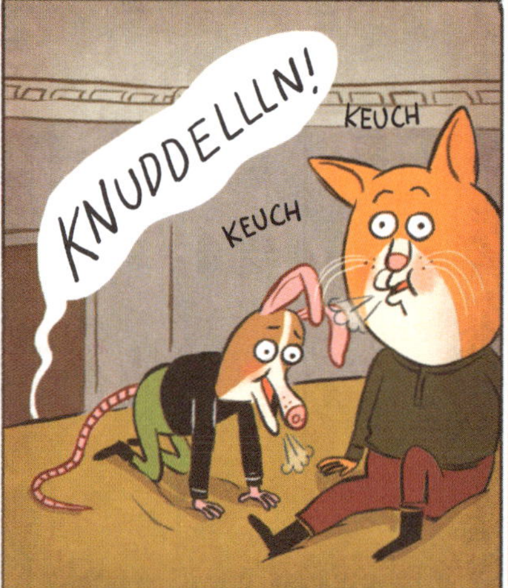
KNUDDELLLN!
KEUCH
KEUCH

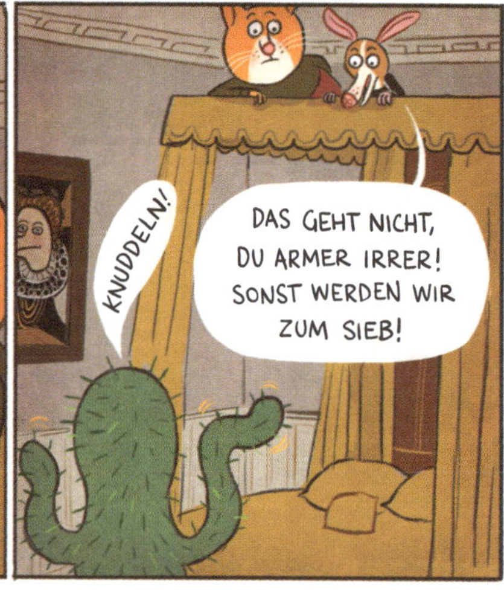
KNUDDELN!
DAS GEHT NICHT, DU ARMER IRRER! SONST WERDEN WIR ZUM SIEB!

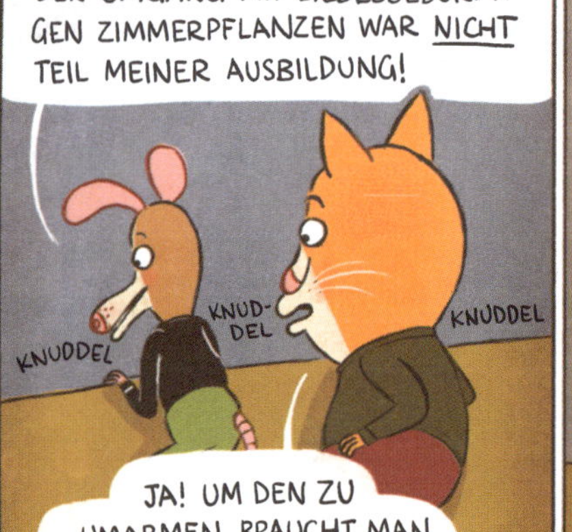
DER UMGANG MIT LIEBESBEDÜRFTI-GEN ZIMMERPFLANZEN WAR NICHT TEIL MEINER AUSBILDUNG!
KNUDDEL
KNUD-DEL
KNUDDEL
JA! UM DEN ZU UMARMEN, BRAUCHT MAN EIN DICKES FELL!

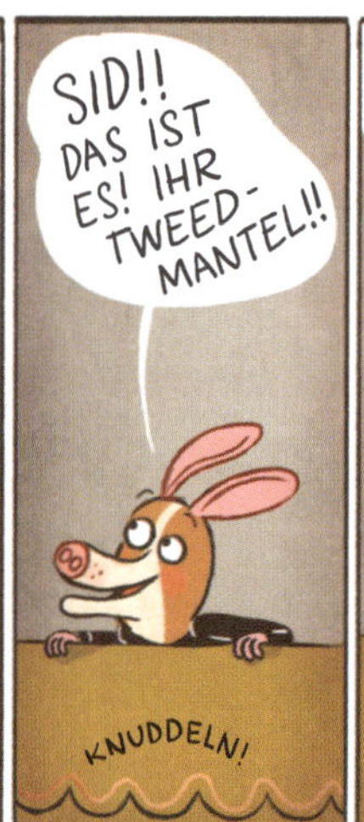
SID!! DAS IST ES! IHR TWEED-MANTEL!!
KNUDDELN!

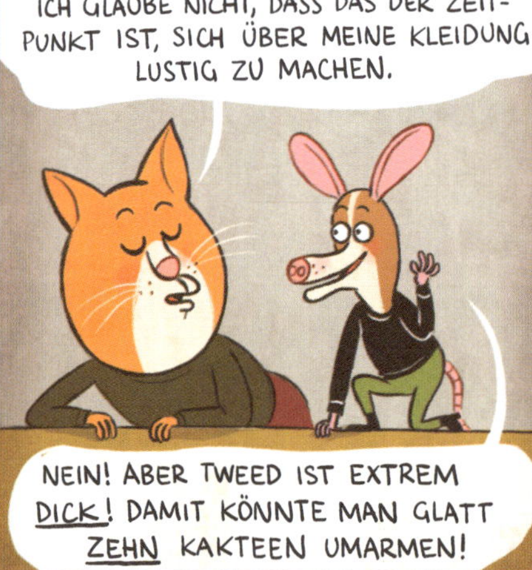
ICH GLAUBE NICHT, DASS DAS DER ZEIT-PUNKT IST, SICH ÜBER MEINE KLEIDUNG LUSTIG ZU MACHEN.
NEIN! ABER TWEED IST EXTREM DICK! DAMIT KÖNNTE MAN GLATT ZEHN KAKTEEN UMARMEN!

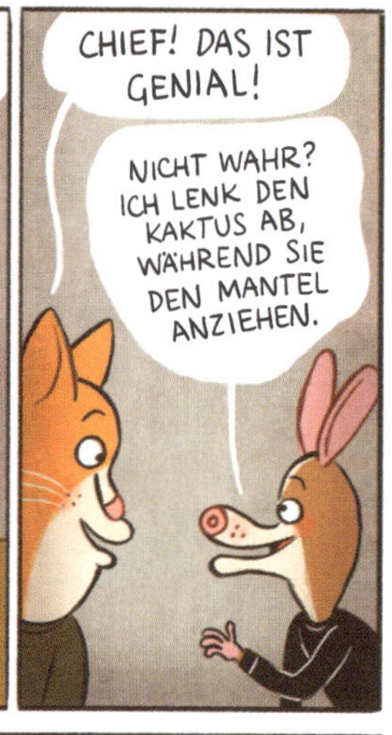
CHIEF! DAS IST GENIAL!
NICHT WAHR? ICH LENK DEN KAKTUS AB, WÄHREND SIE DEN MANTEL ANZIEHEN.

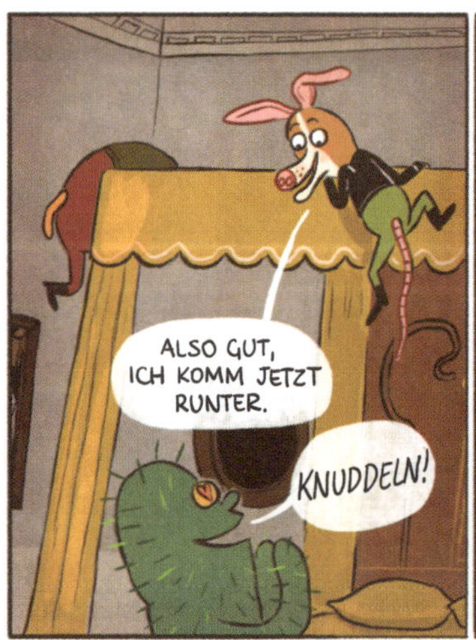
ALSO GUT, ICH KOMM JETZT RUNTER.
KNUDDELN!

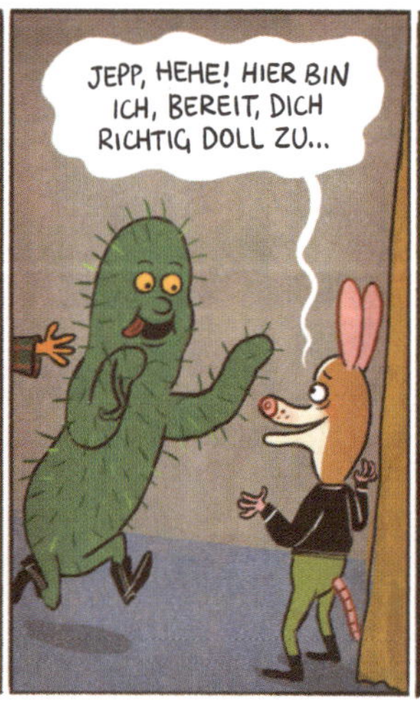
JEPP, HEHE! HIER BIN ICH, BEREIT, DICH RICHTIG DOLL ZU...

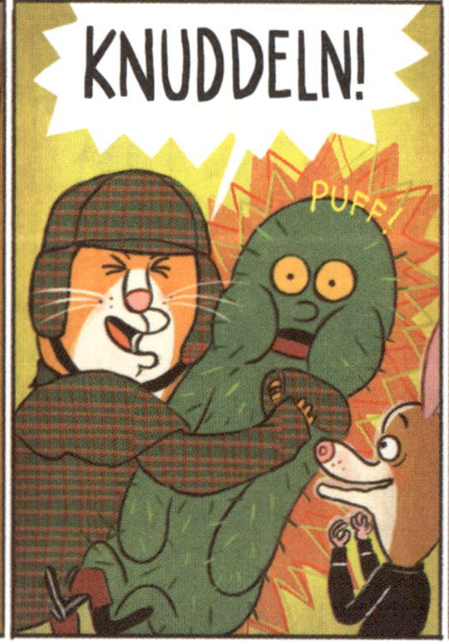
KNUDDELN!
PUFF!

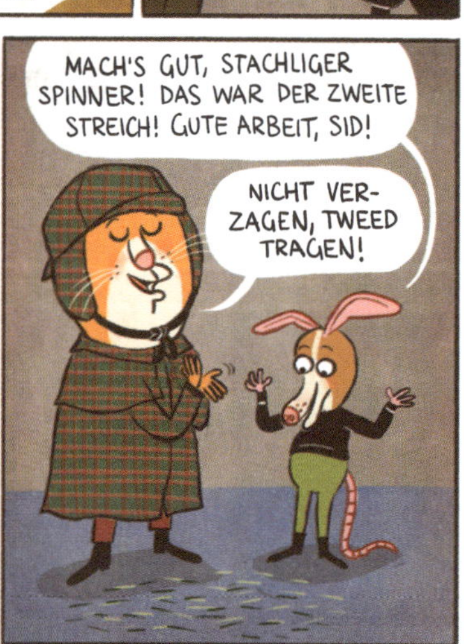
MACH'S GUT, STACHLIGER SPINNER! DAS WAR DER ZWEITE STREICH! GUTE ARBEIT, SID!
NICHT VER-ZAGEN, TWEED TRAGEN!

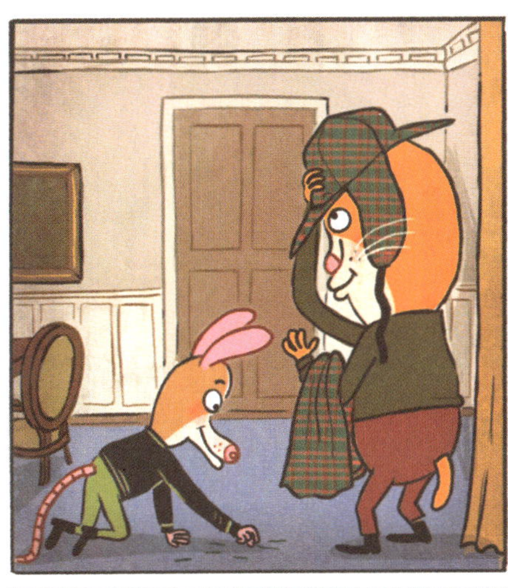
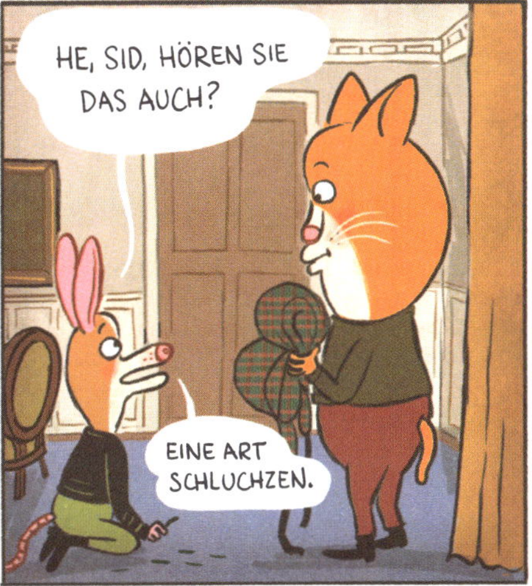
HE, SID, HÖREN SIE DAS AUCH?
EINE ART SCHLUCHZEN.
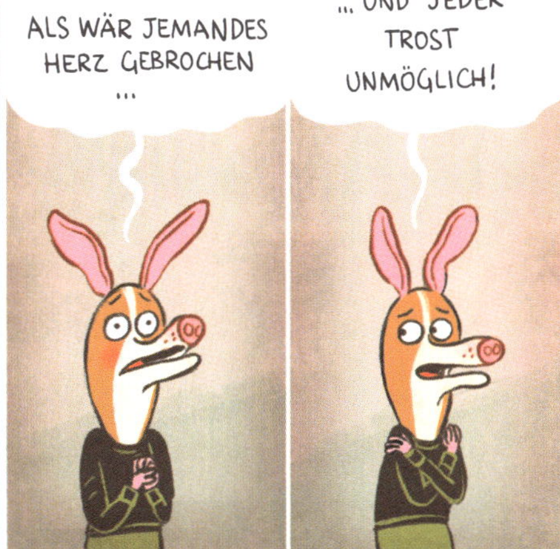
ALS WÄR JEMANDES HERZ GEBROCHEN ...
... UND JEDER TROST UNMÖGLICH!
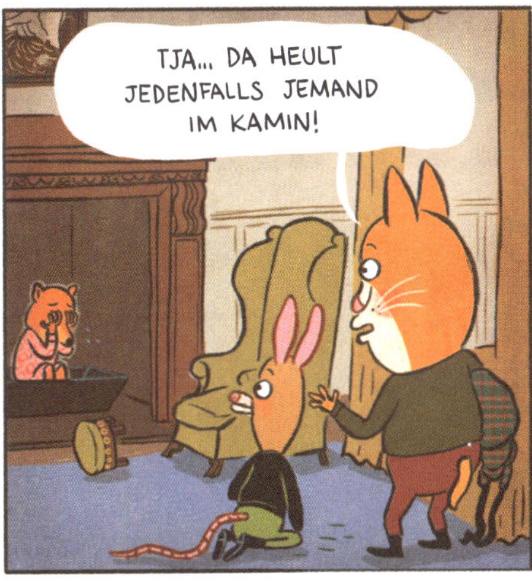
TJA... DA HEULT JEDENFALLS JEMAND IM KAMIN!
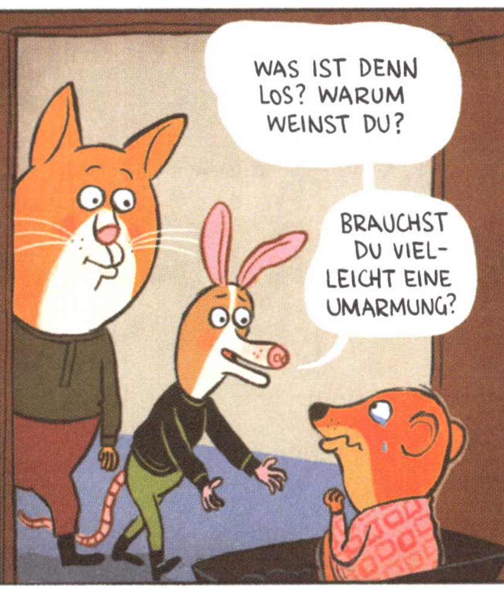
WAS IST DENN LOS? WARUM WEINST DU?
BRAUCHST DU VIELLEICHT EINE UMARMUNG?
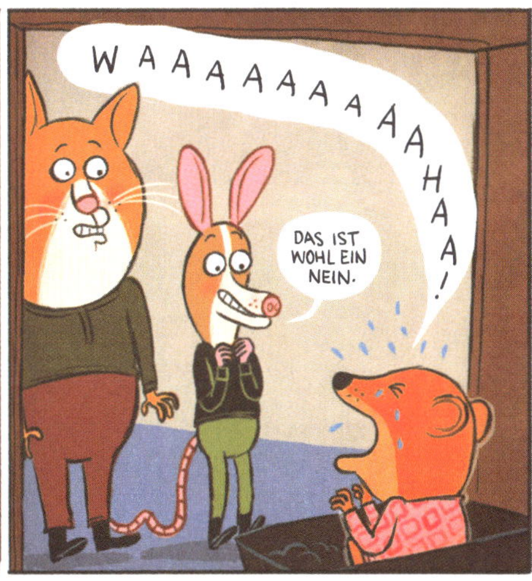
WAAAAAAAAAHAAA!
DAS IST WOHL EIN NEIN.
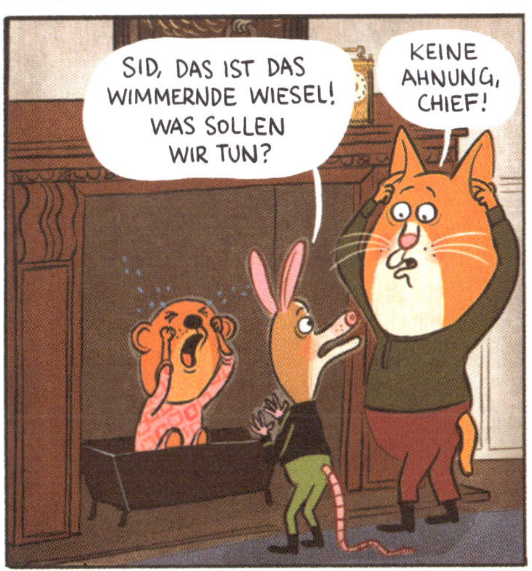
SID, DAS IST DAS WIMMERNDE WIESEL! WAS SOLLEN WIR TUN?
KEINE AHNUNG, CHIEF!
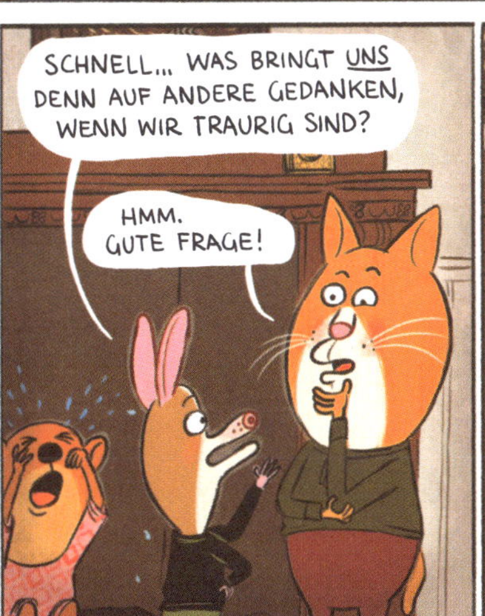
SCHNELL... WAS BRINGT UNS DENN AUF ANDERE GEDANKEN, WENN WIR TRAURIG SIND?
HMM. GUTE FRAGE!
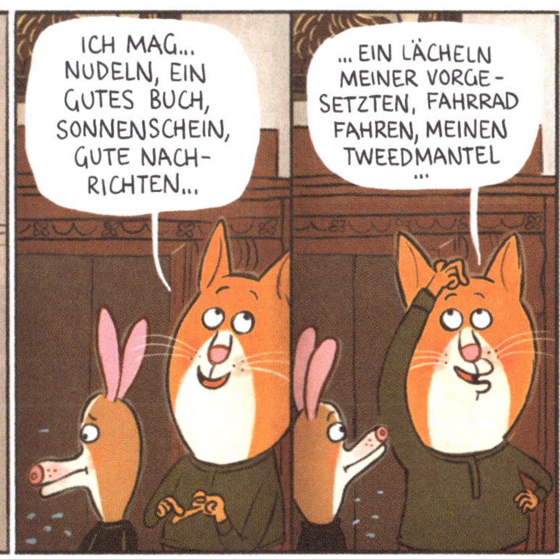
ICH MAG... NUDELN, EIN GUTES BUCH, SONNENSCHEIN, GUTE NACHRICHTEN...
... EIN LÄCHELN MEINER VORGESETZTEN, FAHRRAD FAHREN, MEINEN TWEEDMANTEL ...
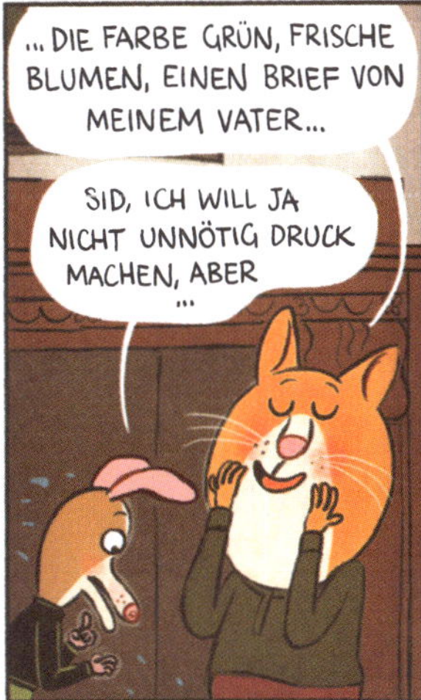
... DIE FARBE GRÜN, FRISCHE BLUMEN, EINEN BRIEF VON MEINEM VATER...
SID, ICH WILL JA NICHT UNNÖTIG DRUCK MACHEN, ABER ...
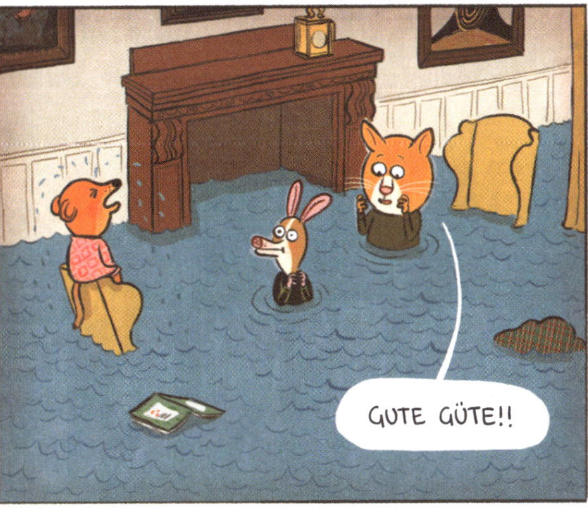
GUTE GÜTE!!
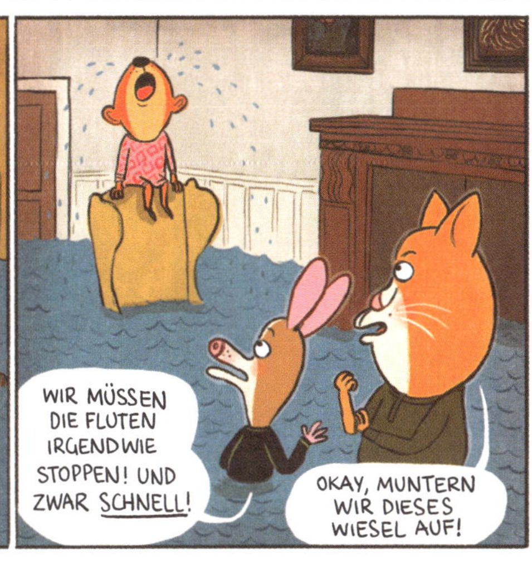
WIR MÜSSEN DIE FLUTEN IRGENDWIE STOPPEN! UND ZWAR SCHNELL!
OKAY, MUNTERN WIR DIESES WIESEL AUF!

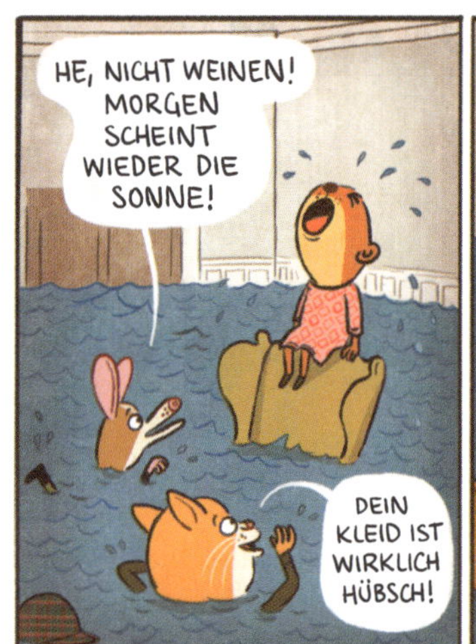
HE, NICHT WEINEN! MORGEN SCHEINT WIEDER DIE SONNE!
DEIN KLEID IST WIRKLICH HÜBSCH!

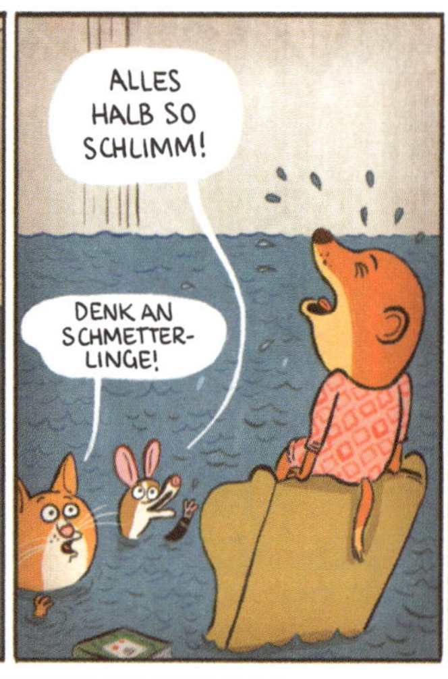
ALLES HALB SO SCHLIMM!
DENK AN SCHMETTER-LINGE!

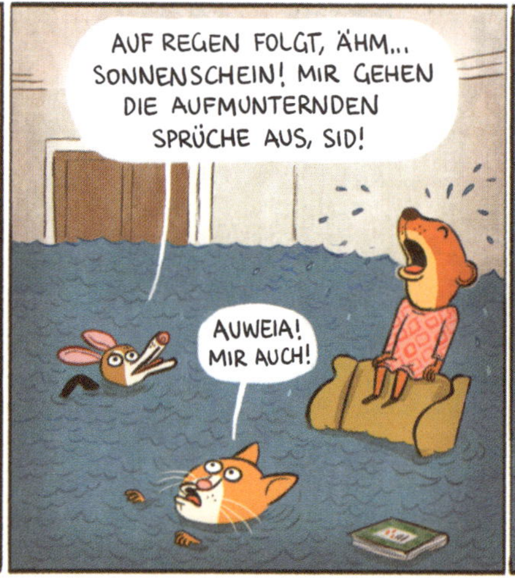
AUF REGEN FOLGT, ÄHM... SONNENSCHEIN! MIR GEHEN DIE AUFMUNTERNDEN SPRÜCHE AUS, SID!
AUWEIA! MIR AUCH!

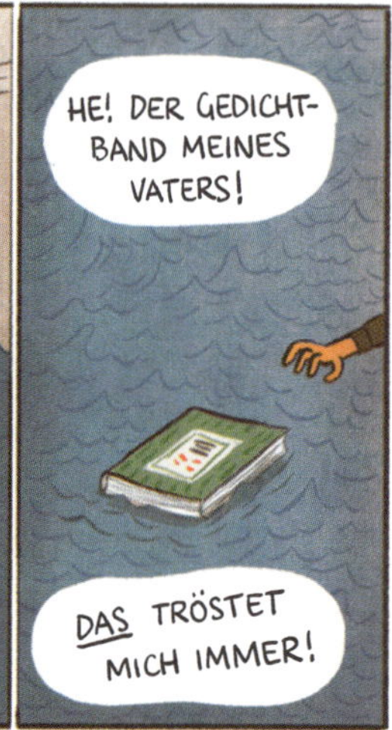
HE! DER GEDICHT-BAND MEINES VATERS!
DAS TRÖSTET MICH IMMER!

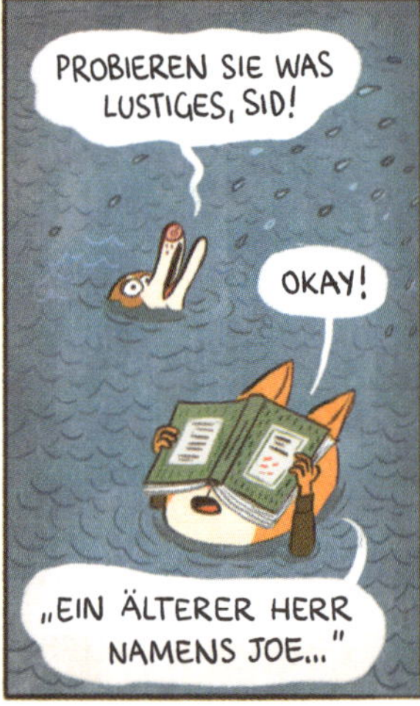
PROBIEREN SIE WAS LUSTIGES, SID!
OKAY!
„EIN ÄLTERER HERR NAMENS JOE..."

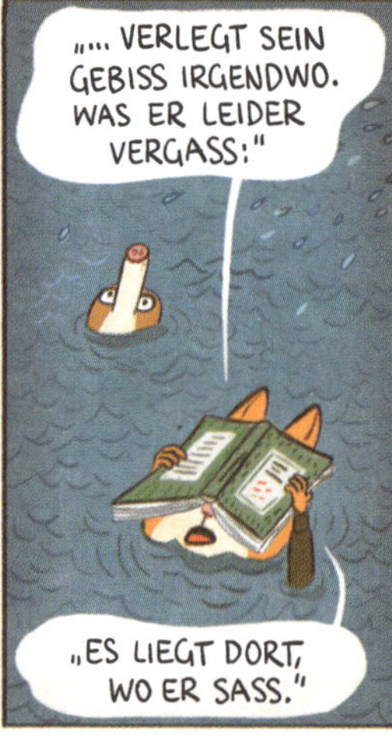
„... VERLEGT SEIN GEBISS IRGENDWO. WAS ER LEIDER VERGASS:"
„ES LIEGT DORT, WO ER SASS."

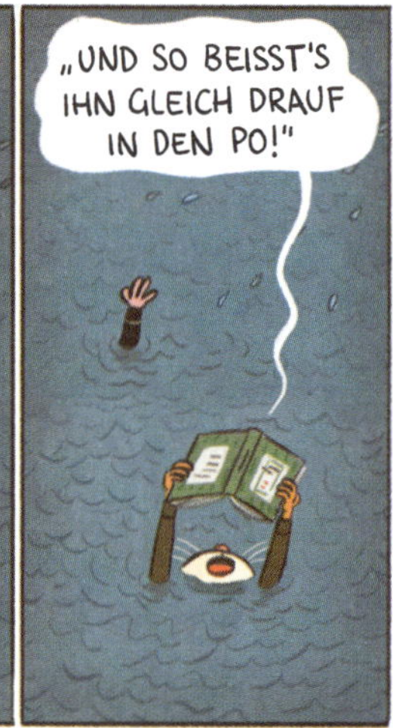
„UND SO BEISST'S IHN GLEICH DRAUF IN DEN PO!"

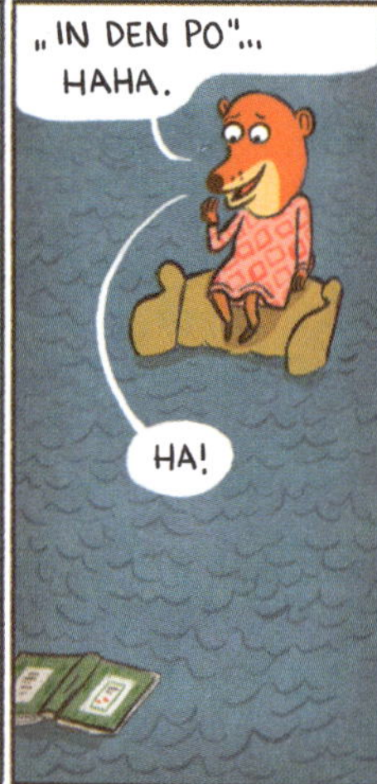
„IN DEN PO"... HAHA.
HA!

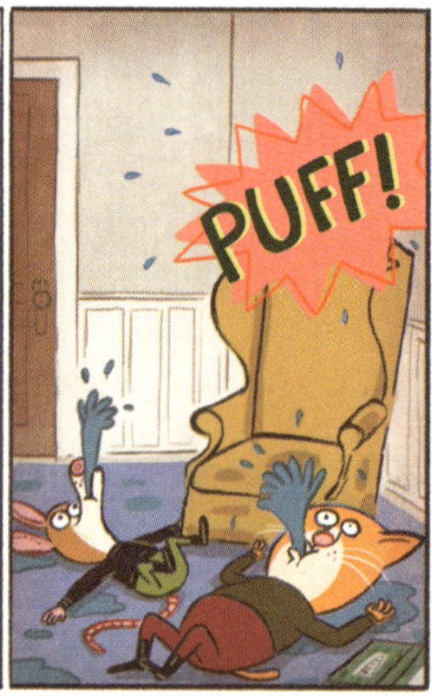
PUFF!

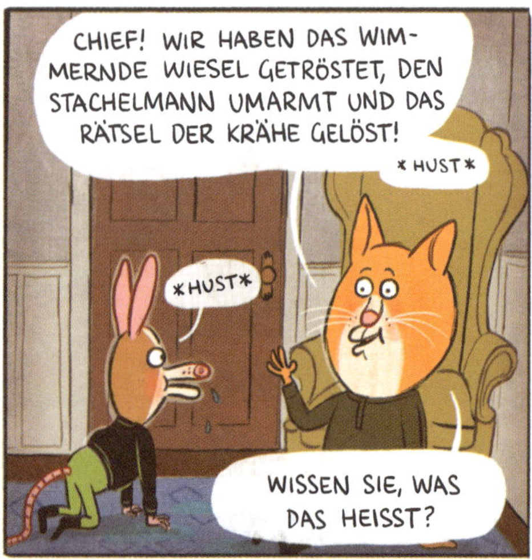
CHIEF! WIR HABEN DAS WIM-MERNDE WIESEL GETRÖSTET, DEN STACHELMANN UMARMT UND DAS RÄTSEL DER KRÄHE GELÖST!
HUST
HUST
WISSEN SIE, WAS DAS HEISST?

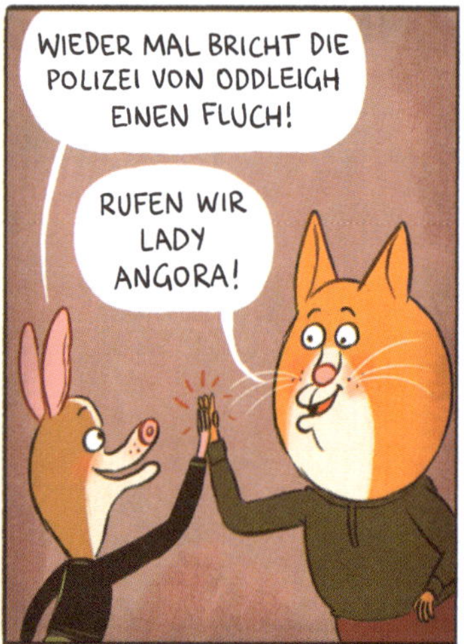
WIEDER MAL BRICHT DIE POLIZEI VON ODDLEIGH EINEN FLUCH!
RUFEN WIR LADY ANGORA!

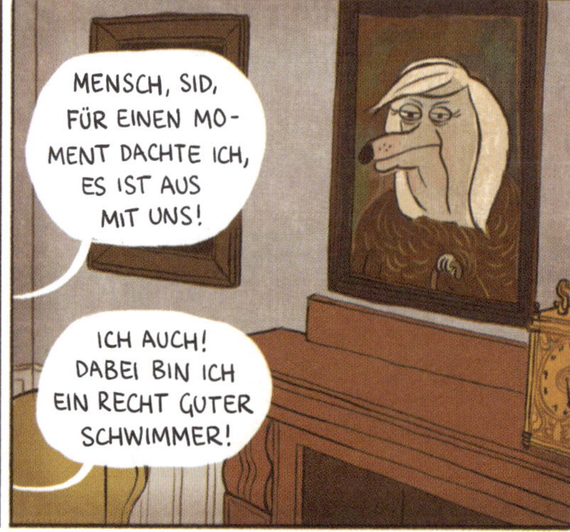
MENSCH, SID, FÜR EINEN MO-MENT DACHTE ICH, ES IST AUS MIT UNS!
ICH AUCH! DABEI BIN ICH EIN RECHT GUTER SCHWIMMER!

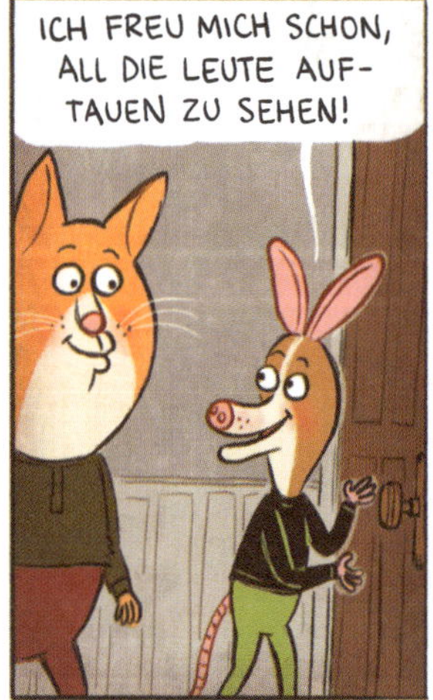
ICH FREU MICH SCHON, ALL DIE LEUTE AUF-TAUEN ZU SEHEN!

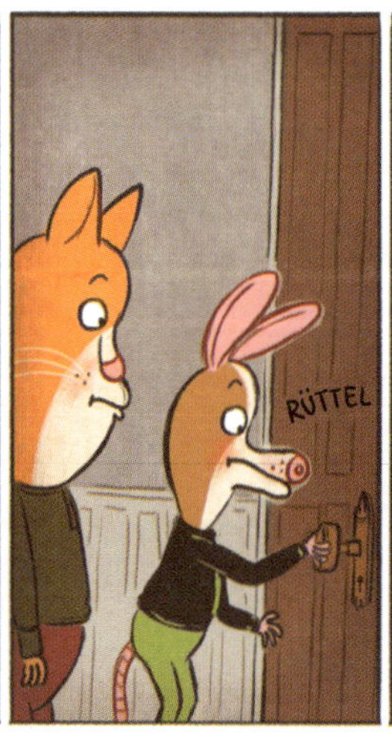
RÜTTEL

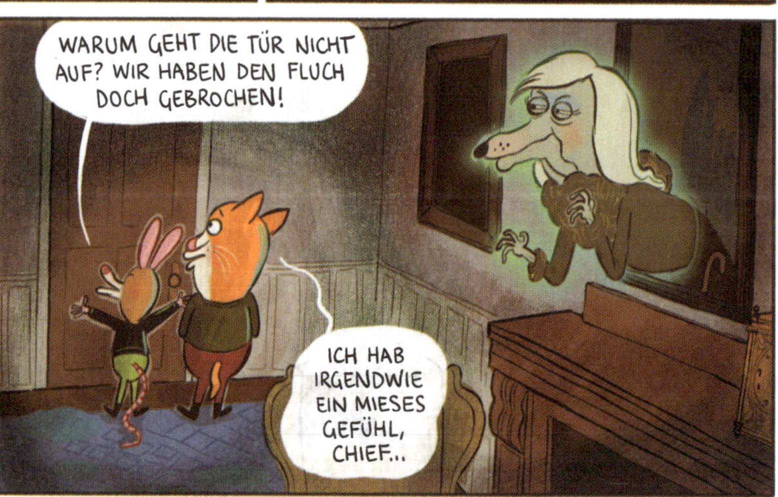
WARUM GEHT DIE TÜR NICHT AUF? WIR HABEN DEN FLUCH DOCH GEBROCHEN!
ICH HAB IRGENDWIE EIN MIESES GEFÜHL, CHIEF...

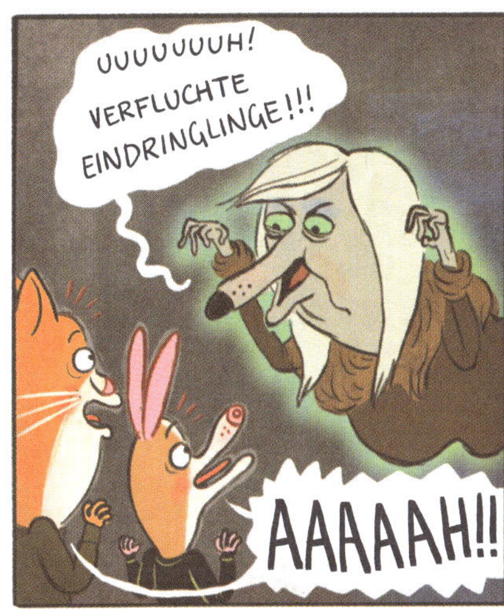
UUUUUUUH!
VERFLUCHTE EINDRINGLINGE!!!
AAAAAH!!
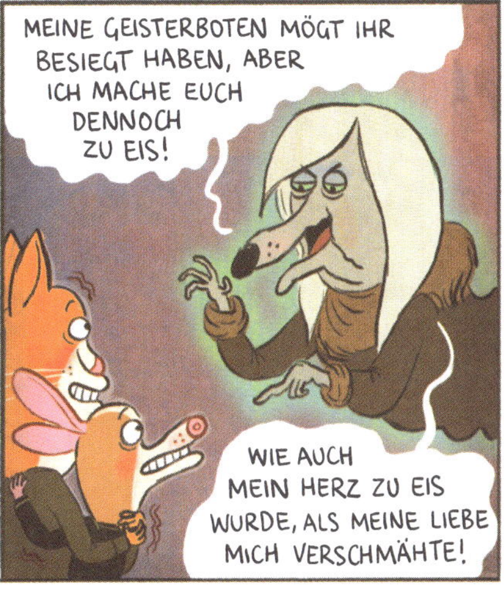
MEINE GEISTERBOTEN MÖGT IHR BESIEGT HABEN, ABER ICH MACHE EUCH DENNOCH ZU EIS!
WIE AUCH MEIN HERZ ZU EIS WURDE, ALS MEINE LIEBE MICH VERSCHMÄHTE!
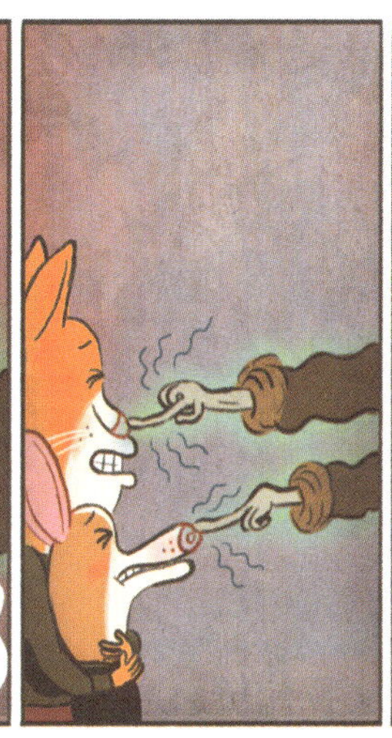
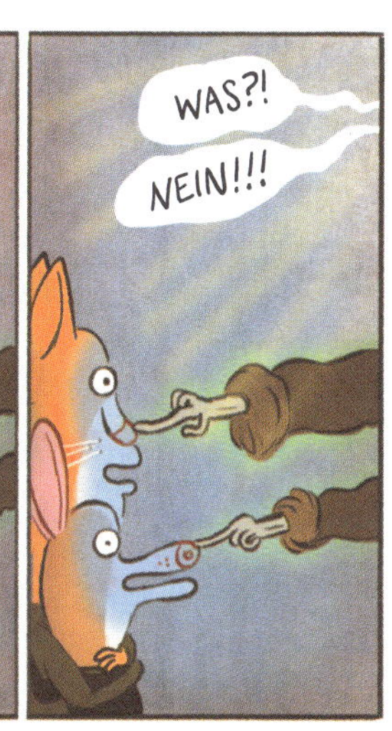
WAS?!
NEIN!!!
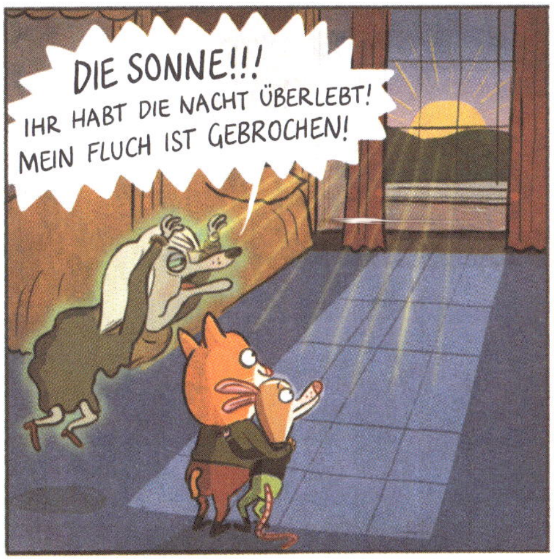
DIE SONNE!!! IHR HABT DIE NACHT ÜBERLEBT! MEIN FLUCH IST GEBROCHEN!
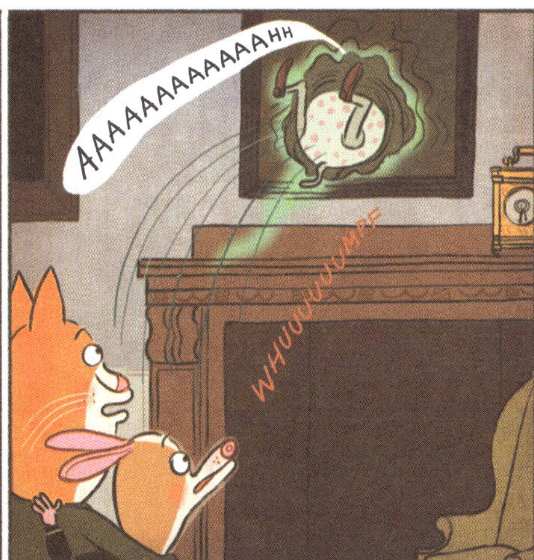
AAAAAAAAAAAAHH
WHUUUUUUMPF
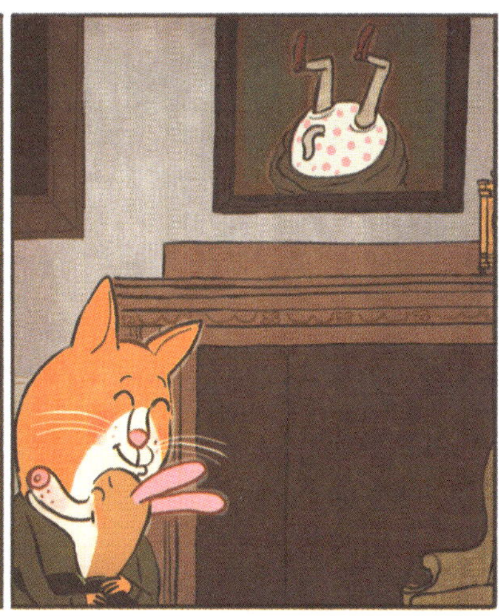
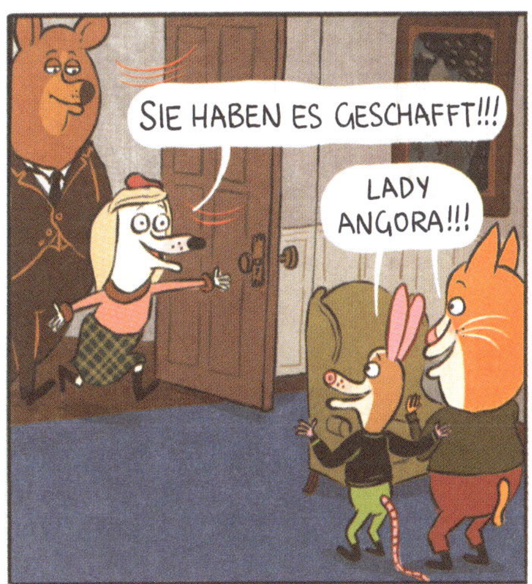
SIE HABEN ES GESCHAFFT!!!
LADY ANGORA!!!
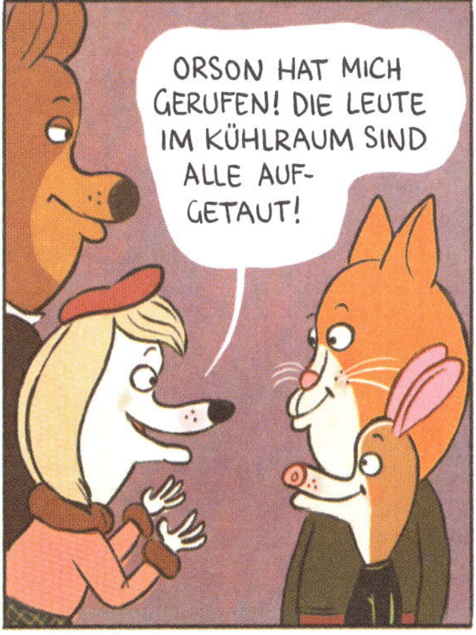
ORSON HAT MICH GERUFEN! DIE LEUTE IM KÜHLRAUM SIND ALLE AUF-GETAUT!
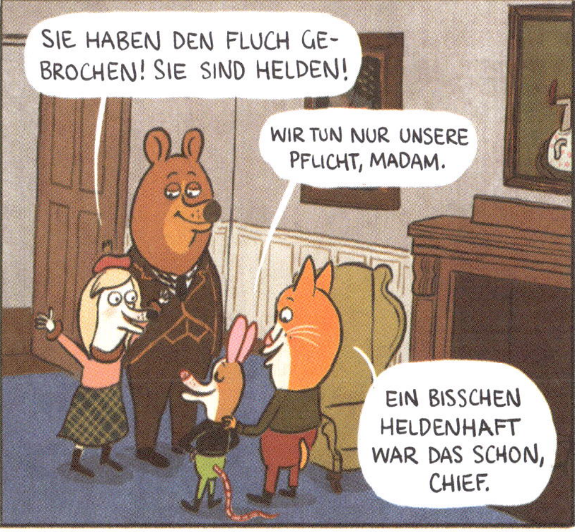
SIE HABEN DEN FLUCH GE-BROCHEN! SIE SIND HELDEN!
WIR TUN NUR UNSERE PFLICHT, MADAM.
EIN BISSCHEN HELDENHAFT WAR DAS SCHON, CHIEF.
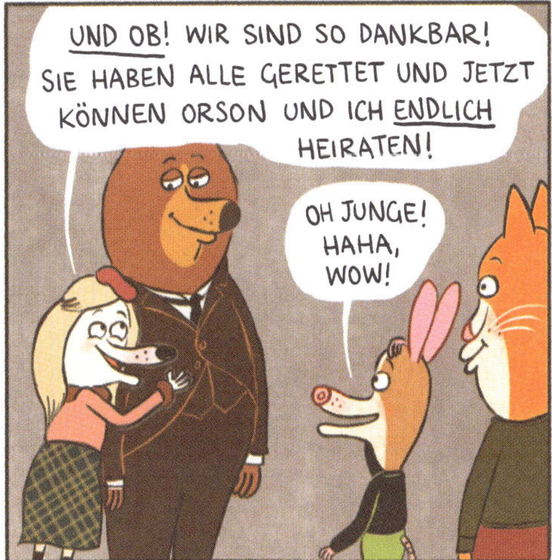
UND OB! WIR SIND SO DANKBAR! SIE HABEN ALLE GERETTET UND JETZT KÖNNEN ORSON UND ICH ENDLICH HEIRATEN!
OH JUNGE! HAHA, WOW!
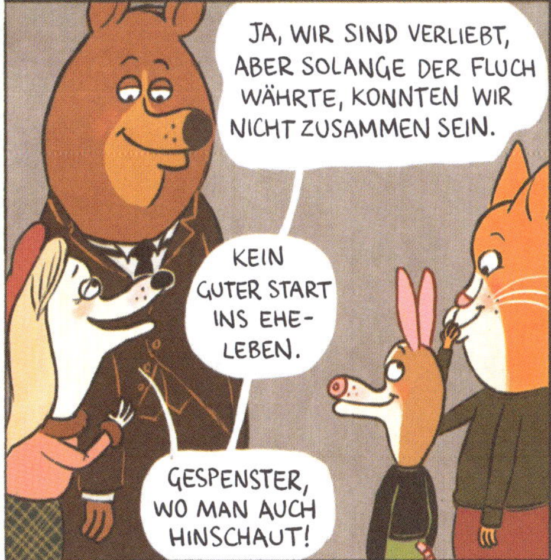
JA, WIR SIND VERLIEBT, ABER SOLANGE DER FLUCH WÄHRTE, KONNTEN WIR NICHT ZUSAMMEN SEIN.
KEIN GUTER START INS EHE-LEBEN.
GESPENSTER, WO MAN AUCH HINSCHAUT!
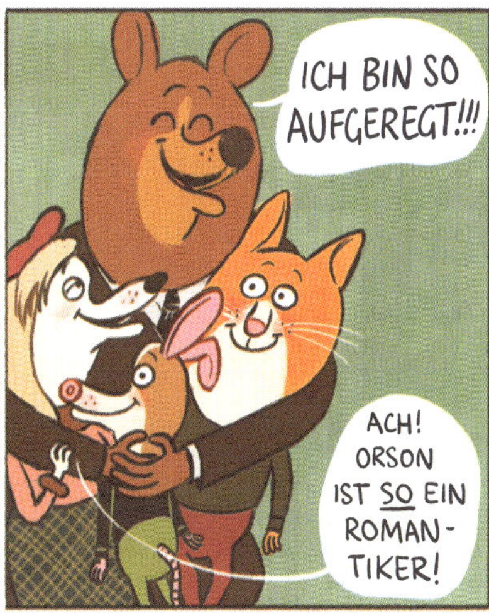
ICH BIN SO AUFGEREGT!!!
ACH! ORSON IST SO EIN ROMAN-TIKER!

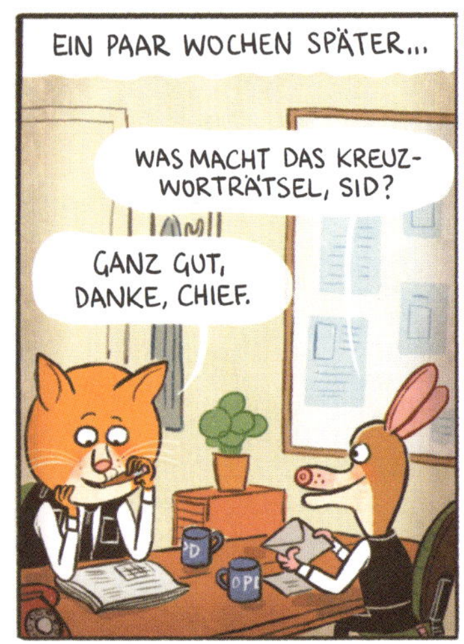
EIN PAAR WOCHEN SPÄTER...
WAS MACHT DAS KREUZWORTRÄTSEL, SID?
GANZ GUT, DANKE, CHIEF.

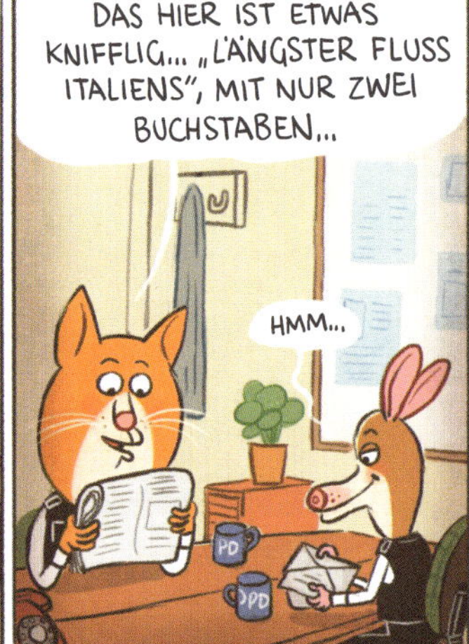
DAS HIER IST ETWAS KNIFFLIG... „LÄNGSTER FLUSS ITALIENS", MIT NUR ZWEI BUCHSTABEN...
HMM...

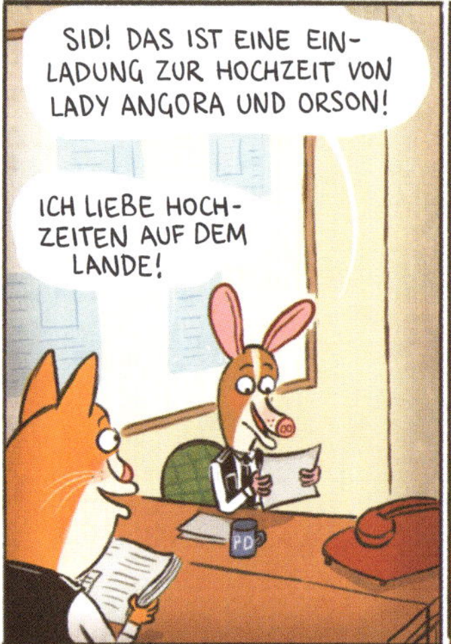
SID! DAS IST EINE EINLADUNG ZUR HOCHZEIT VON LADY ANGORA UND ORSON!
ICH LIEBE HOCHZEITEN AUF DEM LANDE!

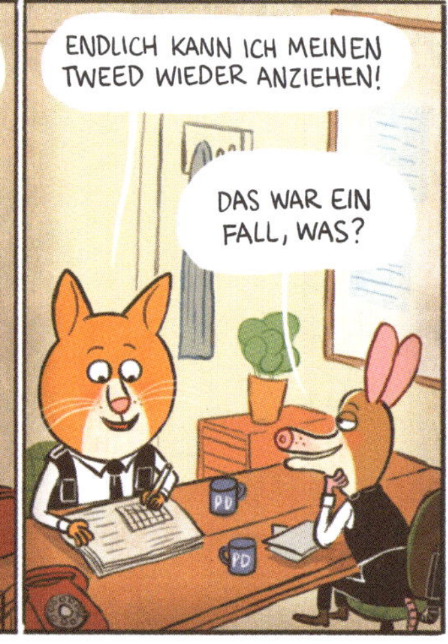
ENDLICH KANN ICH MEINEN TWEED WIEDER ANZIEHEN!
DAS WAR EIN FALL, WAS?

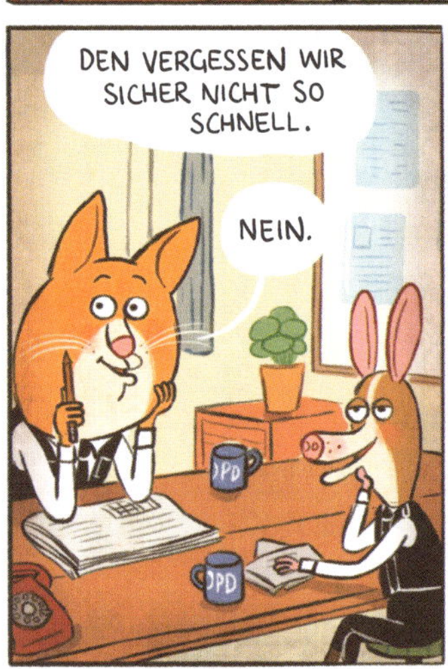
DEN VERGESSEN WIR SICHER NICHT SO SCHNELL.
NEIN.

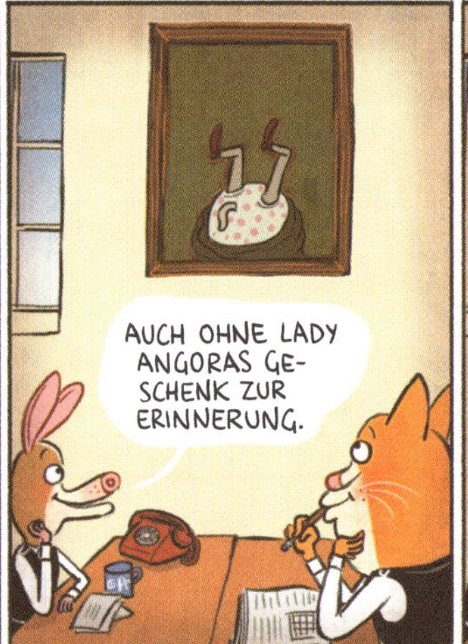
AUCH OHNE LADY ANGORAS GESCHENK ZUR ERINNERUNG.

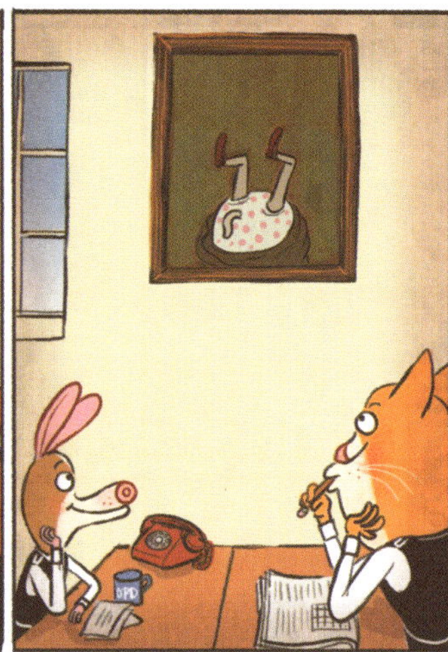

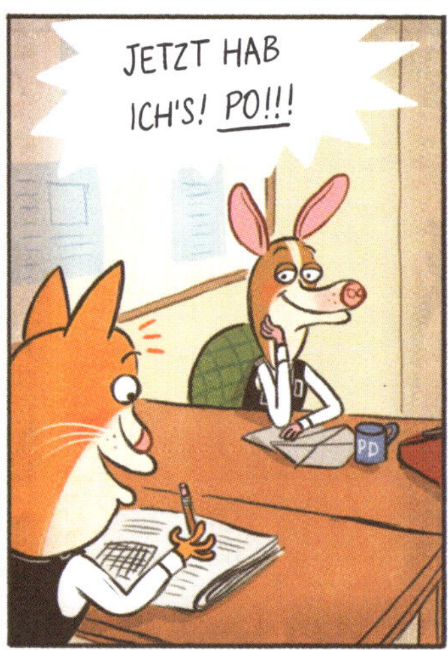
JETZT HAB ICH'S! PO!!!

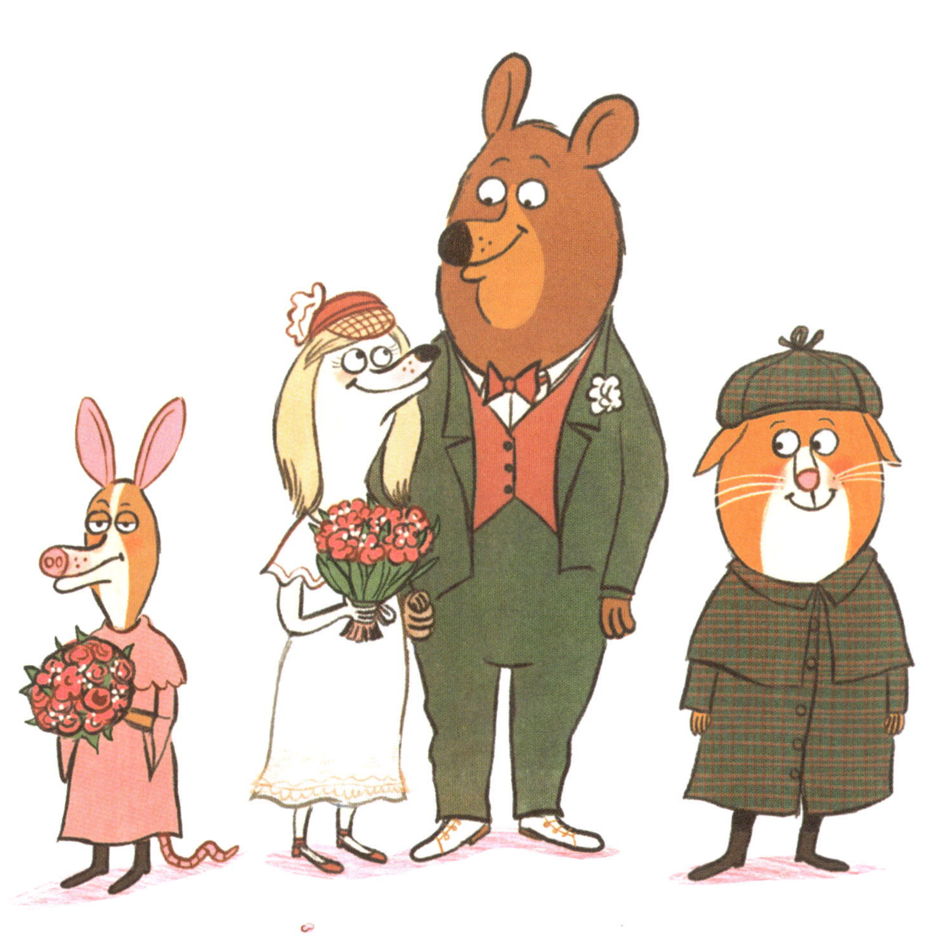

ENDE

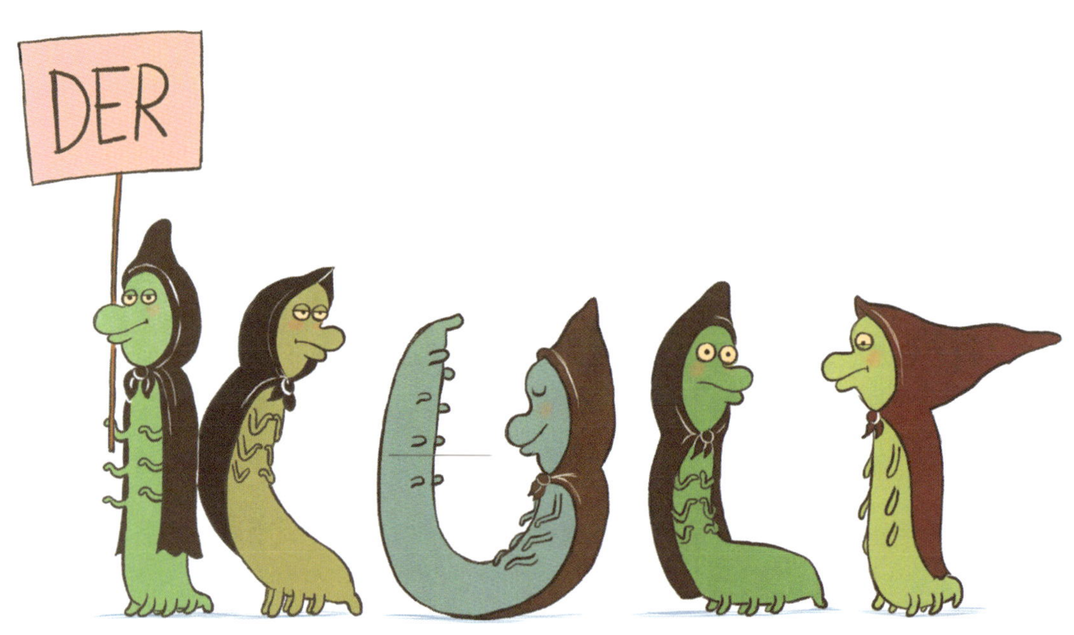
DER

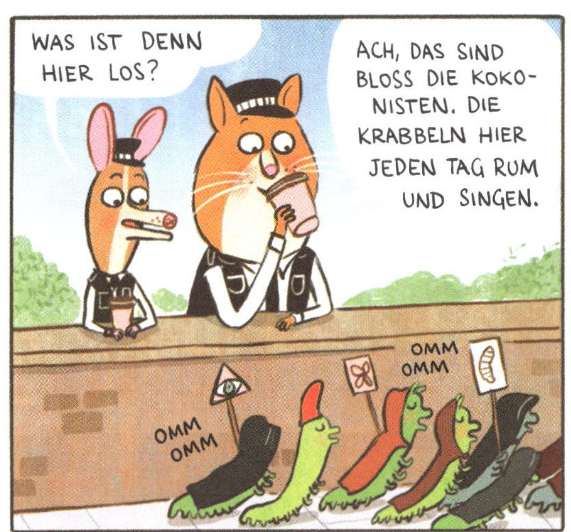
WAS IST DENN HIER LOS?
ACH, DAS SIND BLOSS DIE KOKO-NISTEN. DIE KRABBELN HIER JEDEN TAG RUM UND SINGEN.
OMM OMM
OMM OMM

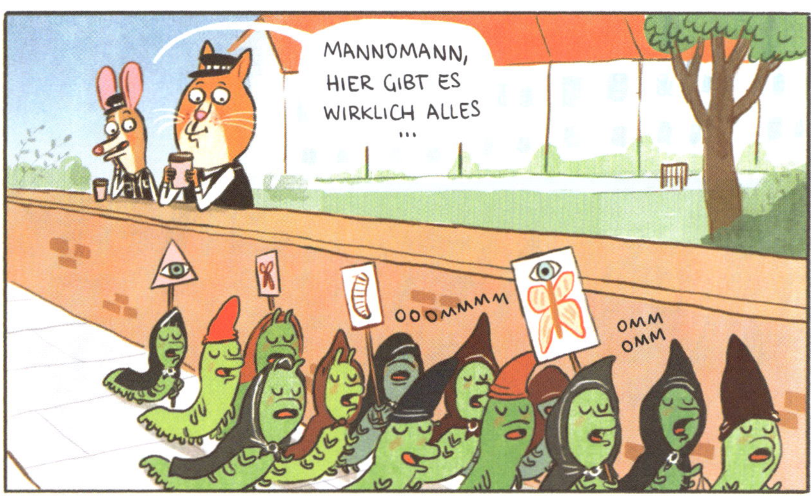
MANNOMANN, HIER GIBT ES WIRKLICH ALLES ...
OOOMMMM
OMM OMM

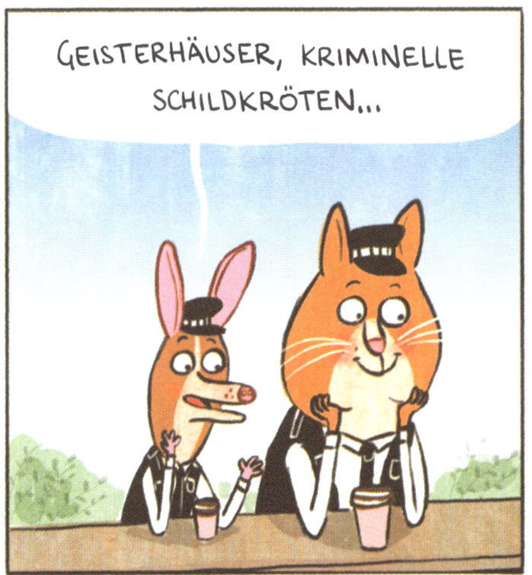
GEISTERHÄUSER, KRIMINELLE SCHILDKRÖTEN...

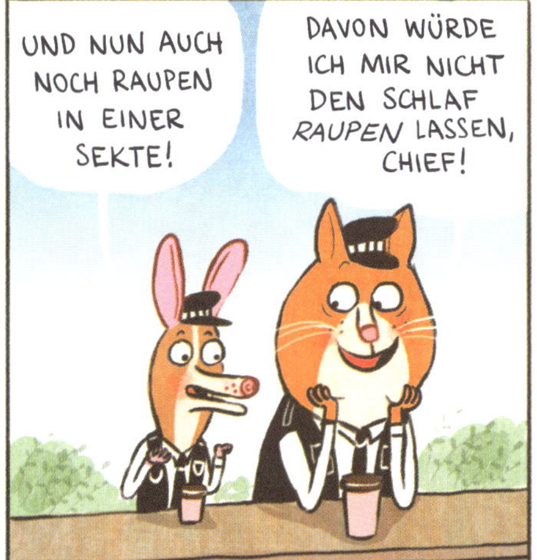
UND NUN AUCH NOCH RAUPEN IN EINER SEKTE!
DAVON WÜRDE ICH MIR NICHT DEN SCHLAF *RAUPEN* LASSEN, CHIEF!

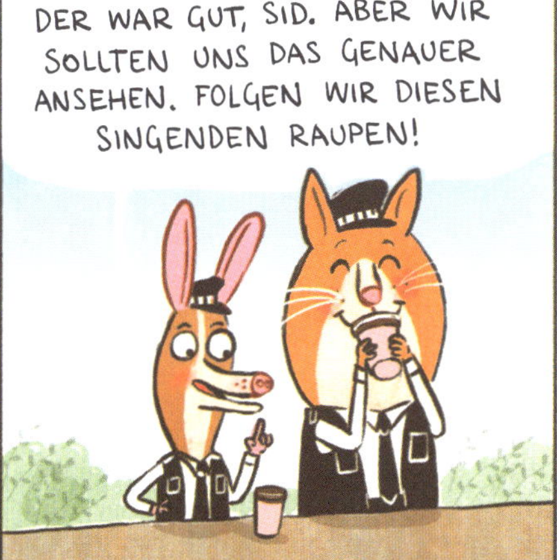
DER WAR GUT, SID. ABER WIR SOLLTEN UNS DAS GENAUER ANSEHEN. FOLGEN WIR DIESEN SINGENDEN RAUPEN!

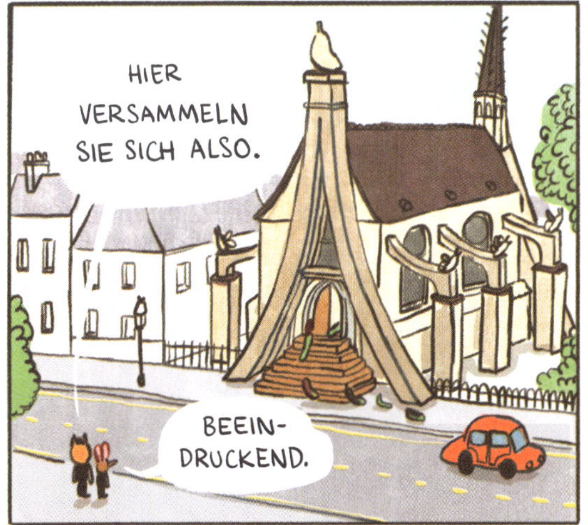
HIER VERSAMMELN SIE SICH ALSO.
BEEIN-DRUCKEND.

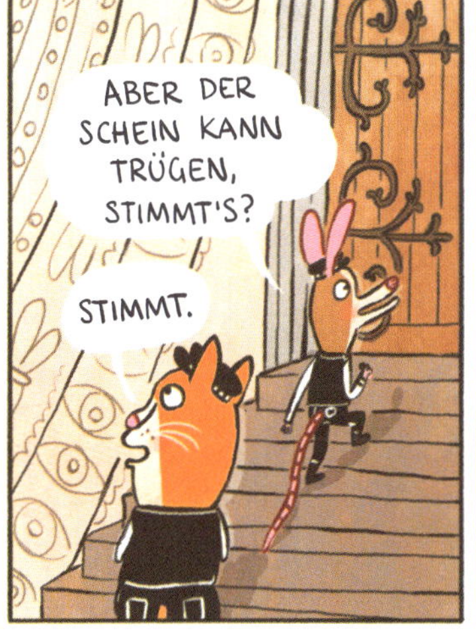
ABER DER SCHEIN KANN TRÜGEN, STIMMT'S?
STIMMT.

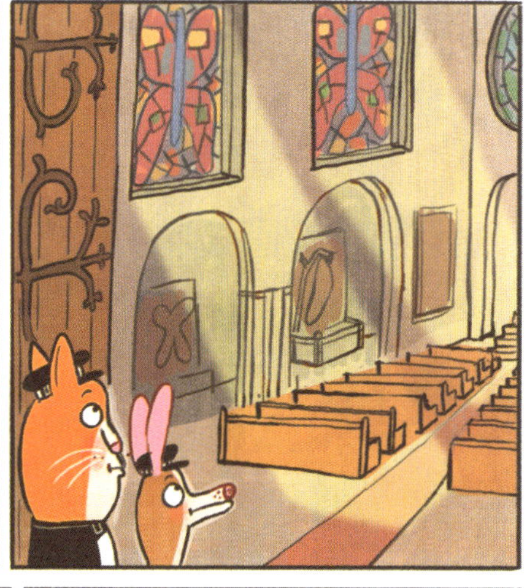

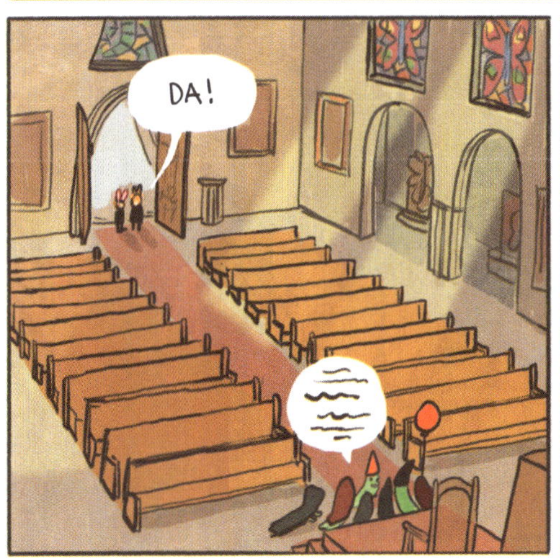
DA!

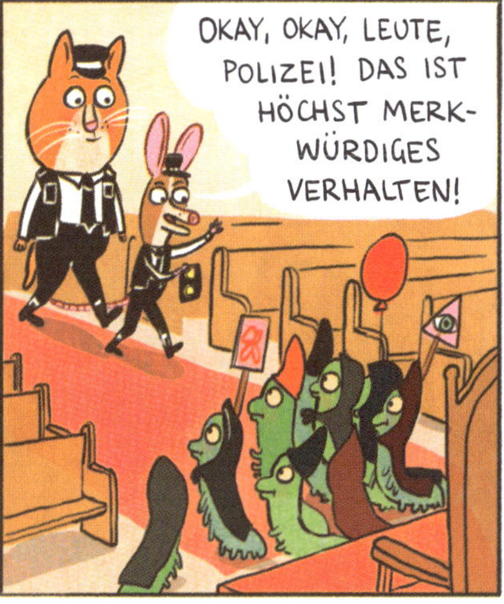
OKAY, OKAY, LEUTE, POLIZEI! DAS IST HÖCHST MERK-WÜRDIGES VERHALTEN!

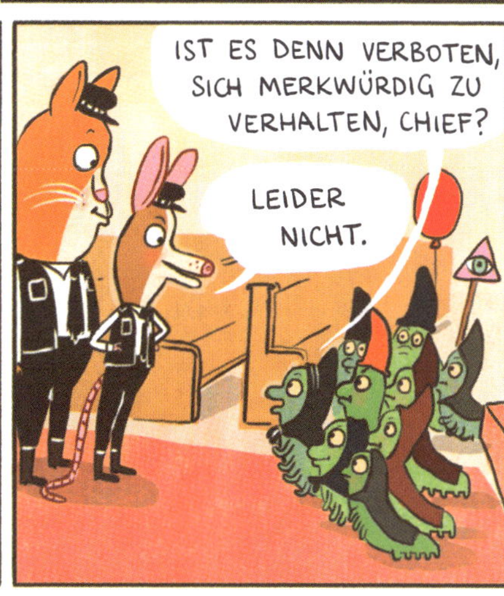
IST ES DENN VERBOTEN, SICH MERKWÜRDIG ZU VERHALTEN, CHIEF?
LEIDER NICHT.

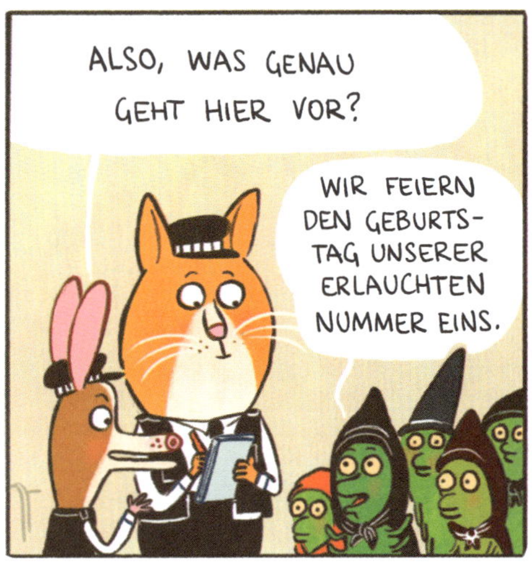
ALSO, WAS GENAU GEHT HIER VOR?
WIR FEIERN DEN GEBURTSTAG UNSERER ERLAUCHTEN NUMMER EINS.

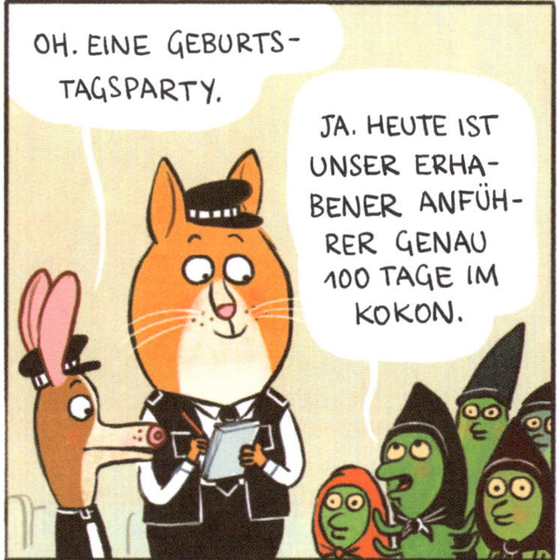
OH. EINE GEBURTSTAGSPARTY.
JA. HEUTE IST UNSER ERHABENER ANFÜHRER GENAU 100 TAGE IM KOKON.

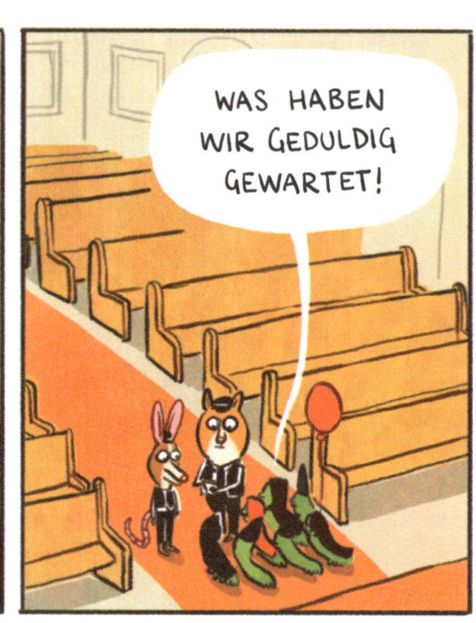
WAS HABEN WIR GEDULDIG GEWARTET!

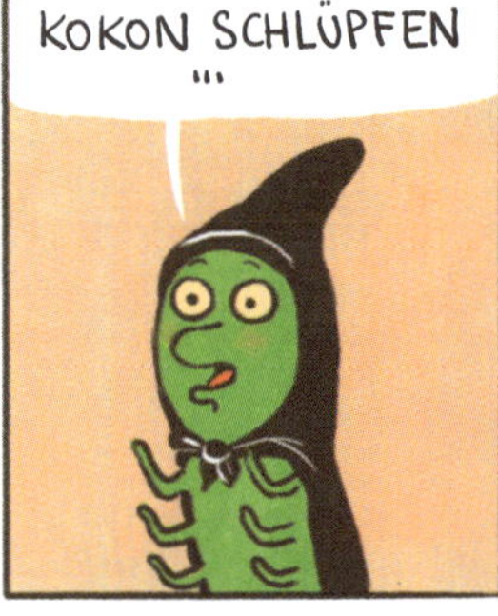
DAS WIRD EINE BEDEUTSAME ZEIT. BALD WIRD ER AUS SEINEM KOKON SCHLÜPFEN ...

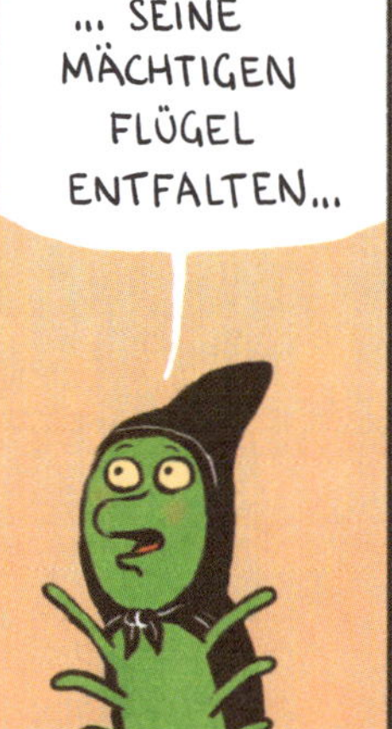
... SEINE MÄCHTIGEN FLÜGEL ENTFALTEN...

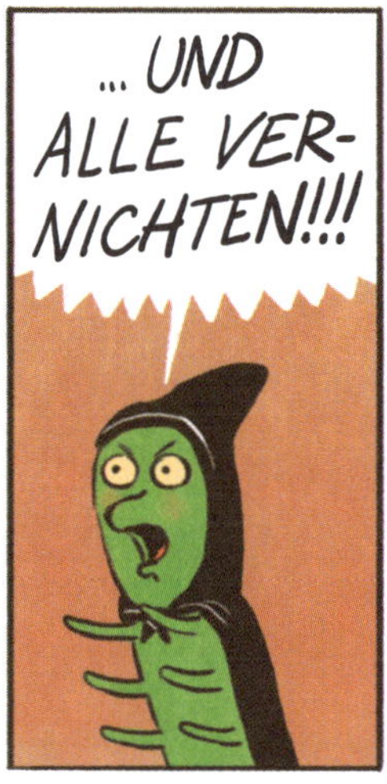
... UND ALLE VERNICHTEN!!!

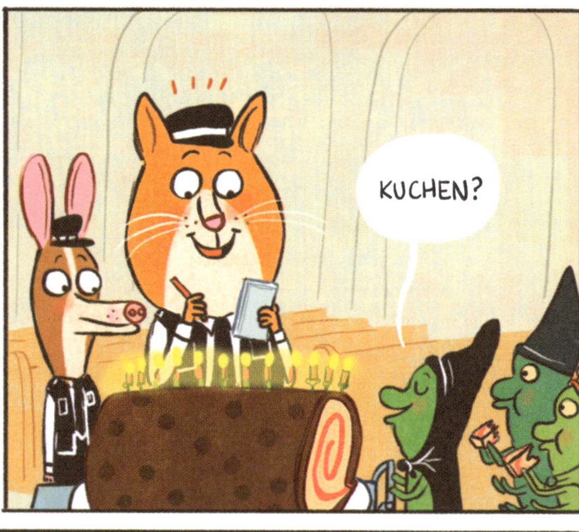
KUCHEN?

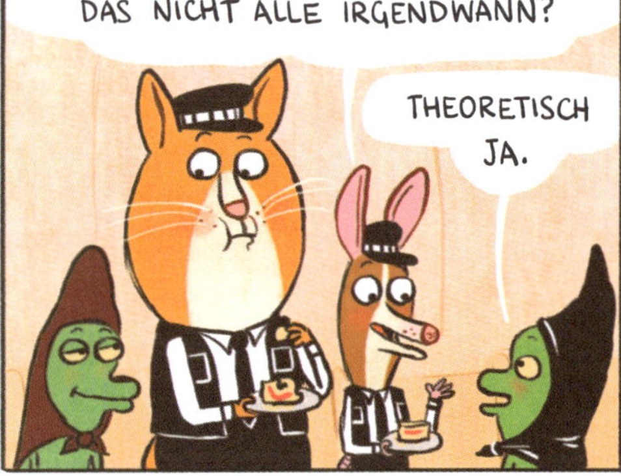
WAS IST DENN SO BESONDERES DRAN, WENN EUER ANFÜHRER EIN SCHMETTERLING WIRD? MACHT IHR DAS NICHT ALLE IRGENDWANN?
THEORETISCH JA.

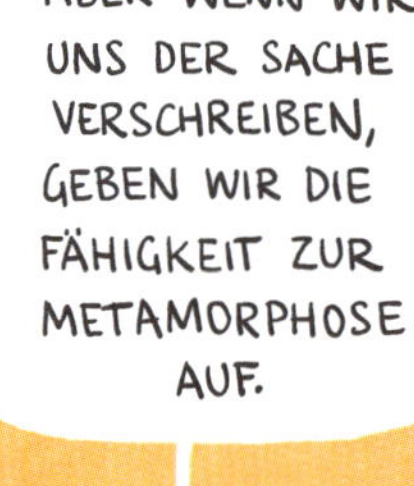
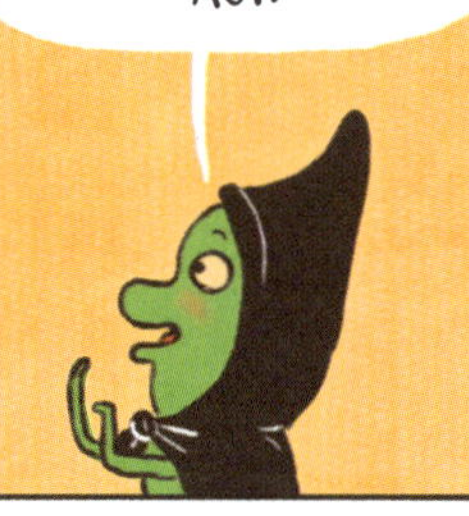
ABER WENN WIR UNS DER SACHE VERSCHREIBEN, GEBEN WIR DIE FÄHIGKEIT ZUR METAMORPHOSE AUF.

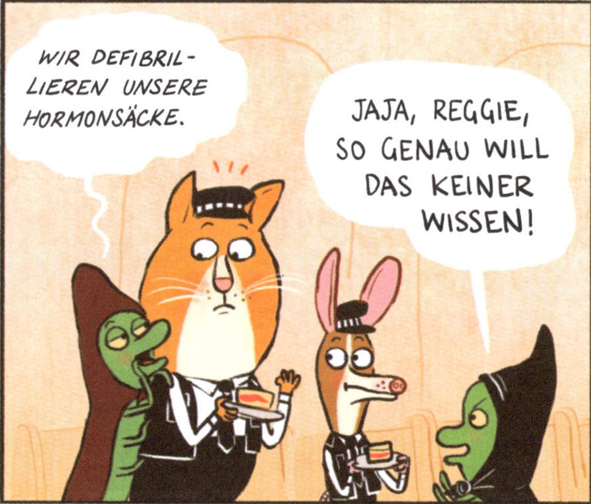
WIR DEFIBRILLIEREN UNSERE HORMONSÄCKE.
JAJA, REGGIE, SO GENAU WILL DAS KEINER WISSEN!

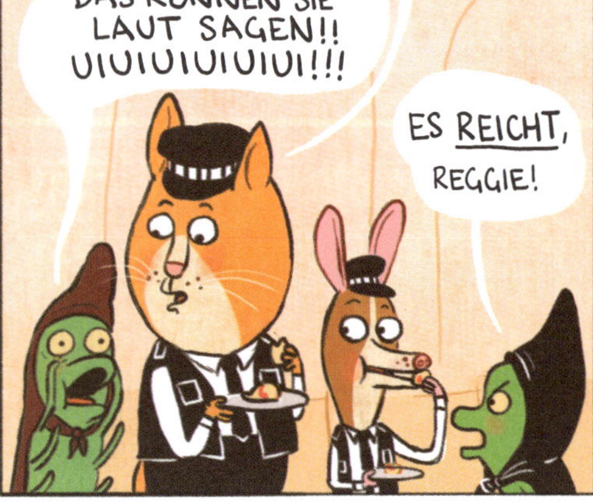
DAS KLINGT RECHT SCHMERZHAFT.
DAS KÖNNEN SIE LAUT SAGEN!! UIUIUIUIUIUI!!!
ES REICHT, REGGIE!

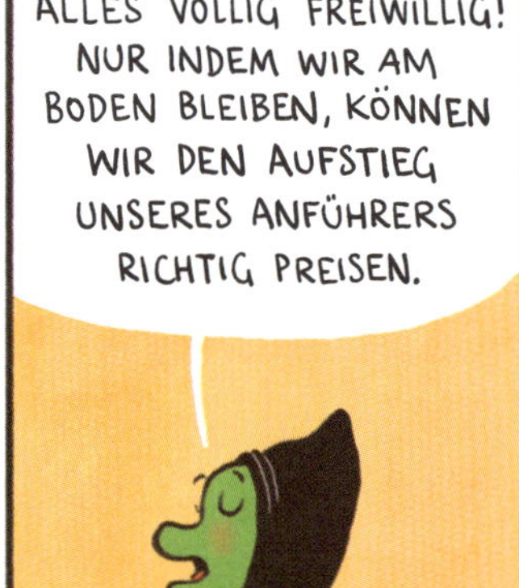
ALLES VÖLLIG FREIWILLIG! NUR INDEM WIR AM BODEN BLEIBEN, KÖNNEN WIR DEN AUFSTIEG UNSERES ANFÜHRERS RICHTIG PREISEN.

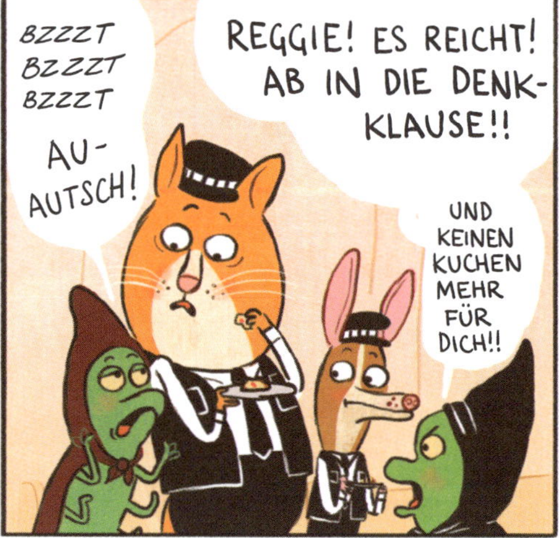
BZZZT BZZZT BZZZT
AU-AUTSCH!
REGGIE! ES REICHT! AB IN DIE DENKKLAUSE!!
UND KEINEN KUCHEN MEHR FÜR DICH!!

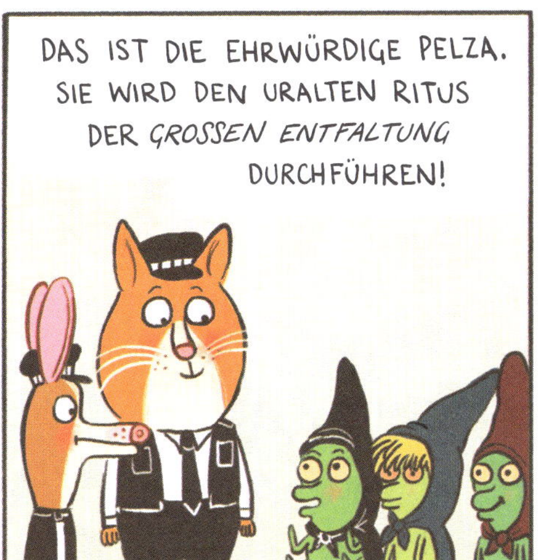
DAS IST DIE EHRWÜRDIGE PELZA. SIE WIRD DEN URALTEN RITUS DER GROSSEN ENTFALTUNG DURCHFÜHREN!

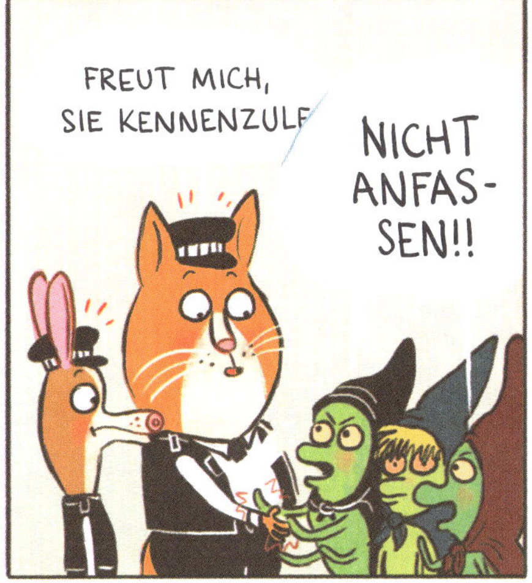
FREUT MICH, SIE KENNENZULE
NICHT ANFAS-SEN!!

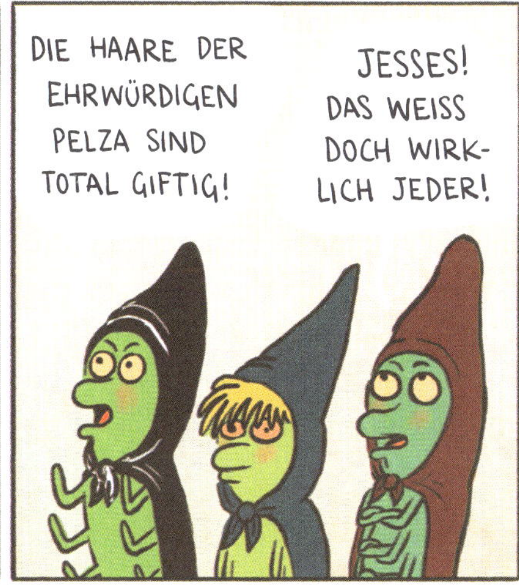
DIE HAARE DER EHRWÜRDIGEN PELZA SIND TOTAL GIFTIG!
JESSES! DAS WEISS DOCH WIRKLICH JEDER!

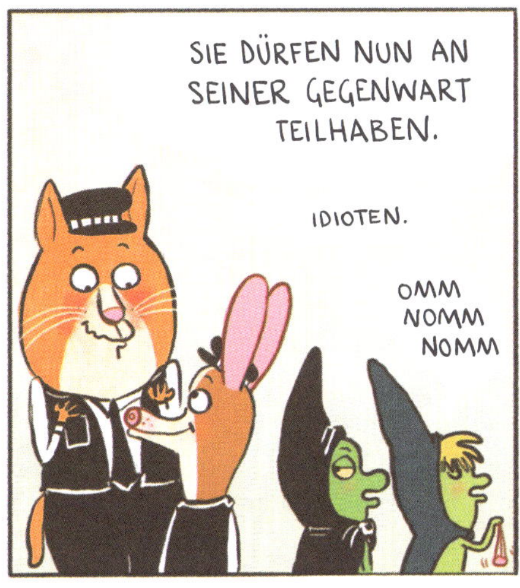
SIE DÜRFEN NUN AN SEINER GEGENWART TEILHABEN.
IDIOTEN.
OMM NOMM NOMM

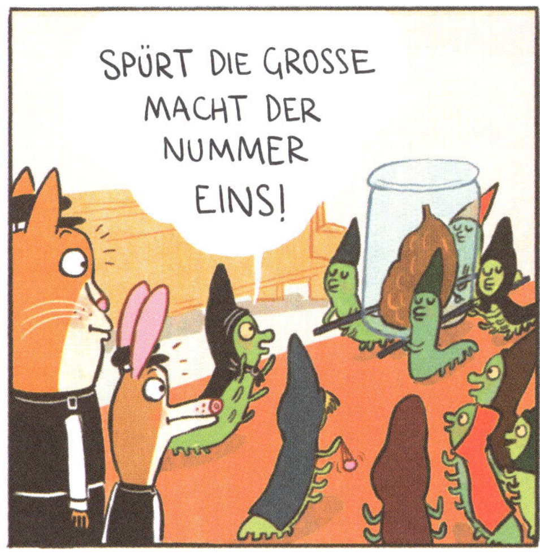
SPÜRT DIE GROSSE MACHT DER NUMMER EINS!

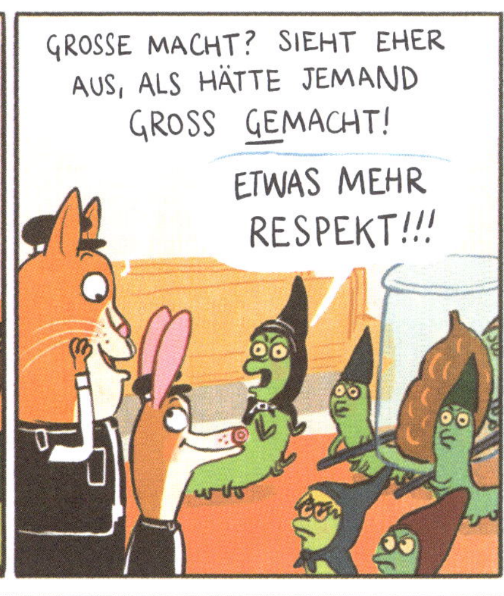
GROSSE MACHT? SIEHT EHER AUS, ALS HÄTTE JEMAND GROSS GEMACHT!
ETWAS MEHR RESPEKT!!!

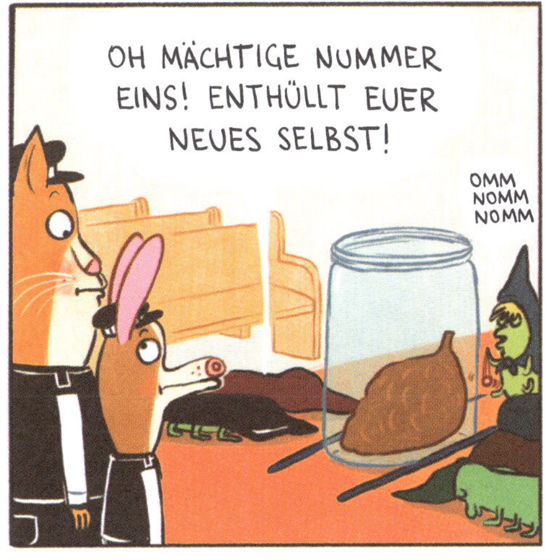
OH MÄCHTIGE NUMMER EINS! ENTHÜLLT EUER NEUES SELBST!
OMM NOMM NOMM

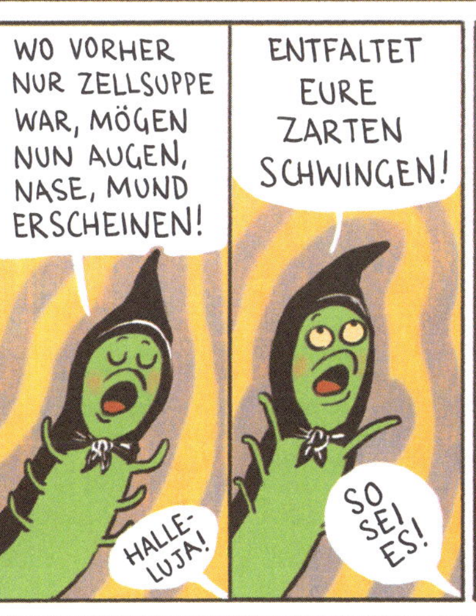
WO VORHER NUR ZELLSUPPE WAR, MÖGEN NUN AUGEN, NASE, MUND ERSCHEINEN!
HALLE-LUJA!
ENTFALTET EURE ZARTEN SCHWINGEN!
SO SEI ES!

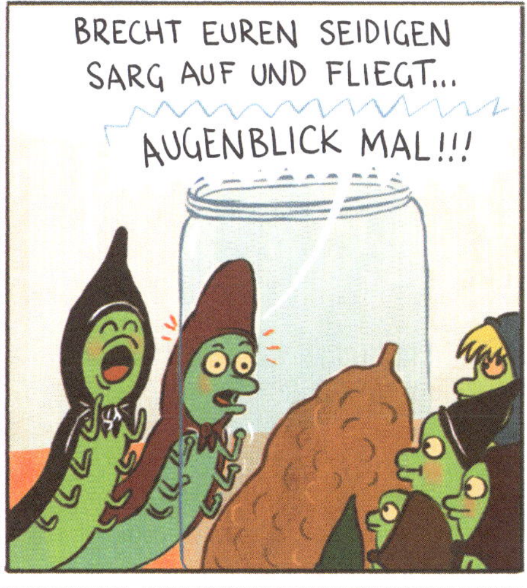
BRECHT EUREN SEIDIGEN SARG AUF UND FLIEGT...
AUGENBLICK MAL!!!

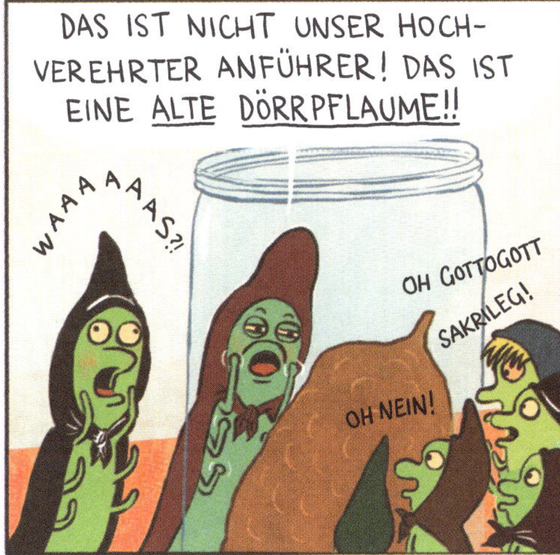
DAS IST NICHT UNSER HOCH-VEREHRTER ANFÜHRER! DAS IST EINE ALTE DÖRRPFLAUME!!
WAAAAAAS?!
OH GOTTOGOTT
SAKRILEG!
OH NEIN!

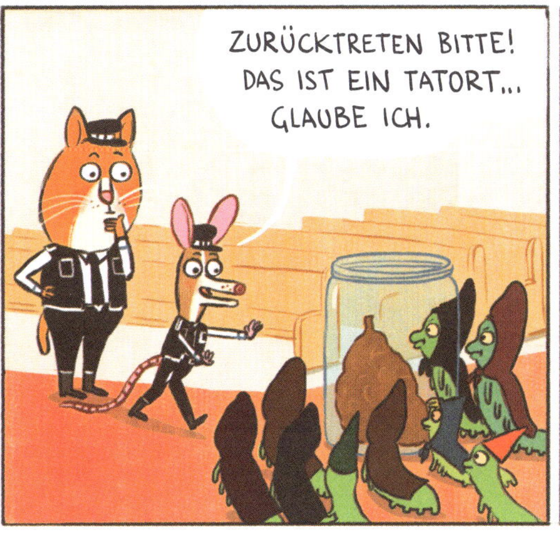
ZURÜCKTRETEN BITTE! DAS IST EIN TATORT... GLAUBE ICH.

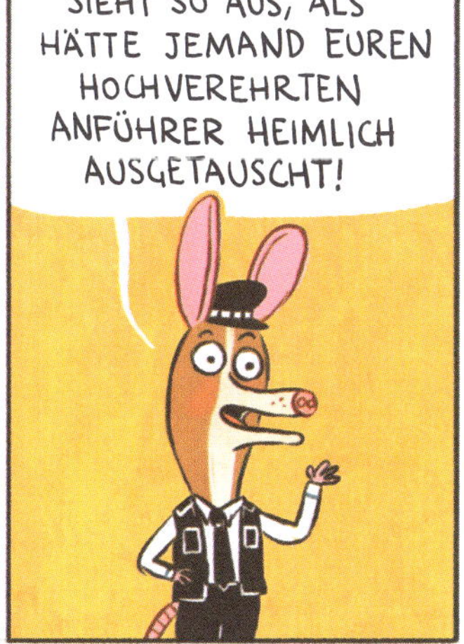
SIEHT SO AUS, ALS HÄTTE JEMAND EUREN HOCHVEREHRTEN ANFÜHRER HEIMLICH AUSGETAUSCHT!

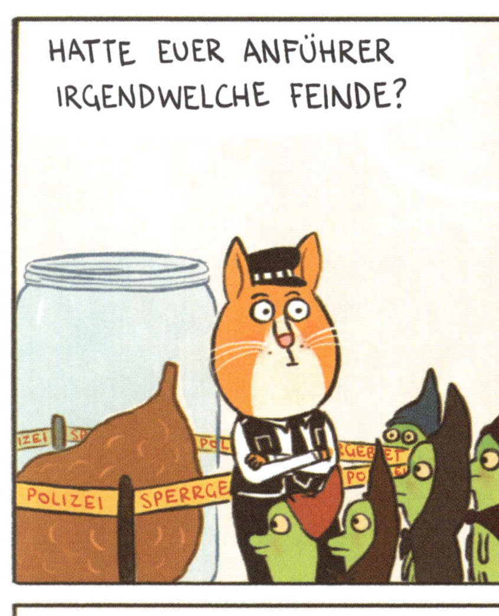
HATTE EUER ANFÜHRER IRGENDWELCHE FEINDE?
POLIZEI

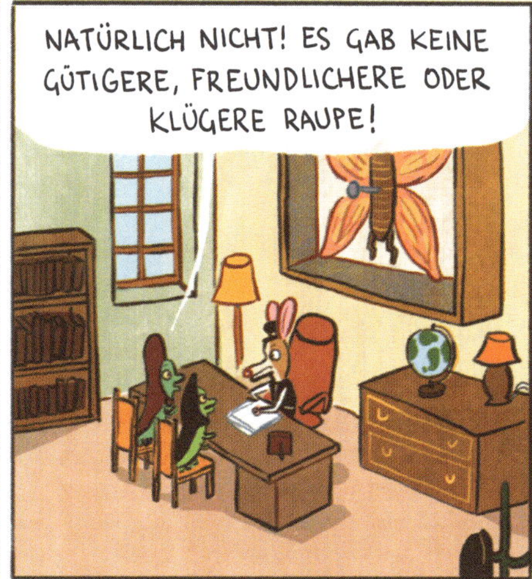
NATÜRLICH NICHT! ES GAB KEINE GÜTIGERE, FREUNDLICHERE ODER KLÜGERE RAUPE!

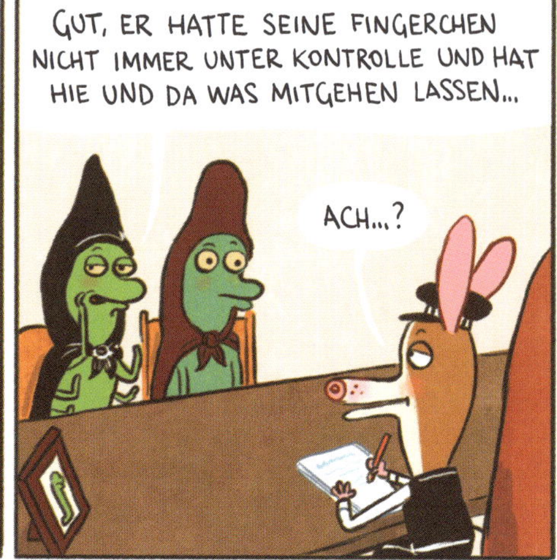
GUT, ER HATTE SEINE FINGERCHEN NICHT IMMER UNTER KONTROLLE UND HAT HIE UND DA WAS MITGEHEN LASSEN...
ACH...?

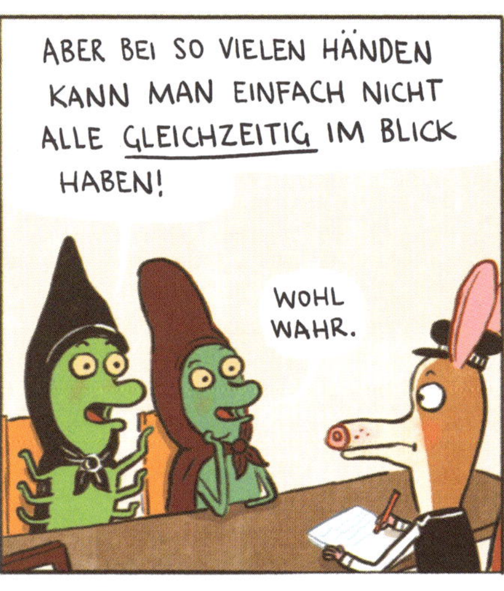
ABER BEI SO VIELEN HÄNDEN KANN MAN EINFACH NICHT ALLE GLEICHZEITIG IM BLICK HABEN!
WOHL WAHR.

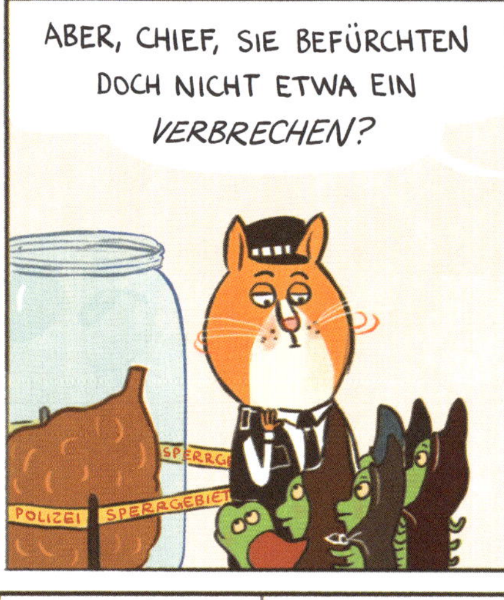
ABER, CHIEF, SIE BEFÜRCHTEN DOCH NICHT ETWA EIN *VERBRECHEN?*
POLIZEI SPERRGEBIET

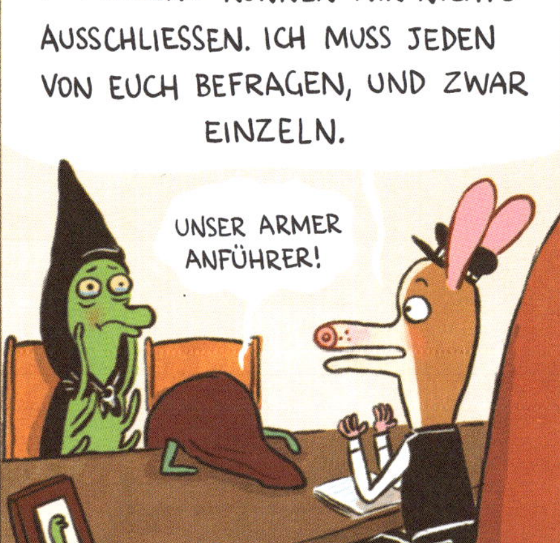
IM MOMENT KÖNNEN WIR NICHTS AUSSCHLIESSEN. ICH MUSS JEDEN VON EUCH BEFRAGEN, UND ZWAR EINZELN.
UNSER ARMER ANFÜHRER!

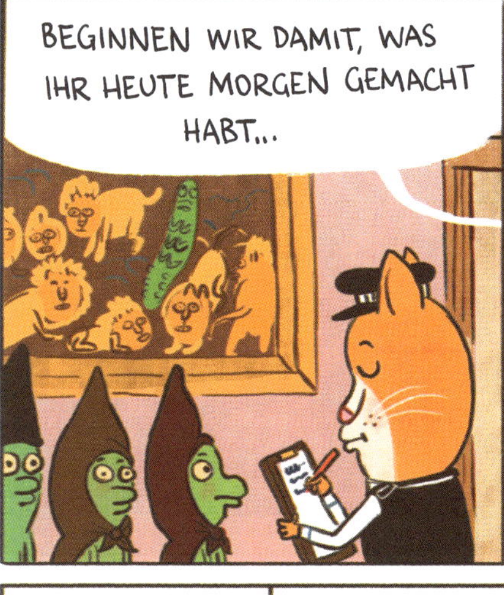
BEGINNEN WIR DAMIT, WAS IHR HEUTE MORGEN GEMACHT HABT...

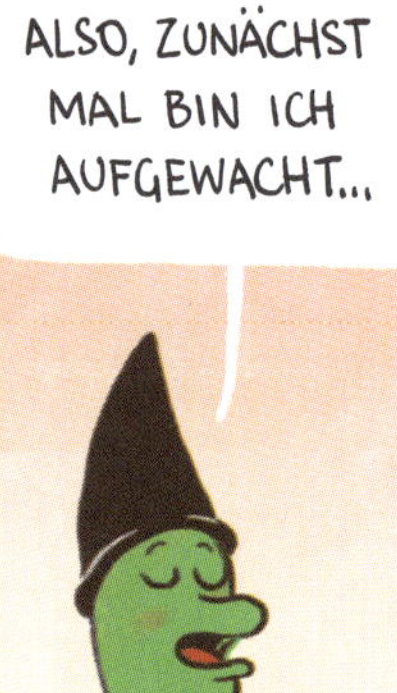
ALSO, ZUNÄCHST MAL BIN ICH AUFGEWACHT...

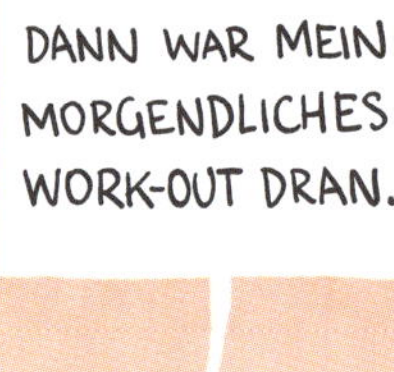
DANN WAR MEIN MORGENDLICHES WORK-OUT DRAN.

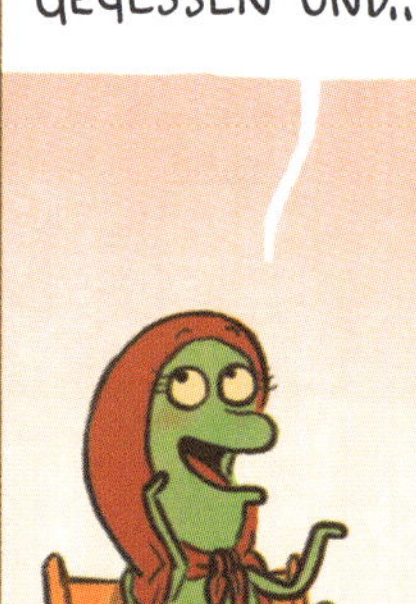
WIR HABEN GEMEINSAM TOAST GEGESSEN UND...

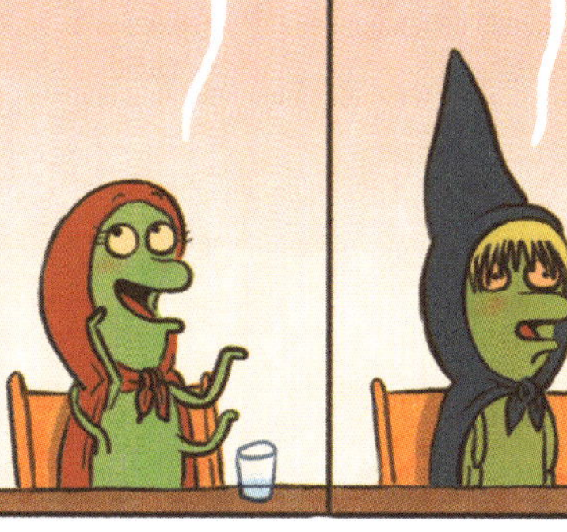
ICH HABE BALLONS FÜR DIE PARTY GEKAUFT.

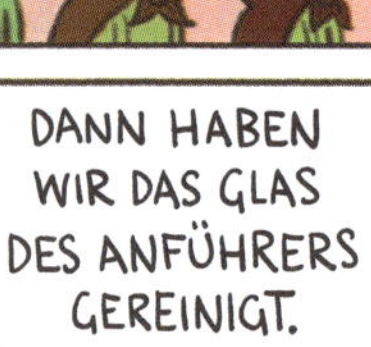
DANN HABEN WIR DAS GLAS DES ANFÜHRERS GEREINIGT.

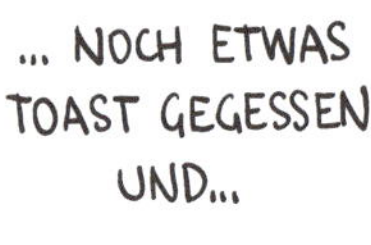
... NOCH ETWAS TOAST GEGESSEN UND...

UND DANN HABEN WIR, ÄHM... WIR... ÄH...

...

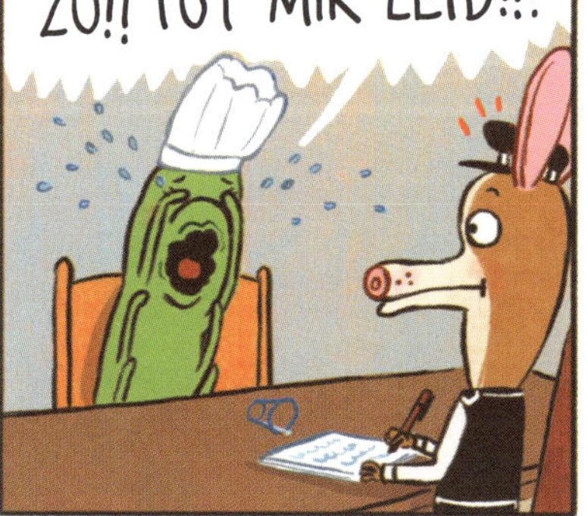
NA SCHÖN, ICH WAR'S! ICH GEB'S ZU!! TUT MIR LEID!!!

MAÎTRE DE RAUP? DU HAST UNSEREN ANFÜHRER GEGEN EINE DÖRRPFLAUME AUSGETAUSCHT??!

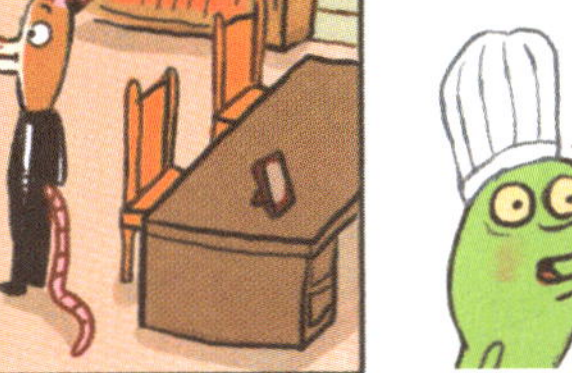

ES HAT SICH FOLGENDERMASSEN ABGESPIELT ...

ICH BEREITETE GERADE DEN KUCHEN FÜR DIE GROSSE ENTFALTUNG ZU...

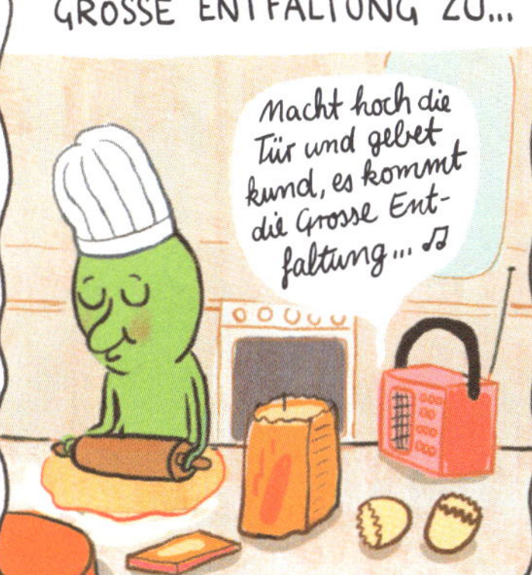

... UND UNSEREN GÜTIGEN ANFÜHRER HABE ICH ZU MIR GEHOLT, DAMIT ER GESELLSCHAFT HAT.

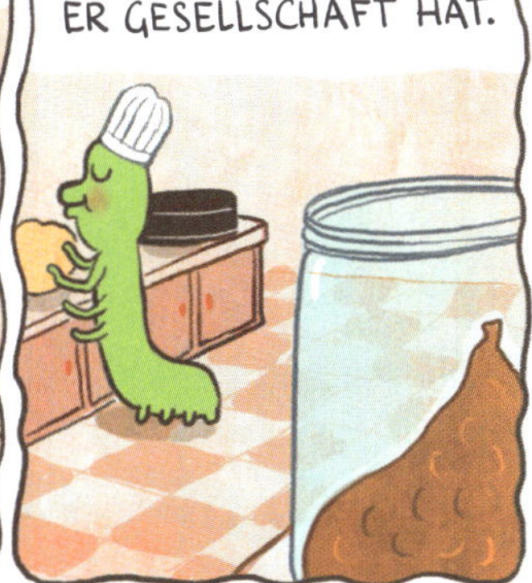

DER TEIG RUHTE GERADE UND ICH WAR DABEI, DIE KÜCHE ZU PUTZEN, ALS IRGENDWIE... KEINE AHNUNG, WIE...

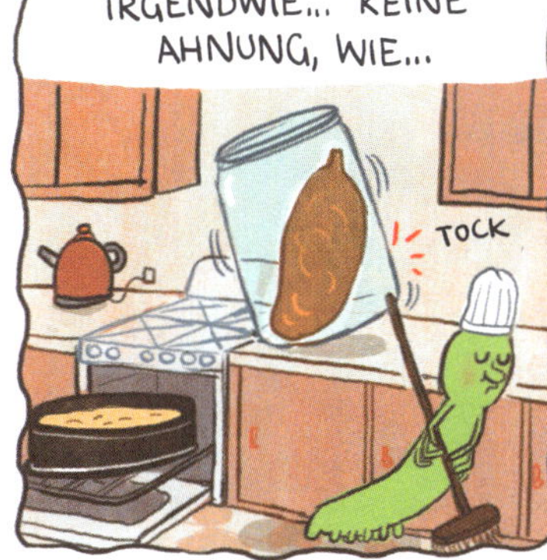

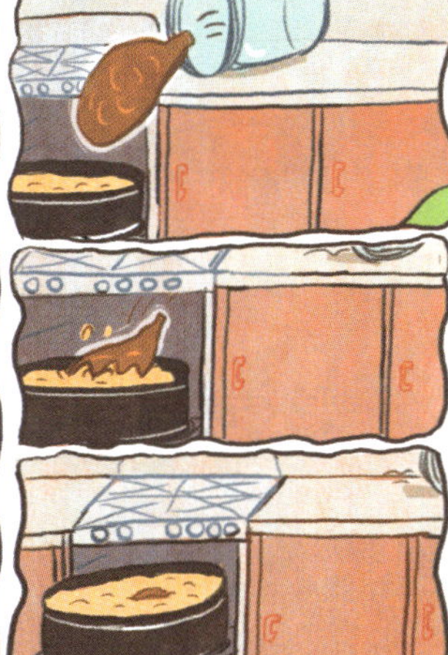

ALS ICH ERKANNTE, WAS PASSIERT WAR, WAR ES ZU SPÄT. SOUSCHEF DE RAUP HATTE DEN KUCHEN IN DEN OFEN GETAN. ALSO LEGTE ICH EINE DÖRRPFLAUME INS GLAS UND HOFFTE DAS BESTE...

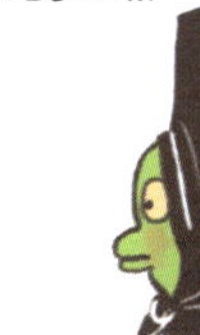

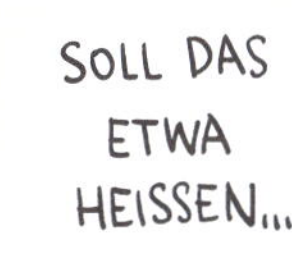

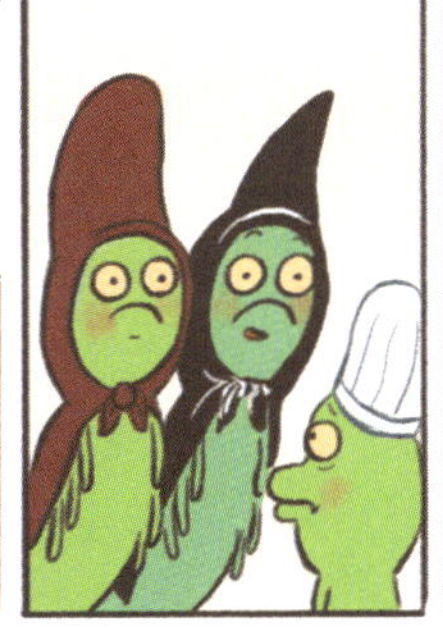

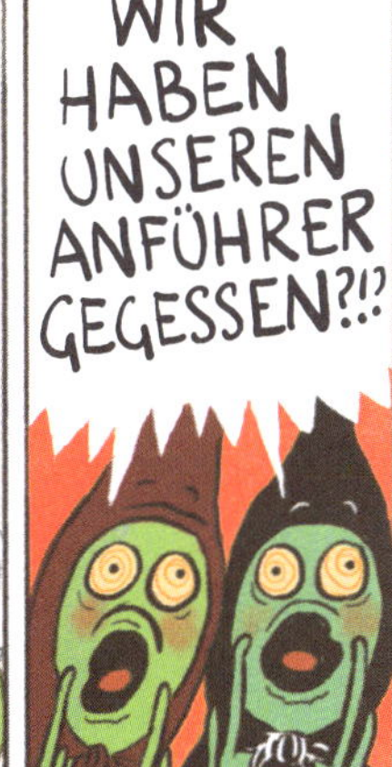

MAÎTRE DE RAUP HAT UNSEREN ANFÜHRER ZU KUCHEN VERARBEITET!!

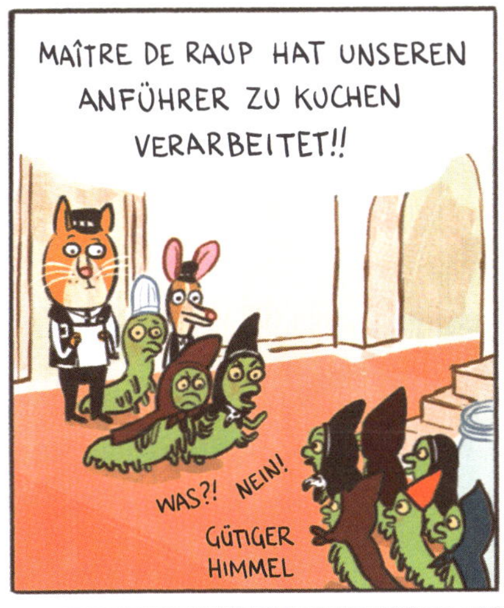

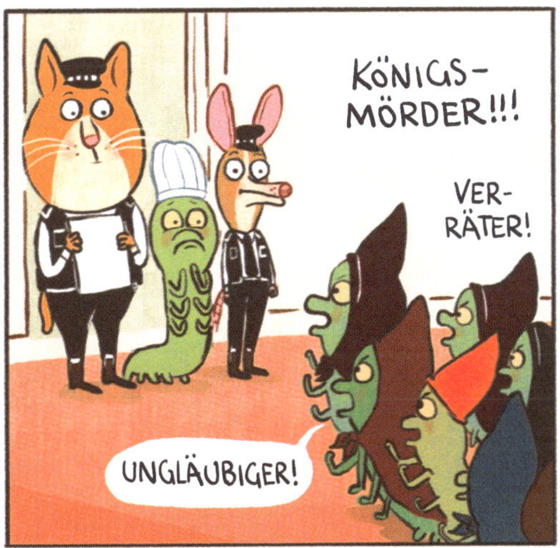

DAFÜR MUSS MAÎTRE DE RAUP BÜSSEN...

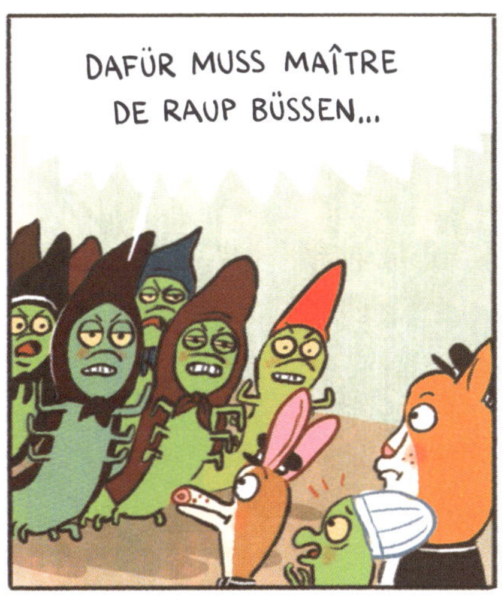

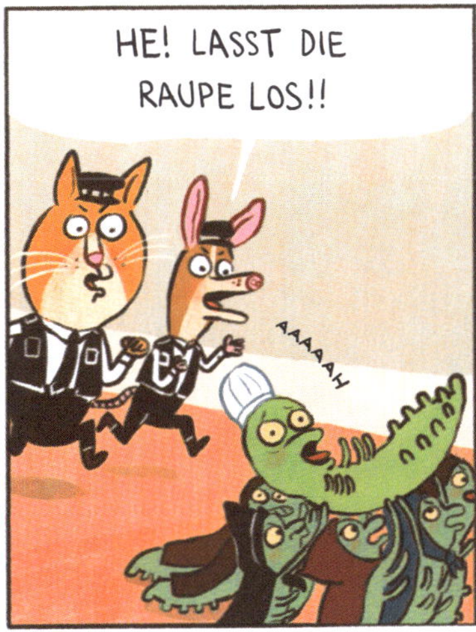

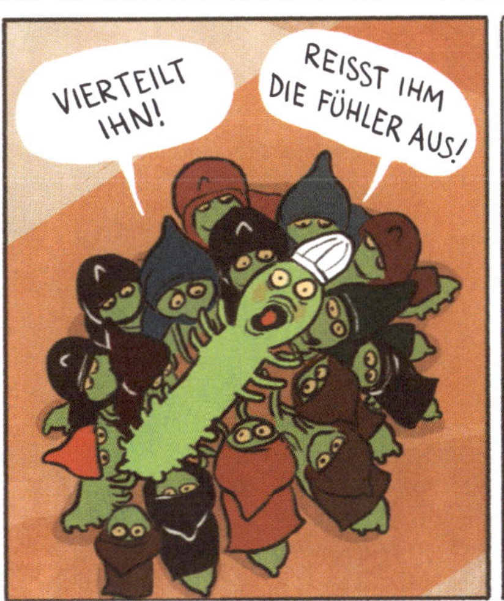

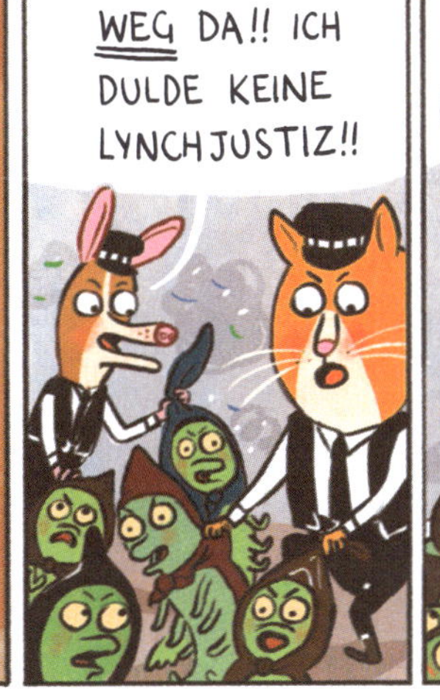

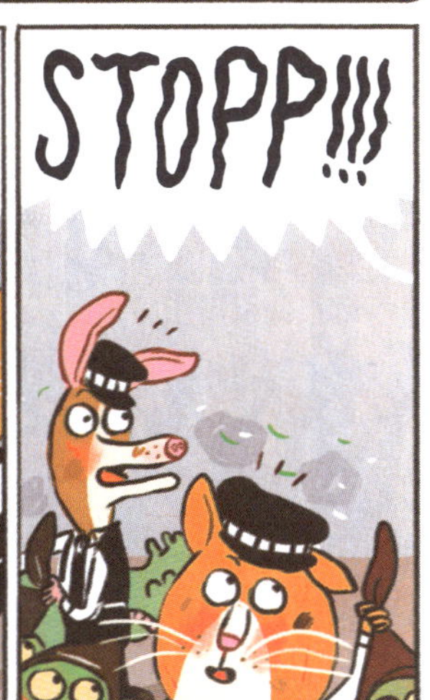

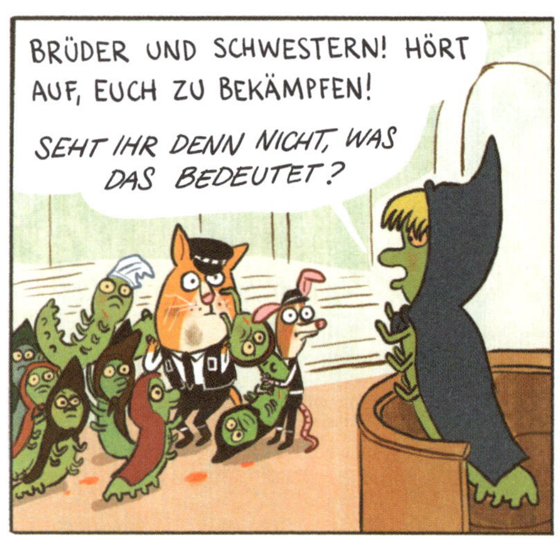
BRÜDER UND SCHWESTERN! HÖRT AUF, EUCH ZU BEKÄMPFEN!
SEHT IHR DENN NICHT, WAS DAS BEDEUTET?

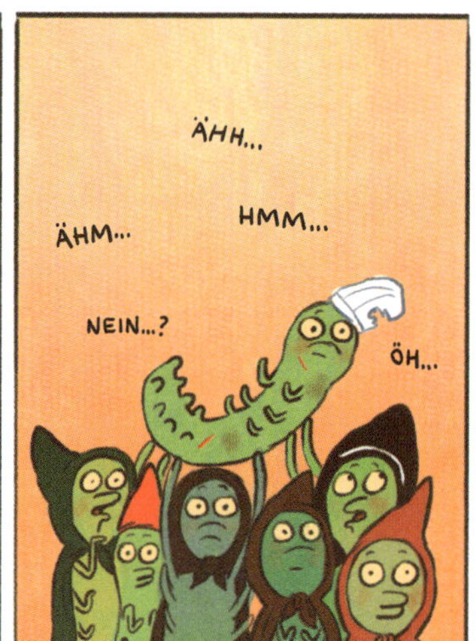
ÄHH...
ÄHM...
HMM...
NEIN...?
ÖH...

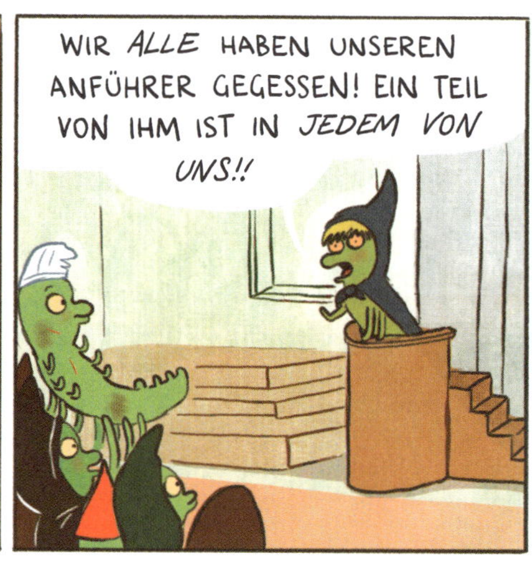
WIR ALLE HABEN UNSEREN ANFÜHRER GEGESSEN! EIN TEIL VON IHM IST IN JEDEM VON UNS!!

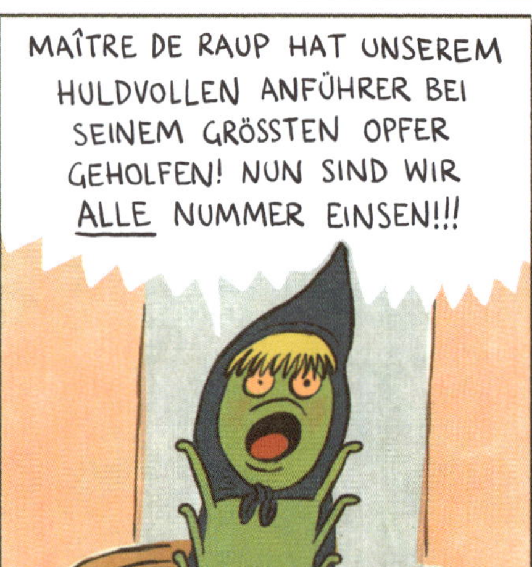
MAÎTRE DE RAUP HAT UNSEREM HULDVOLLEN ANFÜHRER BEI SEINEM GRÖSSTEN OPFER GEHOLFEN! NUN SIND WIR ALLE NUMMER EINSEN!!!

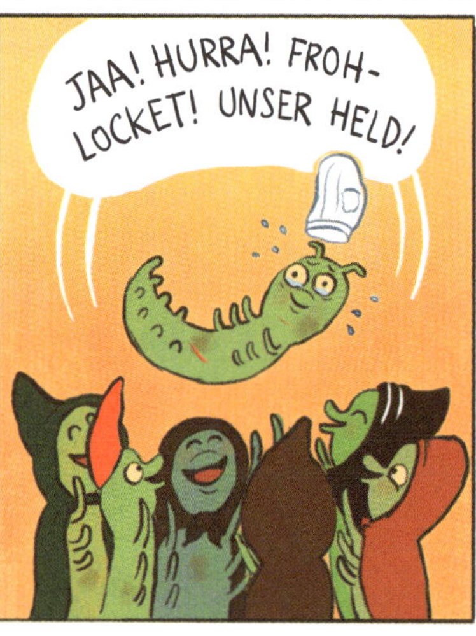
JAA! HURRA! FROH-LOCKET! UNSER HELD!

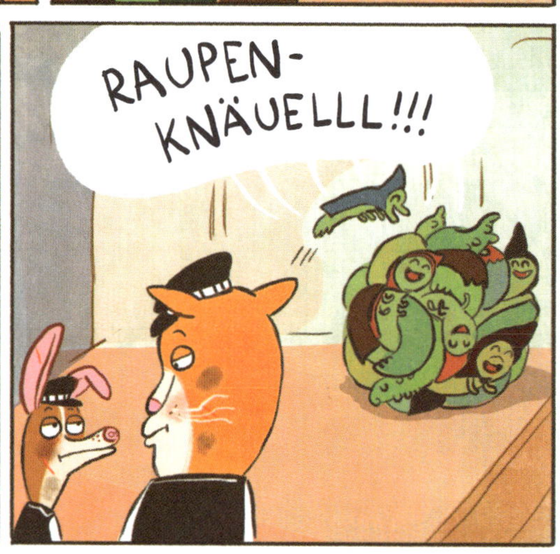
RAUPEN-KNÄUELLL!!!

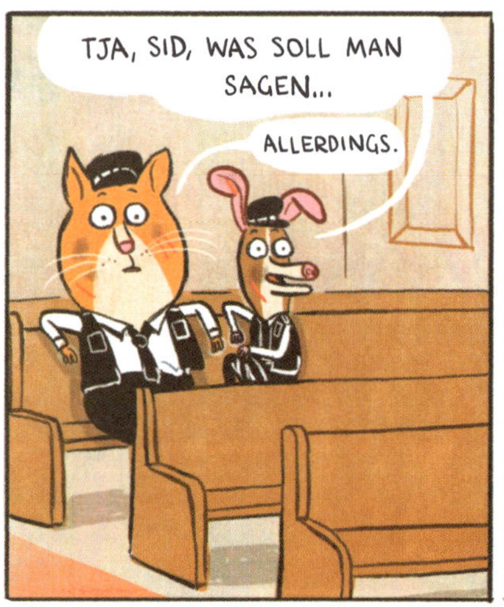
TJA, SID, WAS SOLL MAN SAGEN...
ALLERDINGS.

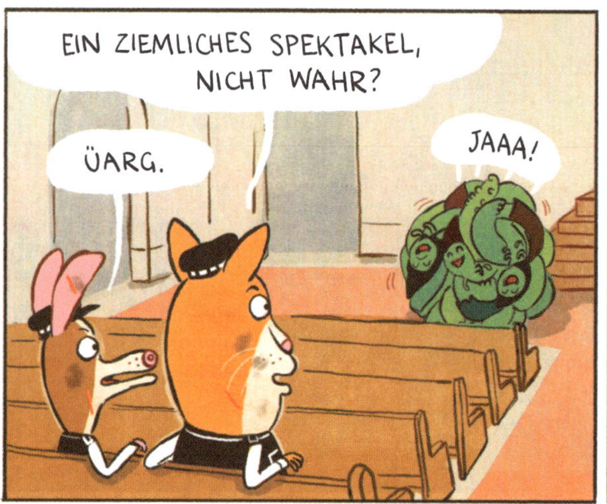
EIN ZIEMLICHES SPEKTAKEL, NICHT WAHR?
ÜARG.
JAAA!

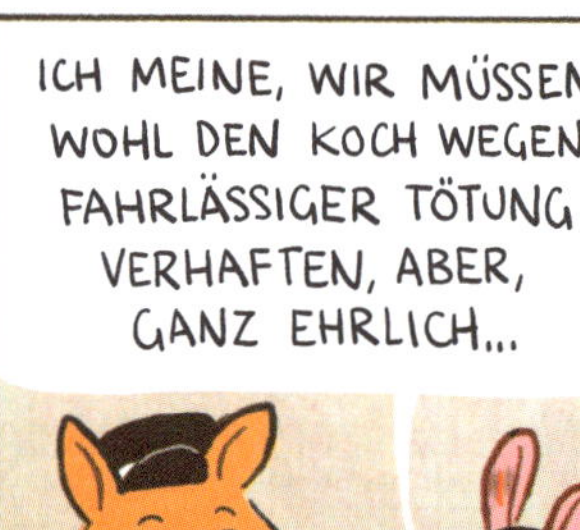
ICH MEINE, WIR MÜSSEN WOHL DEN KOCH WEGEN FAHRLÄSSIGER TÖTUNG VERHAFTEN, ABER, GANZ EHRLICH...

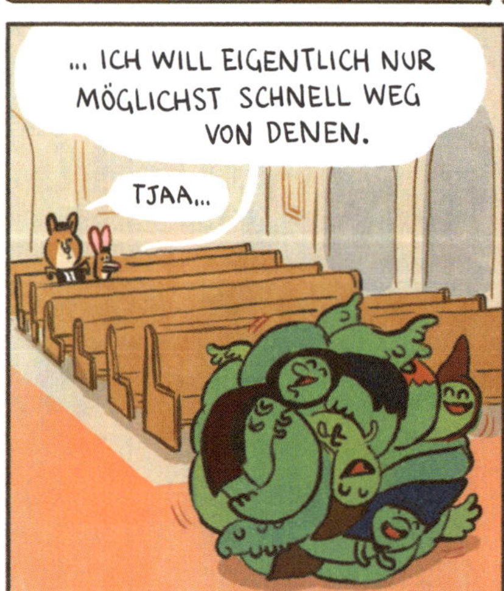
... ICH WILL EIGENTLICH NUR MÖGLICHST SCHNELL WEG VON DENEN.
TJAA...

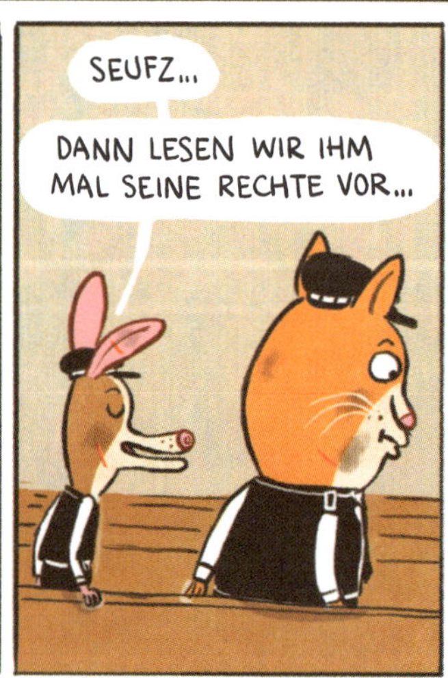
SEUFZ...
DANN LESEN WIR IHM MAL SEINE RECHTE VOR...

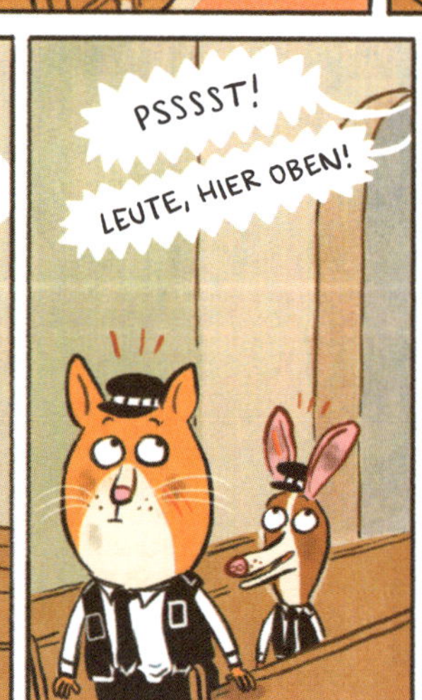
PSSSST!
LEUTE, HIER OBEN!

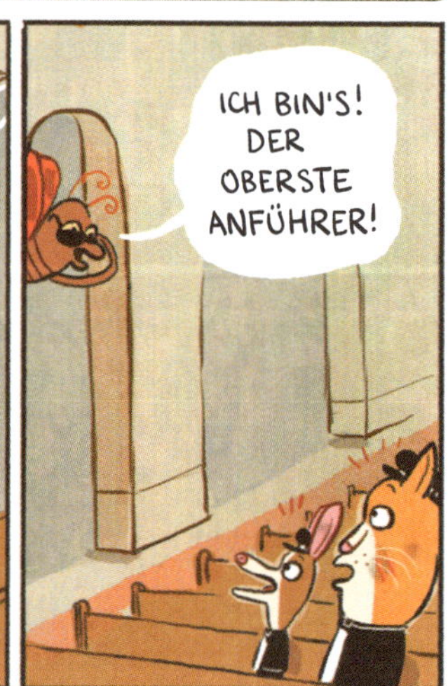
ICH BIN'S! DER OBERSTE ANFÜHRER!

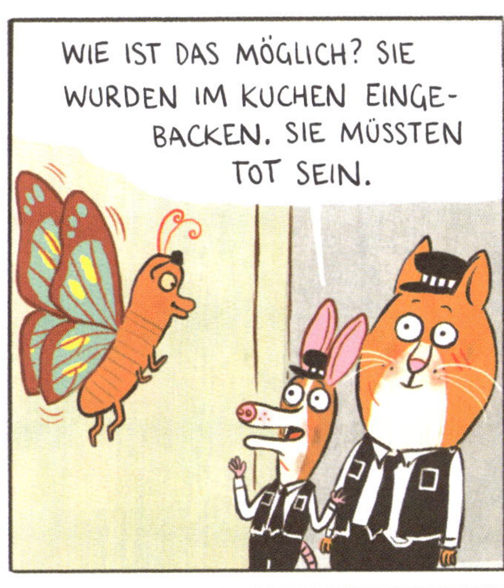
WIE IST DAS MÖGLICH? SIE WURDEN IM KUCHEN EINGE-BACKEN. SIE MÜSSTEN TOT SEIN.

NEIN, ICH BIN VORZEITIG GESCHLÜPFT! WAR MIR ZU BLÖD, IN DIESEM GLAS RUM-ZULIEGEN... OHNE JEDE PRIVATSPHÄRE... STÄNDIG WURDE MAN ANGEGLOTZT VON DIESEN... DIESEN...

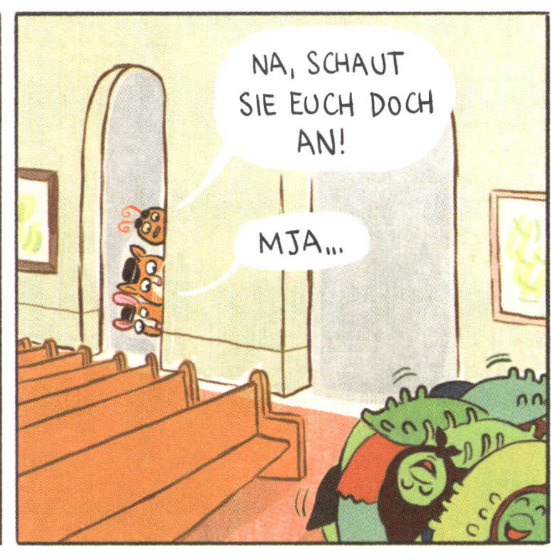
NA, SCHAUT SIE EUCH DOCH AN!
MJA...

ICH BIN MITTEN IN DER NACHT GESCHLÜPFT UND KEINER VON DIESEN TROTTELN HAT WAS GEMERKT!

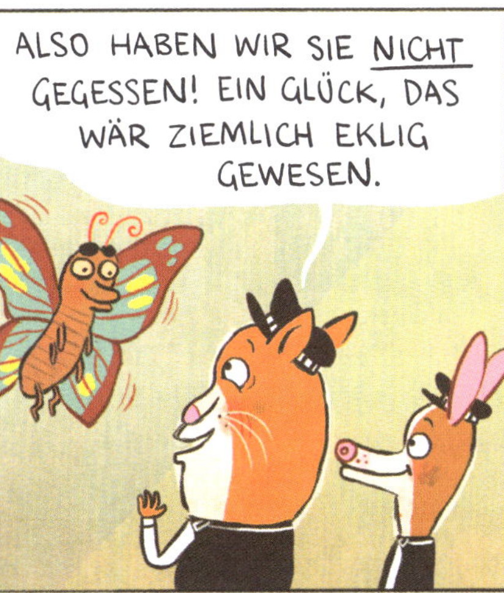
ALSO HABEN WIR SIE NICHT GEGESSEN! EIN GLÜCK, DAS WÄR ZIEMLICH EKLIG GEWESEN.

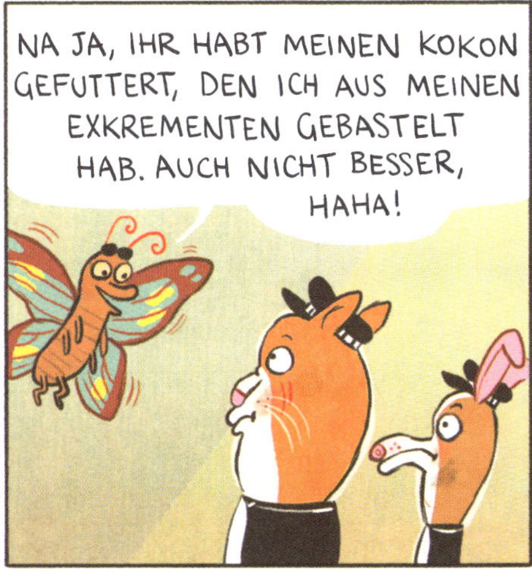
NA JA, IHR HABT MEINEN KOKON GEFUTTERT, DEN ICH AUS MEINEN EXKREMENTEN GEBASTELT HAB. AUCH NICHT BESSER, HAHA!

WERDEN SIE IHREN ANHÄNGERN DENN NUN SAGEN, DASS SIE AM LEBEN SIND?

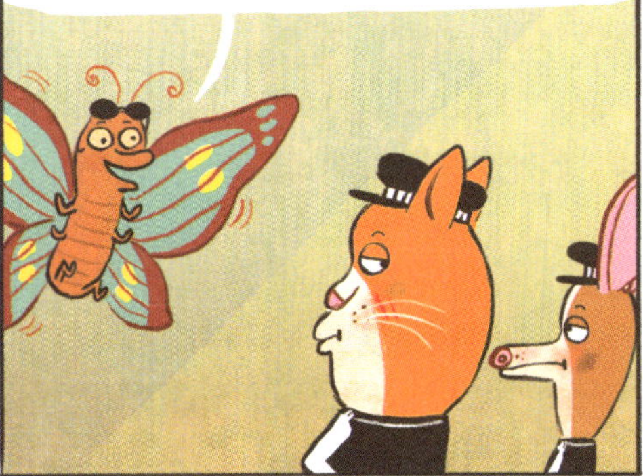
NEE! WOZU? DIE SIND GLÜCKLICH, ICH BIN GLÜCKLICH, WARUM SOLLTE MAN DARAN RUMMURKSEN?

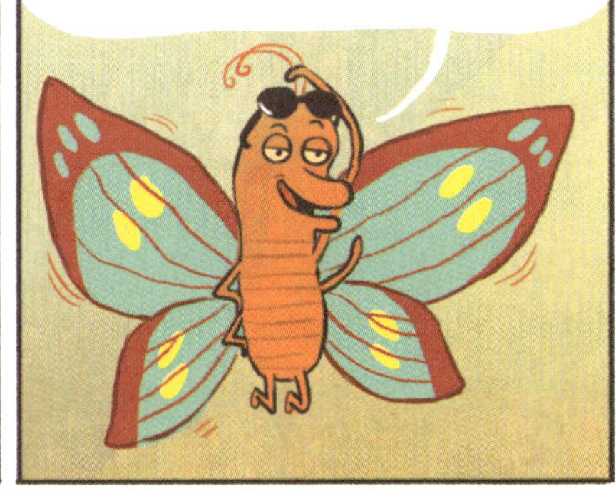
ICH BIN ES LEID, ANFÜHRER EINER SEKTE ZU SEIN. ICH SUCH MIR EIN NEUES HOBBY.

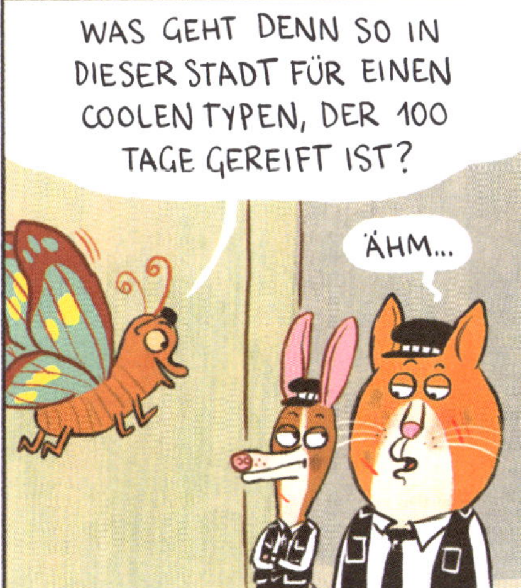
WAS GEHT DENN SO IN DIESER STADT FÜR EINEN COOLEN TYPEN, DER 100 TAGE GEREIFT IST?
ÄHM...

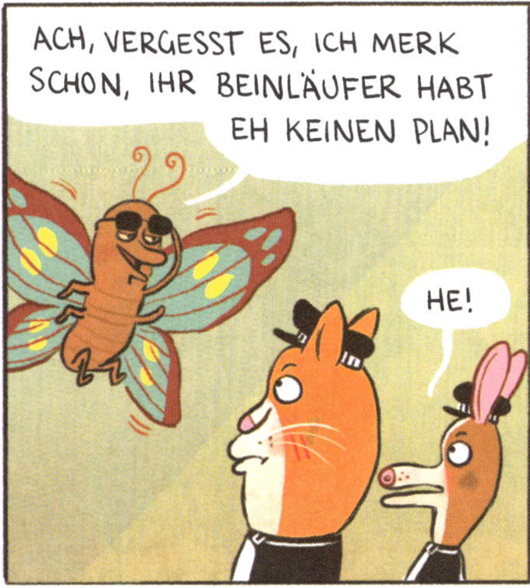
ACH, VERGESST ES, ICH MERK SCHON, IHR BEINLÄUFER HABT EH KEINEN PLAN!
HE!

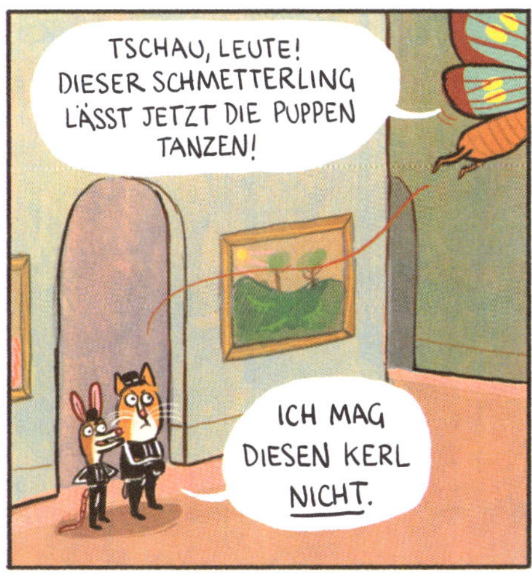
TSCHAU, LEUTE! DIESER SCHMETTERLING LÄSST JETZT DIE PUPPEN TANZEN!
ICH MAG DIESEN KERL NICHT.

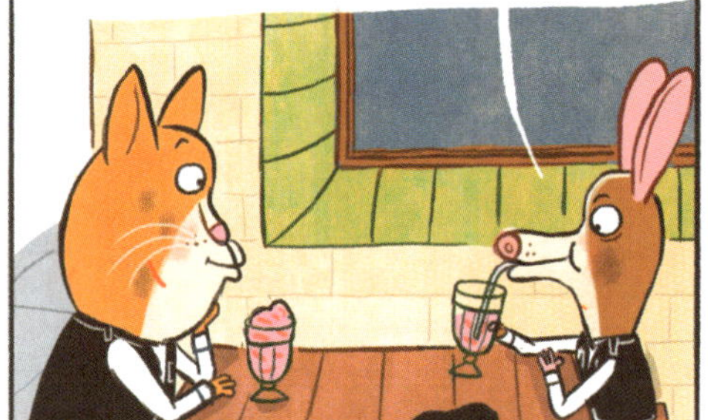
UÄRRKS! NOCH MINDESTENS SIEBEN WEITERE MILCHSHAKES, BIS ICH DIESEN FIESEN KOKONGE-SCHMACK AUS DEM MUND HAB!

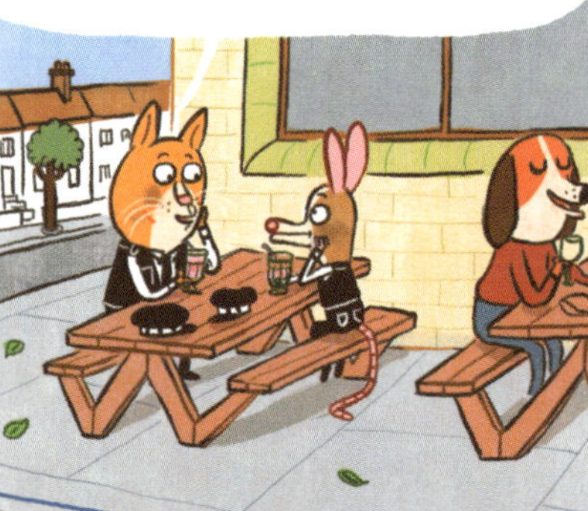
TJA, SO WAS PASSIERT EBEN, WENN MAN SICH MIT 'NER SEKTE EINLÄSST.

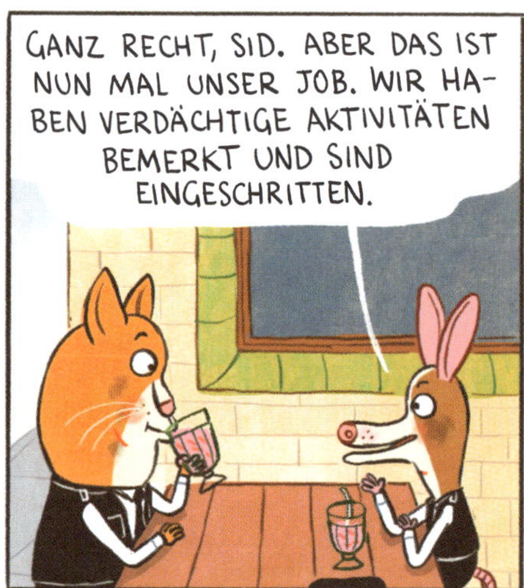
GANZ RECHT, SID. ABER DAS IST NUN MAL UNSER JOB. WIR HA-BEN VERDÄCHTIGE AKTIVITÄTEN BEMERKT UND SIND EINGESCHRITTEN.

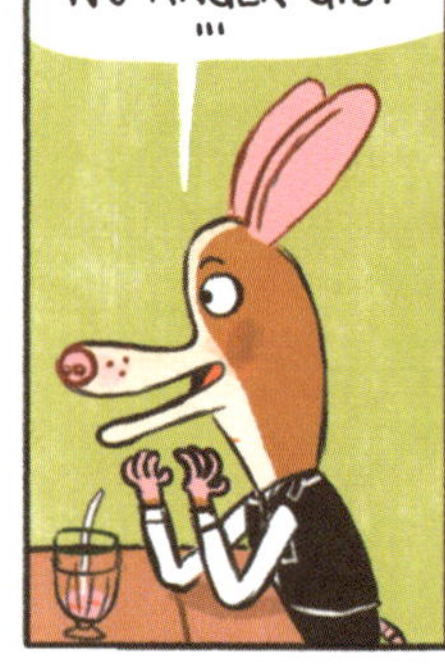
WIR SORGEN FÜR RECHT UND ORDNUNG! WENN'S IRGEND-WO ÄRGER GIBT ...

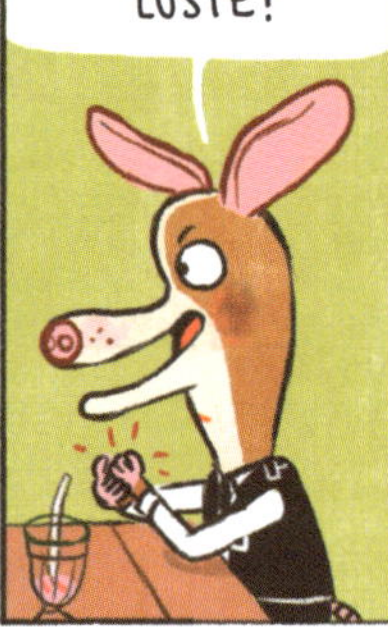
ZACK!
SCHREITEN WIR EIN! OHNE RÜCK-SICHT AUF VER-LUSTE!

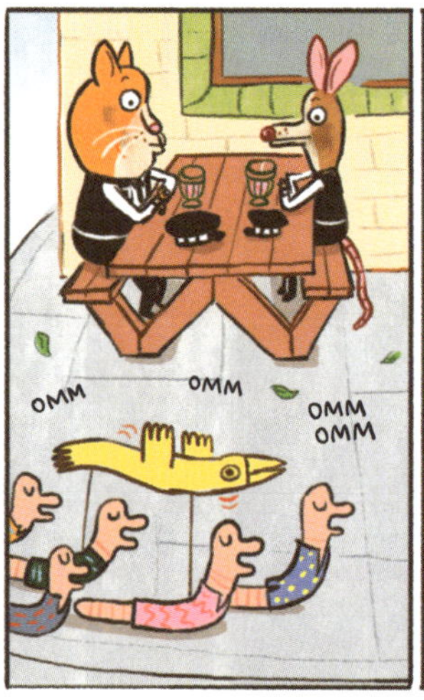
OMM
OMM
OMM OMM

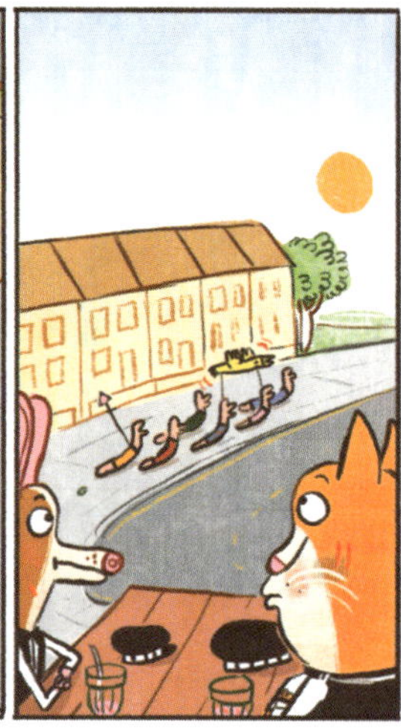

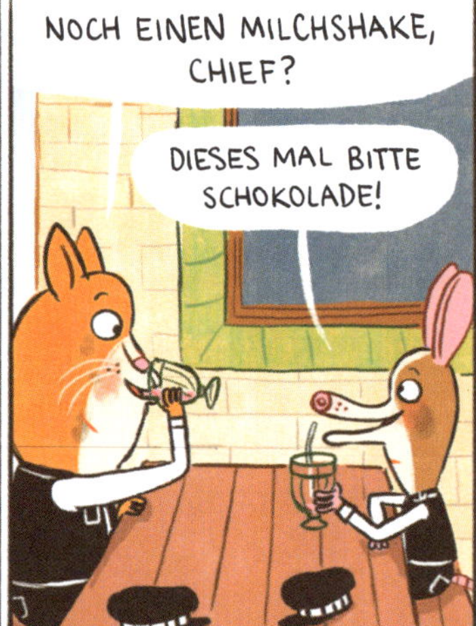
NOCH EINEN MILCHSHAKE, CHIEF?
DIESES MAL BITTE SCHOKOLADE!

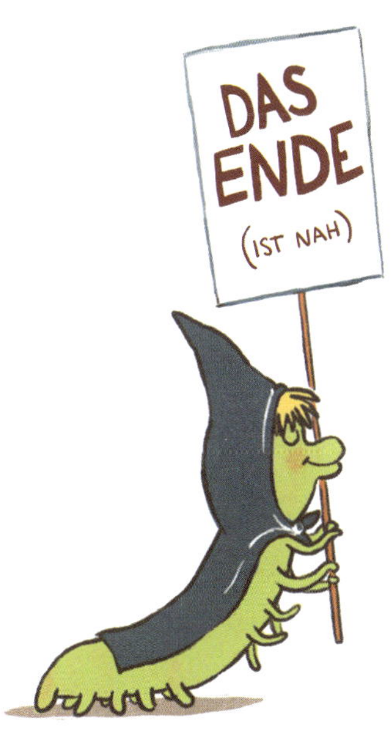
DAS ENDE
(IST NAH)

Ptess von den Oddleigh Hills

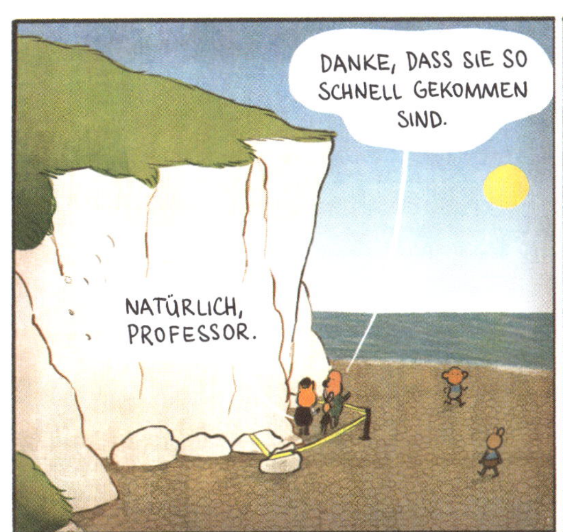
DANKE, DASS SIE SO SCHNELL GEKOMMEN SIND.
NATÜRLICH, PROFESSOR.

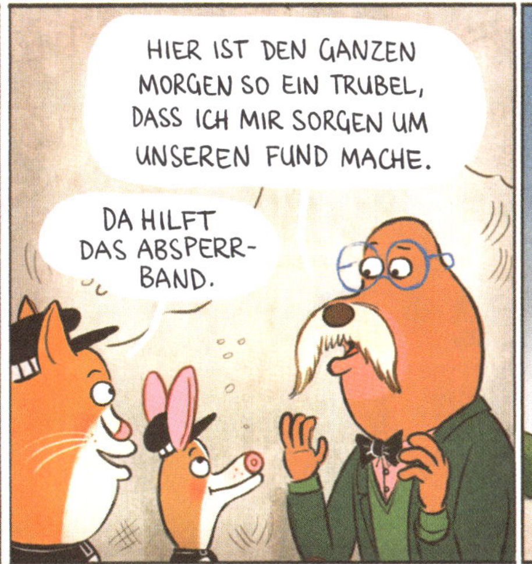
HIER IST DEN GANZEN MORGEN SO EIN TRUBEL, DASS ICH MIR SORGEN UM UNSEREN FUND MACHE.
DA HILFT DAS ABSPERR-BAND.

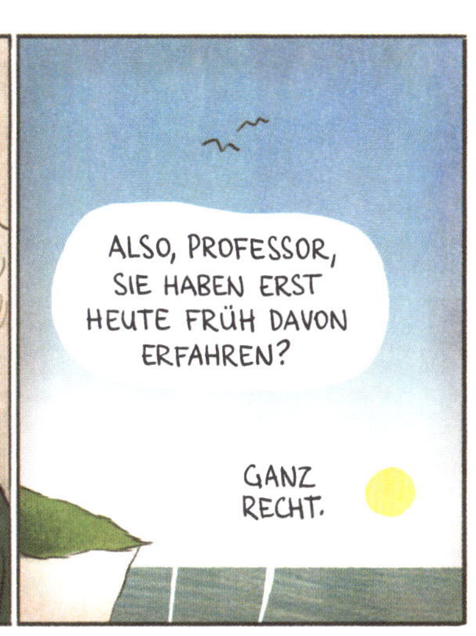
ALSO, PROFESSOR, SIE HABEN ERST HEUTE FRÜH DAVON ERFAHREN?
GANZ RECHT.

OFFENBAR HAT DER STURM LETZTE NACHT EINEN KLEINEN ERDRUTSCH AUSGELÖST. EINE JOGGERIN IST AM MORGEN DARAUF GESTOSSEN!
!

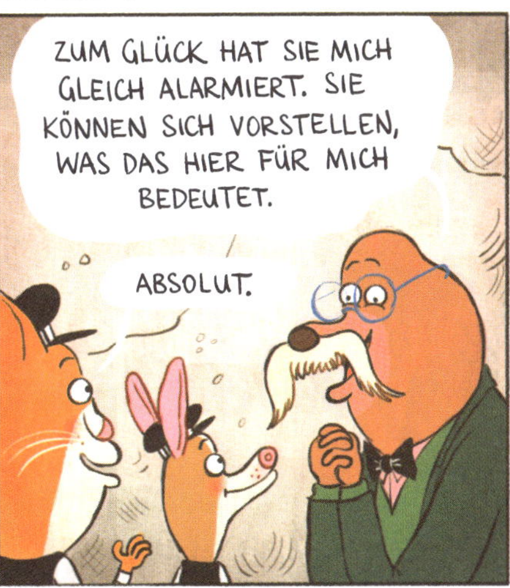
ZUM GLÜCK HAT SIE MICH GLEICH ALARMIERT. SIE KÖNNEN SICH VORSTELLEN, WAS DAS HIER FÜR MICH BEDEUTET.
ABSOLUT.

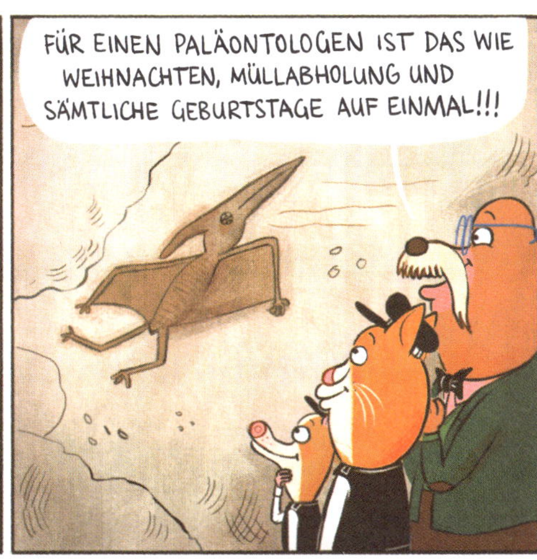
FÜR EINEN PALÄONTOLOGEN IST DAS WIE WEIHNACHTEN, MÜLLABHOLUNG UND SÄMTLICHE GEBURTSTAGE AUF EINMAL!!!

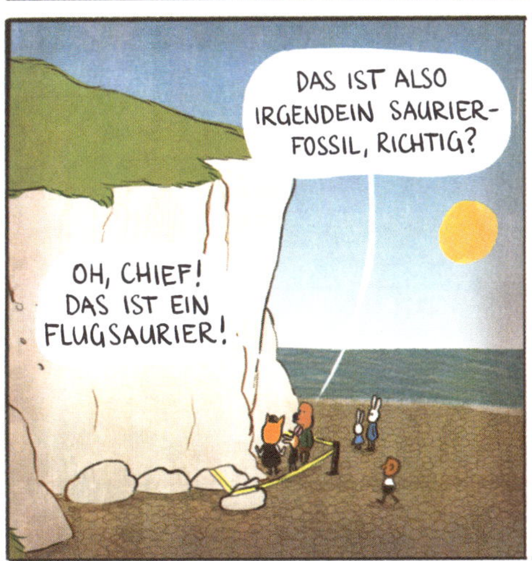
DAS IST ALSO IRGENDEIN SAURIER-FOSSIL, RICHTIG?
OH, CHIEF! DAS IST EIN FLUGSAURIER!

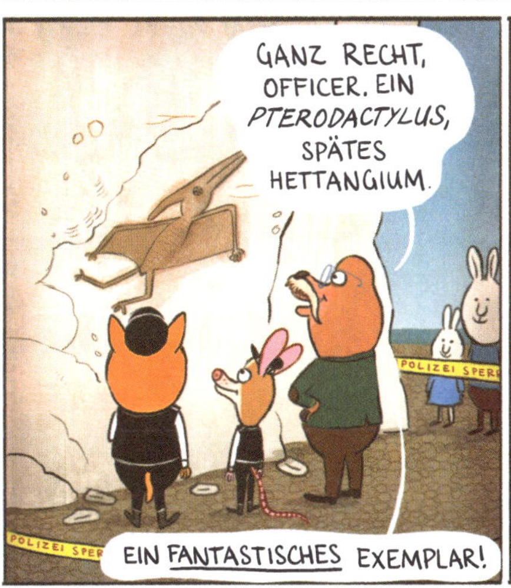
GANZ RECHT, OFFICER. EIN PTERODACTYLUS, SPÄTES HETTANGIUM.
POLIZEI SPERR
EIN FANTASTISCHES EXEMPLAR!

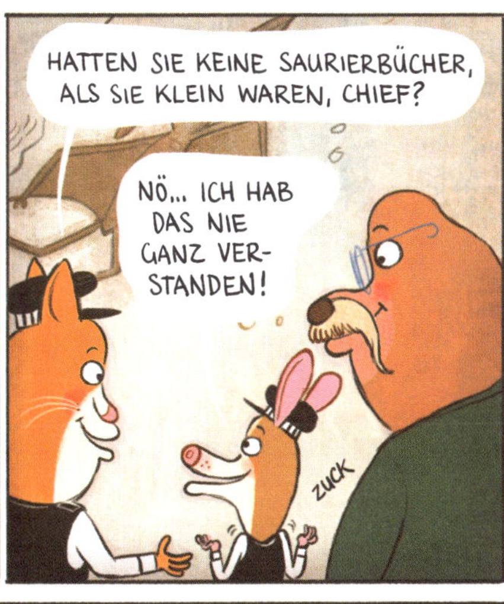
HATTEN SIE KEINE SAURIERBÜCHER, ALS SIE KLEIN WAREN, CHIEF?
NÖ... ICH HAB DAS NIE GANZ VER-STANDEN!
ZUCK

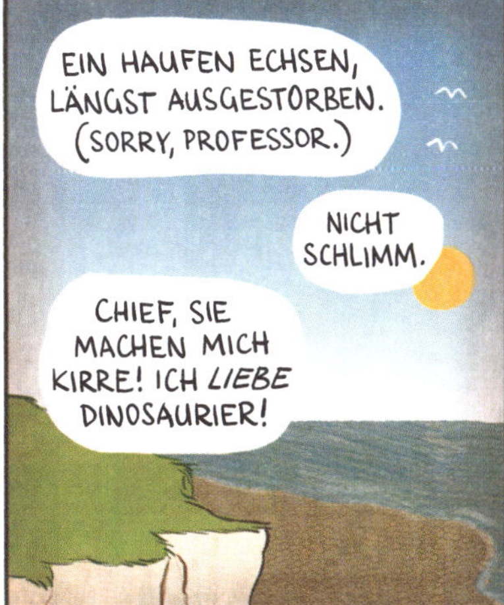
EIN HAUFEN ECHSEN, LÄNGST AUSGESTORBEN. (SORRY, PROFESSOR.)
NICHT SCHLIMM.
CHIEF, SIE MACHEN MICH KIRRE! ICH LIEBE DINOSAURIER!

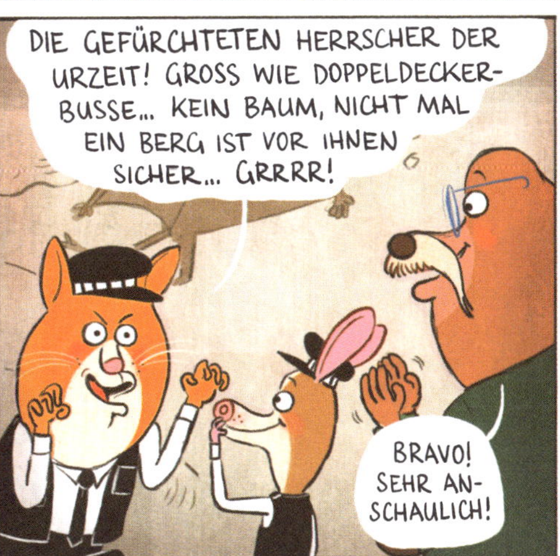
DIE GEFÜRCHTETEN HERRSCHER DER URZEIT! GROSS WIE DOPPELDECKER-BUSSE... KEIN BAUM, NICHT MAL EIN BERG IST VOR IHNEN SICHER... GRRRR!
BRAVO! SEHR AN-SCHAULICH!

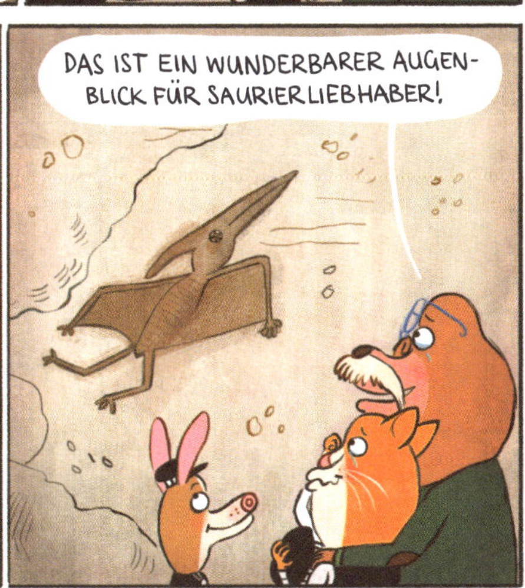
DAS IST EIN WUNDERBARER AUGEN-BLICK FÜR SAURIERLIEBHABER!

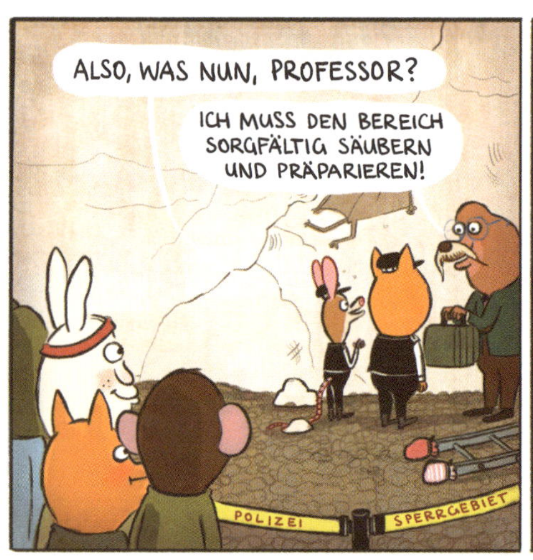
ALSO, WAS NUN, PROFESSOR?
ICH MUSS DEN BEREICH SORGFÄLTIG SÄUBERN UND PRÄPARIEREN!
POLIZEI SPERRGEBIET

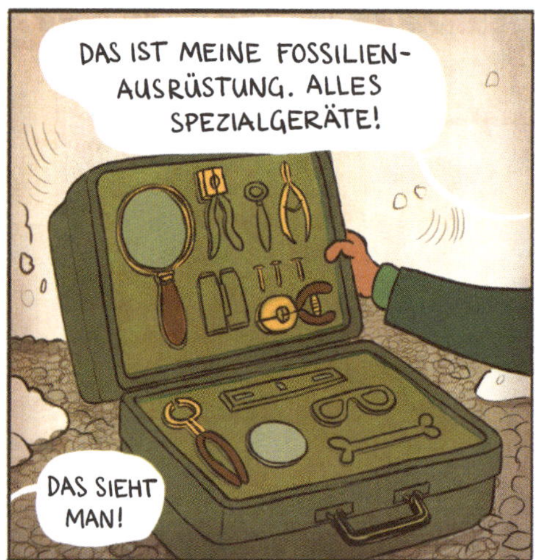
DAS IST MEINE FOSSILIEN-AUSRÜSTUNG. ALLES SPEZIALGERÄTE!
DAS SIEHT MAN!

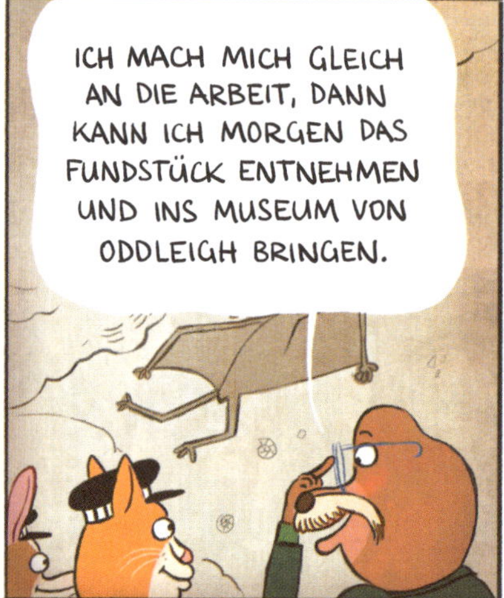
ICH MACH MICH GLEICH AN DIE ARBEIT, DANN KANN ICH MORGEN DAS FUNDSTÜCK ENTNEHMEN UND INS MUSEUM VON ODDLEIGH BRINGEN.

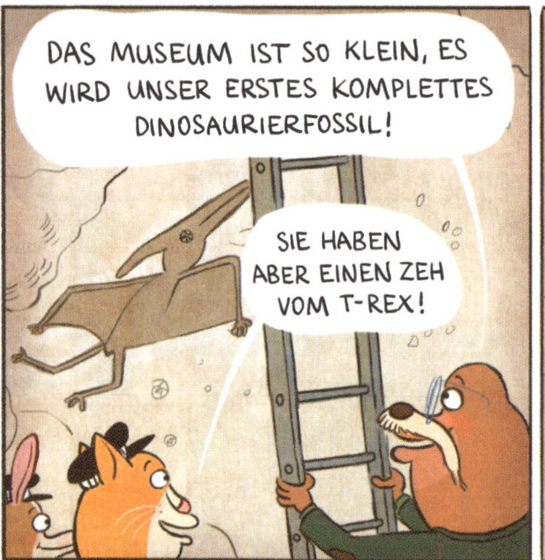
DAS MUSEUM IST SO KLEIN, ES WIRD UNSER ERSTES KOMPLETTES DINOSAURIERFOSSIL!
SIE HABEN ABER EINEN ZEH VOM T-REX!

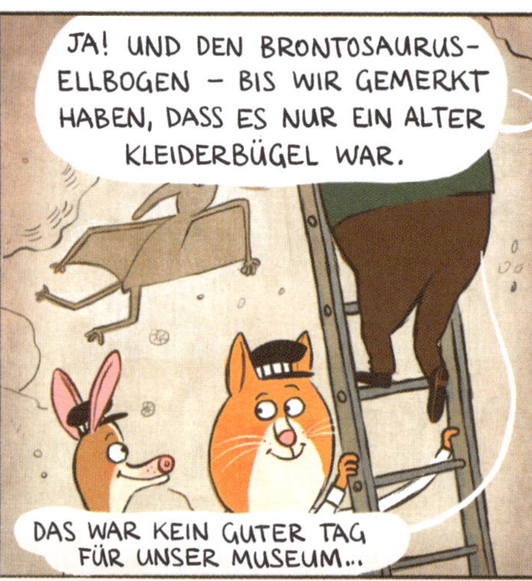
JA! UND DEN BRONTOSAURUS-ELLBOGEN – BIS WIR GEMERKT HABEN, DASS ES NUR EIN ALTER KLEIDERBÜGEL WAR.
DAS WAR KEIN GUTER TAG FÜR UNSER MUSEUM...

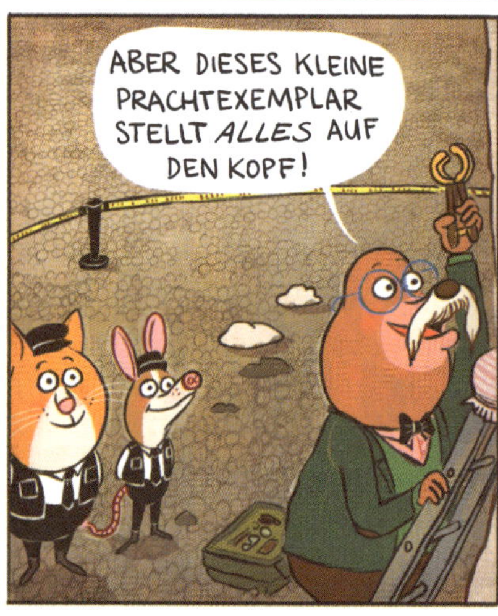
ABER DIESES KLEINE PRACHTEXEMPLAR STELLT ALLES AUF DEN KOPF!

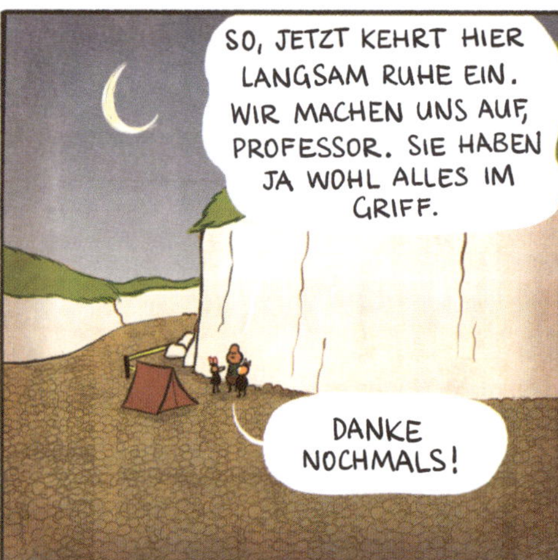
SO, JETZT KEHRT HIER LANGSAM RUHE EIN. WIR MACHEN UNS AUF, PROFESSOR. SIE HABEN JA WOHL ALLES IM GRIFF.
DANKE NOCHMALS!

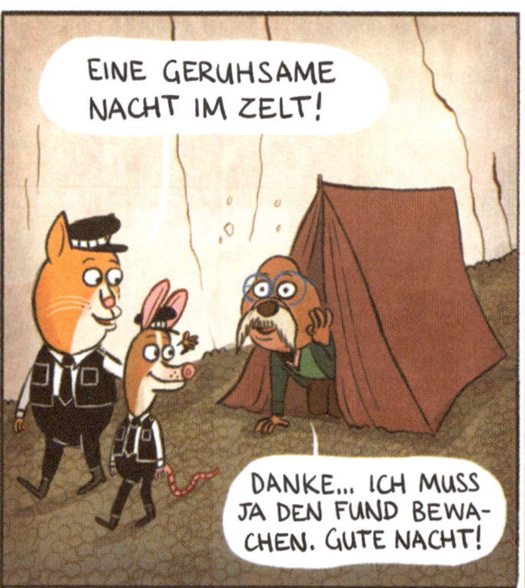
EINE GERUHSAME NACHT IM ZELT!
DANKE... ICH MUSS JA DEN FUND BEWA-CHEN. GUTE NACHT!

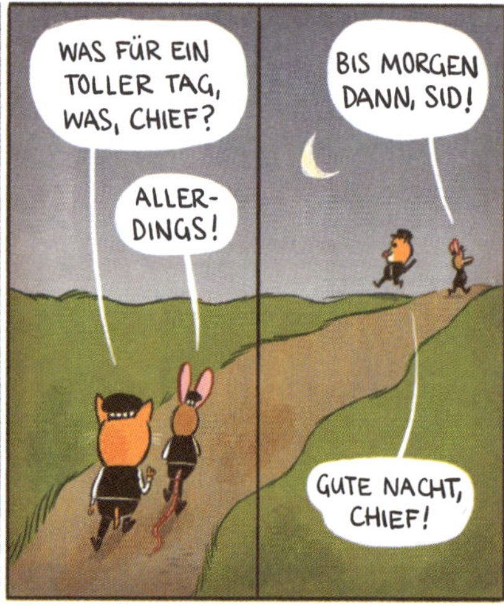
WAS FÜR EIN TOLLER TAG, WAS, CHIEF?
ALLER-DINGS!
BIS MORGEN DANN, SID!
GUTE NACHT, CHIEF!

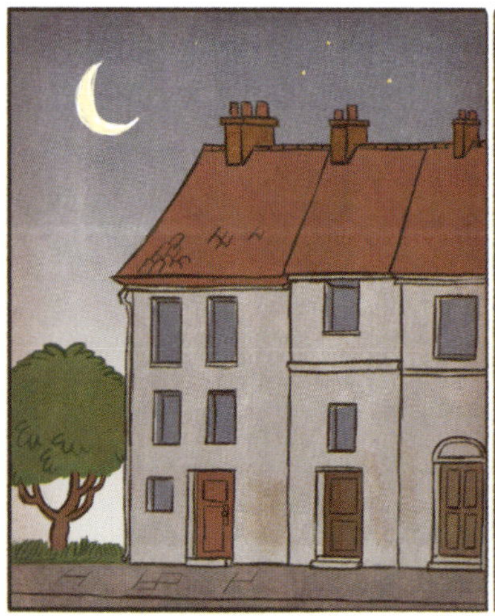

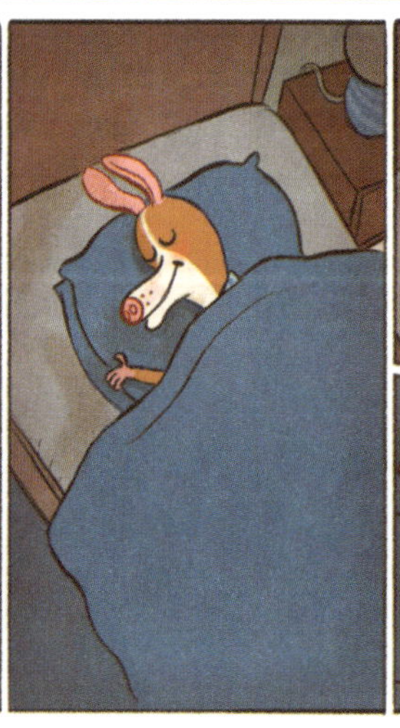

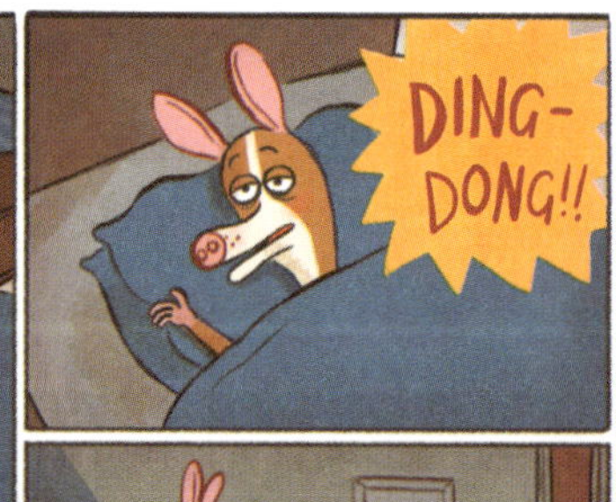
DING-DONG!!

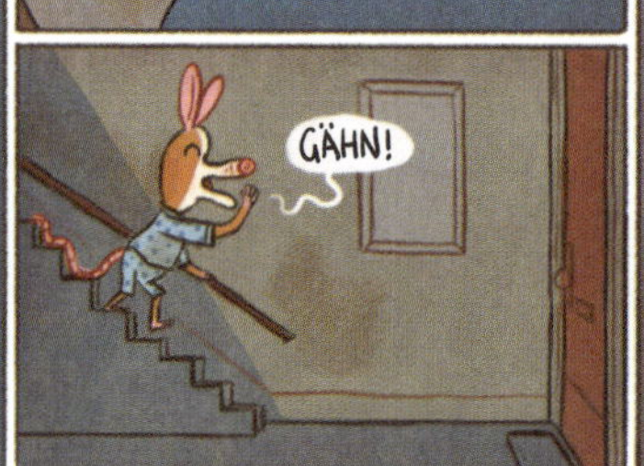
GÄHN!

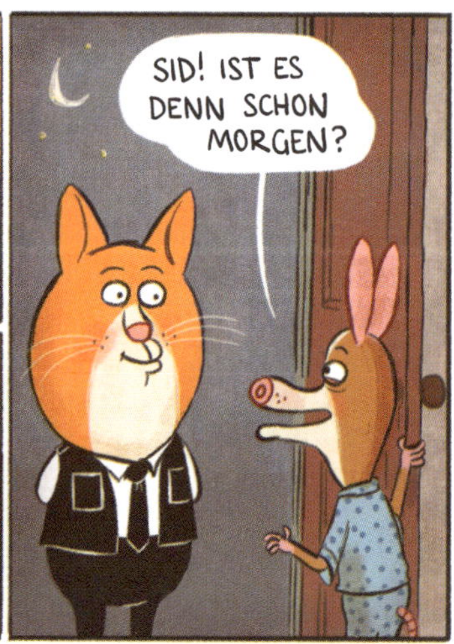
SID! IST ES DENN SCHON MORGEN?

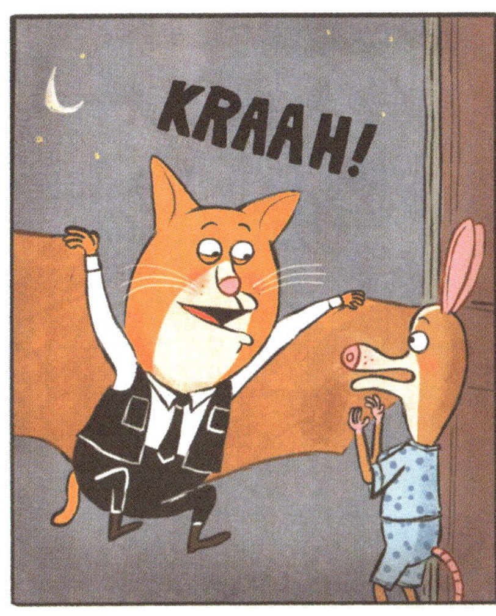
KRAAH!

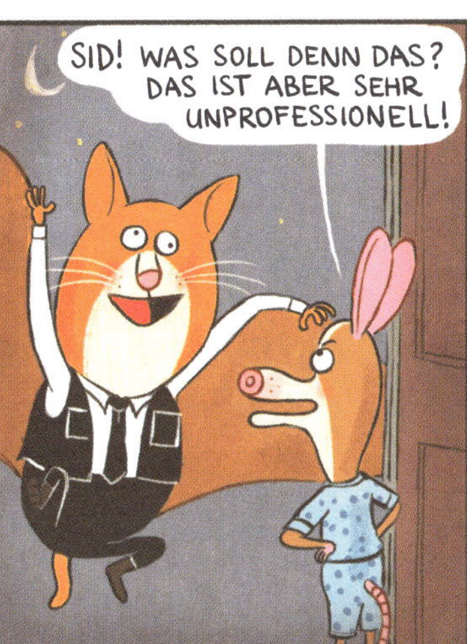
SID! WAS SOLL DENN DAS? DAS IST ABER SEHR UNPROFESSIONELL!

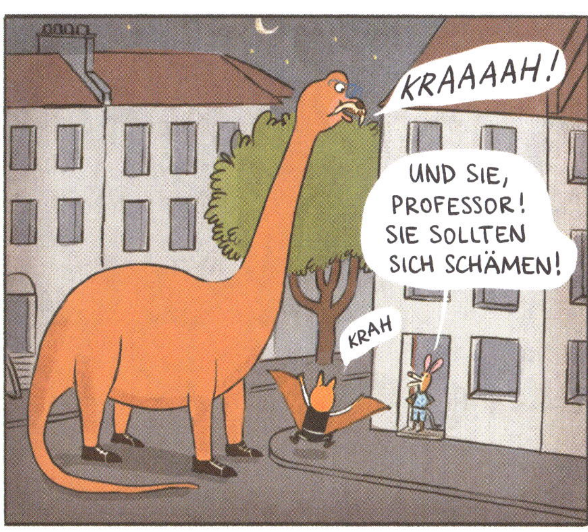
KRAAAAH!
UND SIE, PROFESSOR! SIE SOLLTEN SICH SCHÄMEN!
KRAH

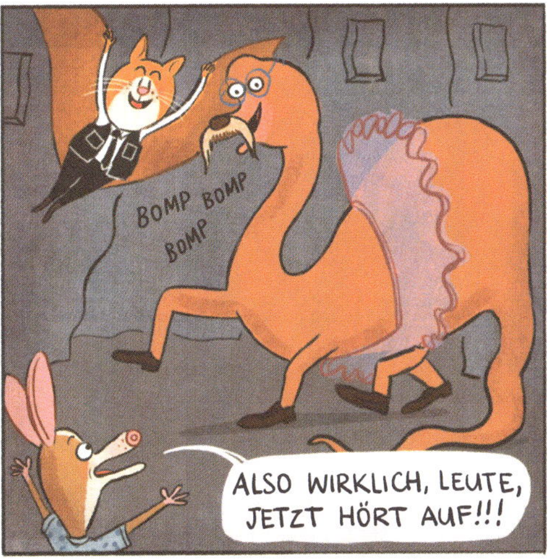
BOMP BOMP BOMP
ALSO WIRKLICH, LEUTE, JETZT HÖRT AUF!!!

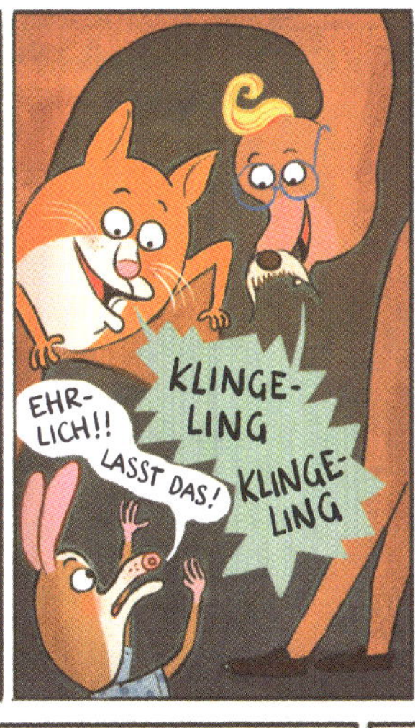
KLINGE-LING
EHR-LICH!!
LASST DAS!
KLINGE-LING

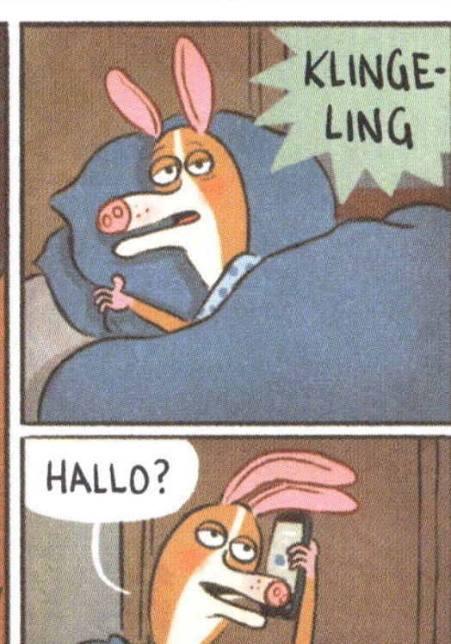
KLINGE-LING

HALLO?

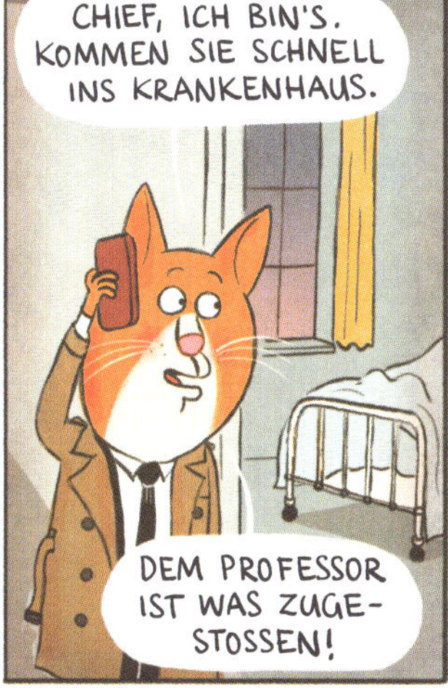
CHIEF, ICH BIN'S. KOMMEN SIE SCHNELL INS KRANKENHAUS.
DEM PROFESSOR IST WAS ZUGE-STOSSEN!

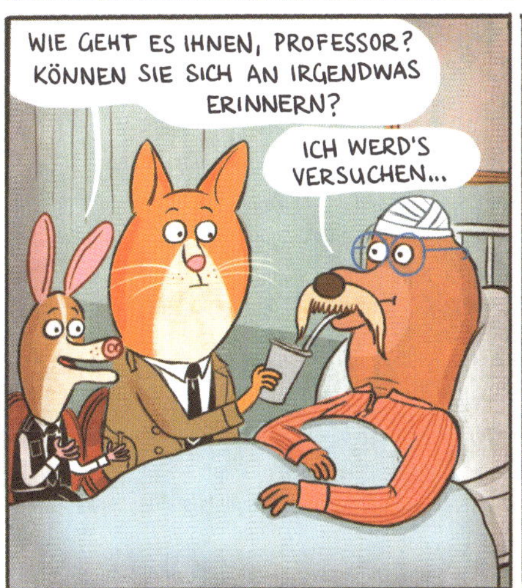
WIE GEHT ES IHNEN, PROFESSOR? KÖNNEN SIE SICH AN IRGENDWAS ERINNERN?
ICH WERD'S VERSUCHEN...

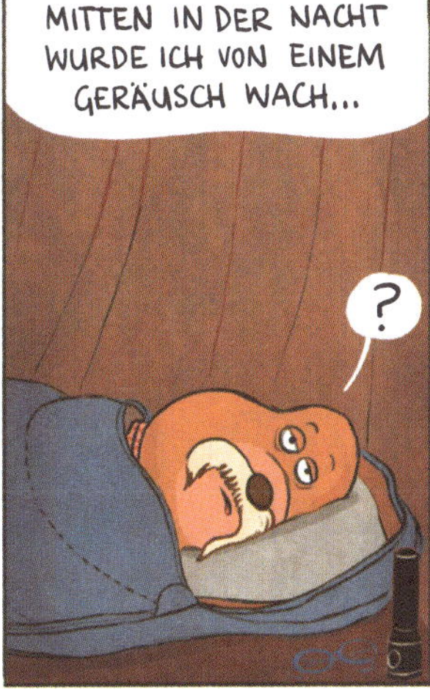
MITTEN IN DER NACHT WURDE ICH VON EINEM GERÄUSCH WACH...
?

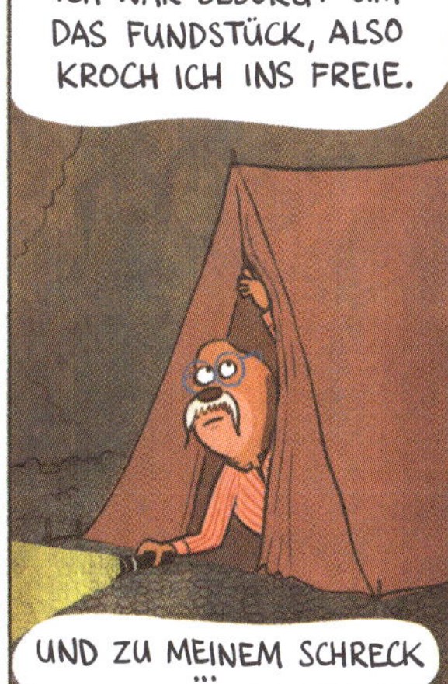
ICH WAR BESORGT UM DAS FUNDSTÜCK, ALSO KROCH ICH INS FREIE.
UND ZU MEINEM SCHRECK ...

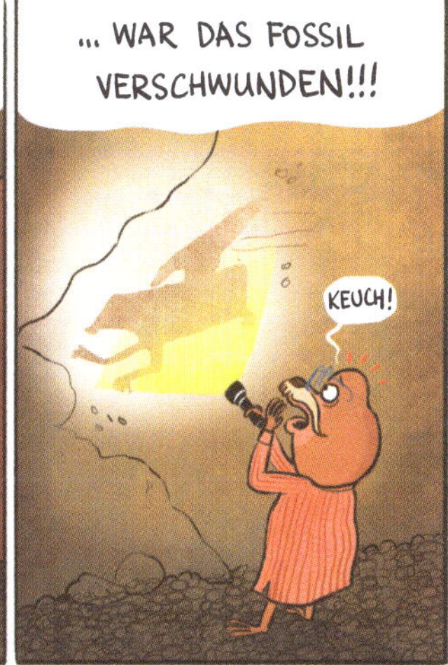
... WAR DAS FOSSIL VERSCHWUNDEN!!!
KEUCH!

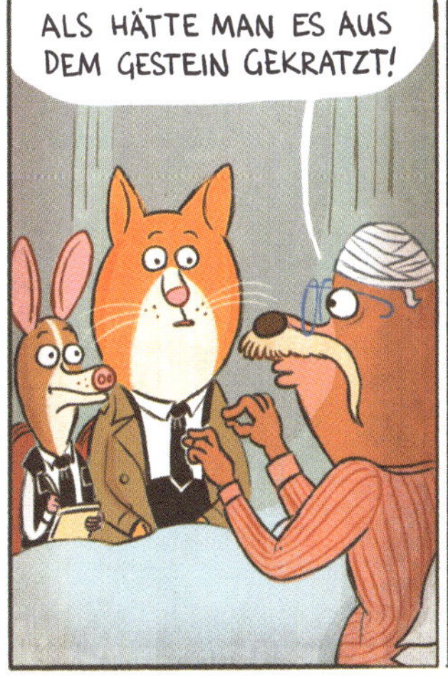
ALS HÄTTE MAN ES AUS DEM GESTEIN GEKRATZT!

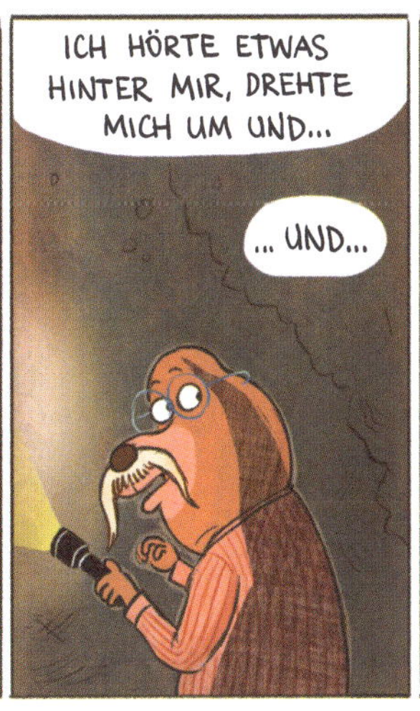
ICH HÖRTE ETWAS HINTER MIR, DREHTE MICH UM UND...
... UND...

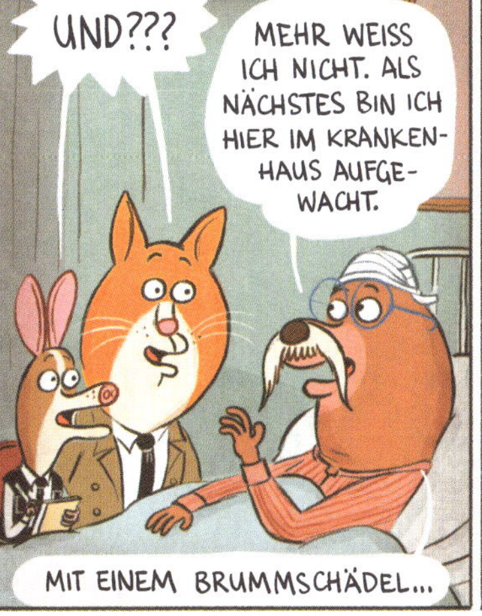
UND???
MEHR WEISS ICH NICHT. ALS NÄCHSTES BIN ICH HIER IM KRANKEN-HAUS AUFGE-WACHT.
MIT EINEM BRUMMSCHÄDEL...

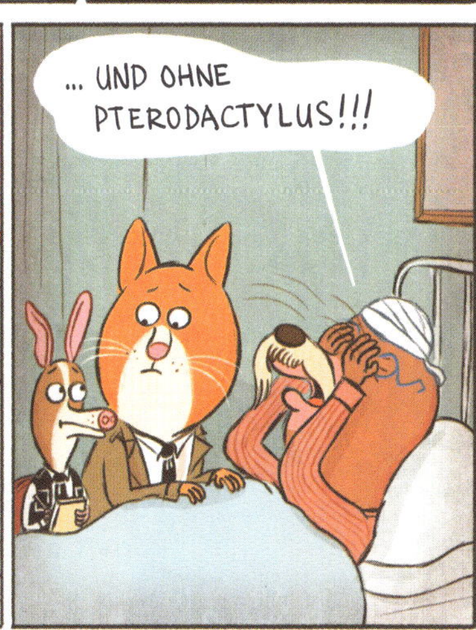
... UND OHNE PTERODACTYLUS!!!

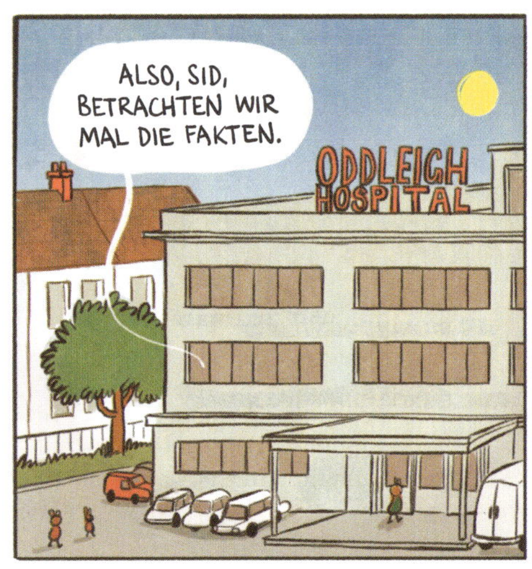
ALSO, SID, BETRACHTEN WIR MAL DIE FAKTEN.
ODDLEIGH HOSPITAL

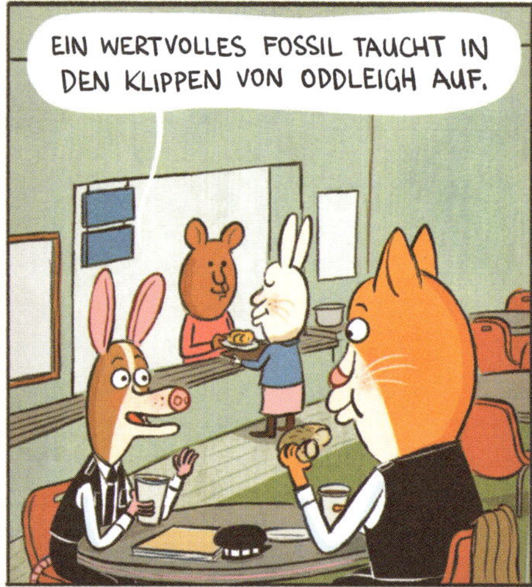
EIN WERTVOLLES FOSSIL TAUCHT IN DEN KLIPPEN VON ODDLEIGH AUF.

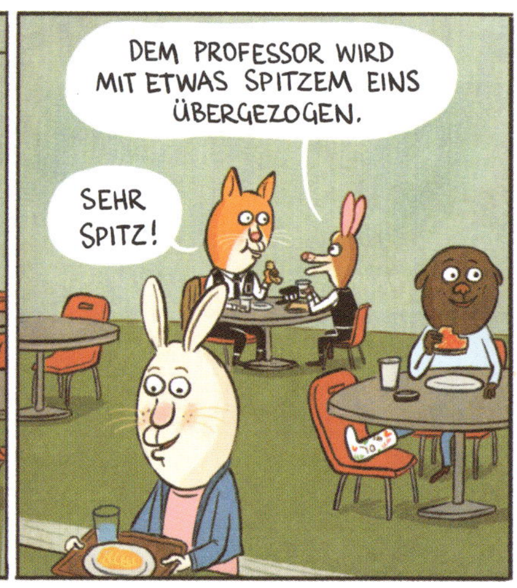
DEM PROFESSOR WIRD MIT ETWAS SPITZEM EINS ÜBERGEZOGEN.
SEHR SPITZ!

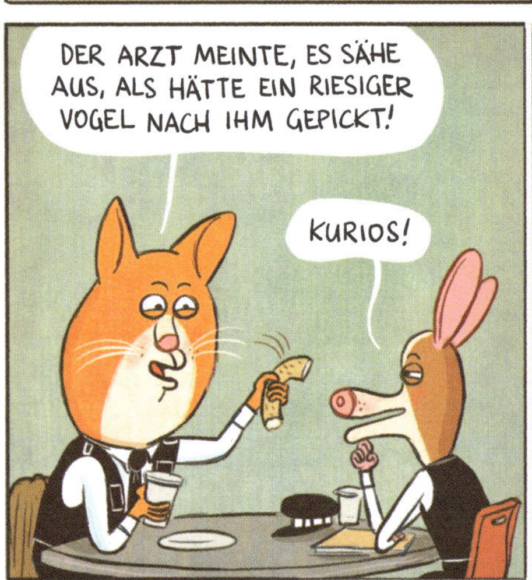
DER ARZT MEINTE, ES SÄHE AUS, ALS HÄTTE EIN RIESIGER VOGEL NACH IHM GEPICKT!
KURIOS!

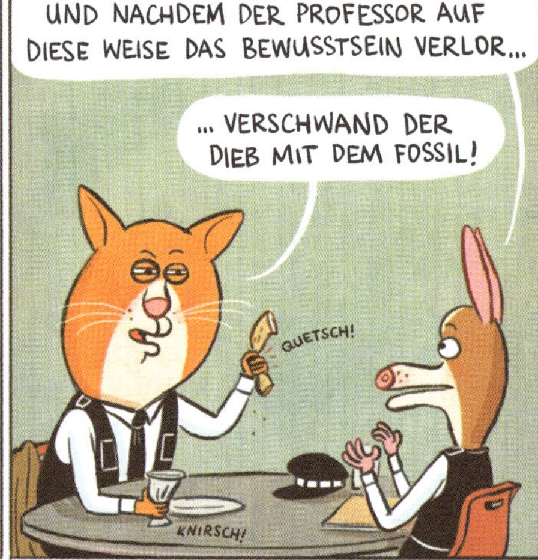
UND NACHDEM DER PROFESSOR AUF DIESE WEISE DAS BEWUSSTSEIN VERLOR...
... VERSCHWAND DER DIEB MIT DEM FOSSIL!
QUETSCH!
KNIRSCH!

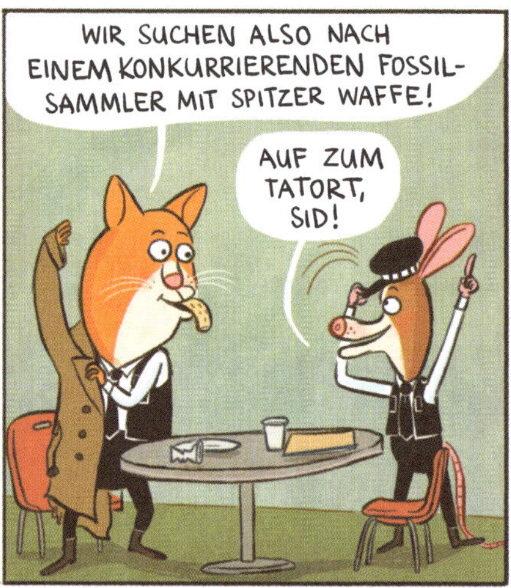
WIR SUCHEN ALSO NACH EINEM KONKURRIERENDEN FOSSIL-SAMMLER MIT SPITZER WAFFE!
AUF ZUM TATORT, SID!

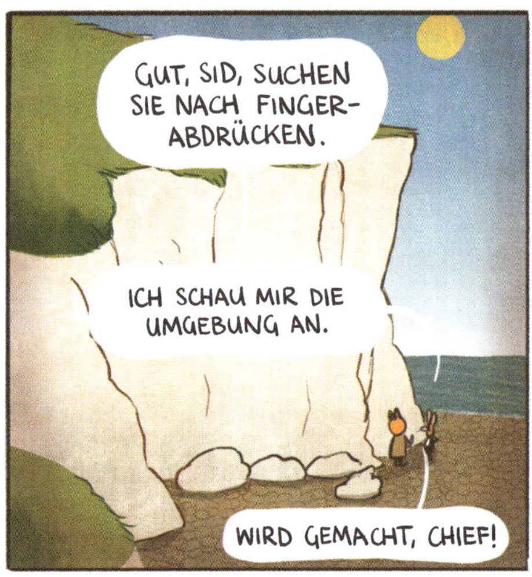
GUT, SID, SUCHEN SIE NACH FINGER-ABDRÜCKEN.
ICH SCHAU MIR DIE UMGEBUNG AN.
WIRD GEMACHT, CHIEF!

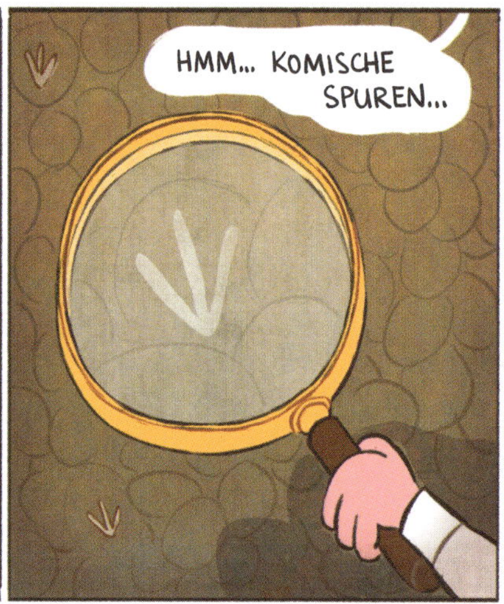
HMM... KOMISCHE SPUREN...

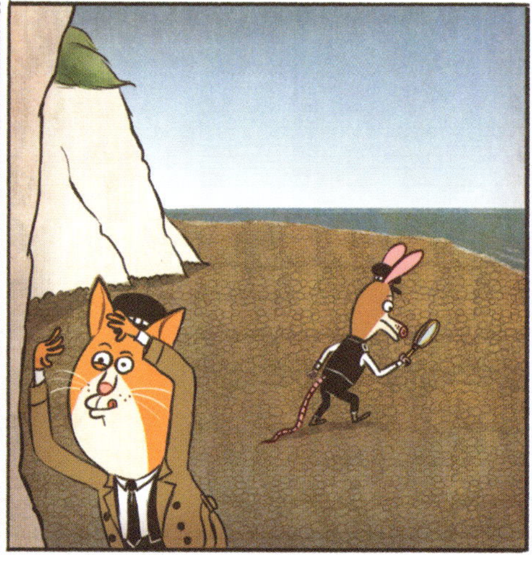

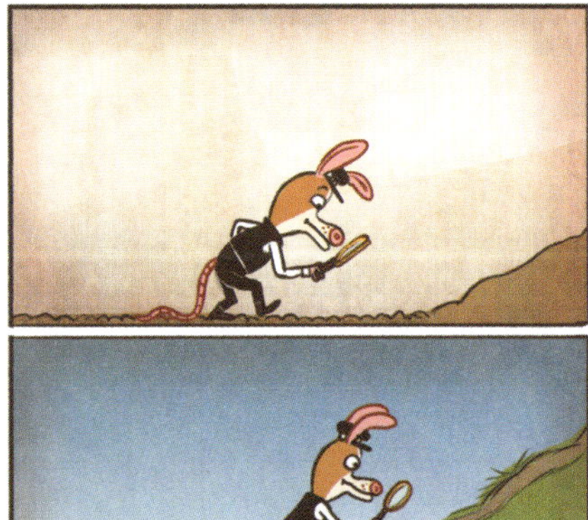

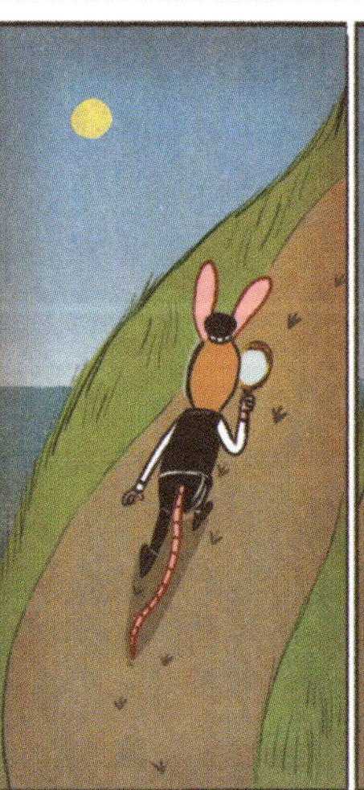

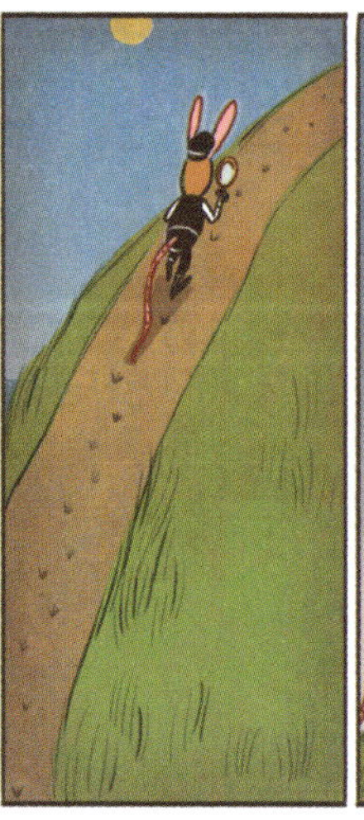

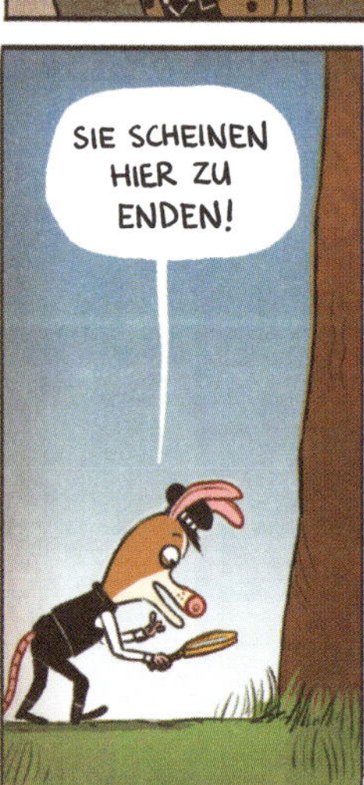
SIE SCHEINEN HIER ZU ENDEN!

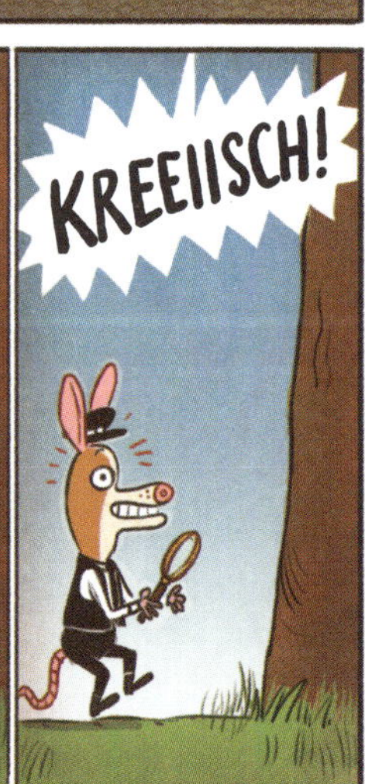
KREEIISCH!

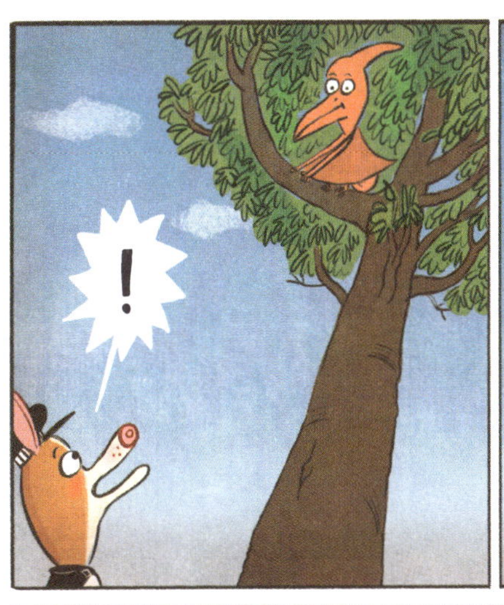
!
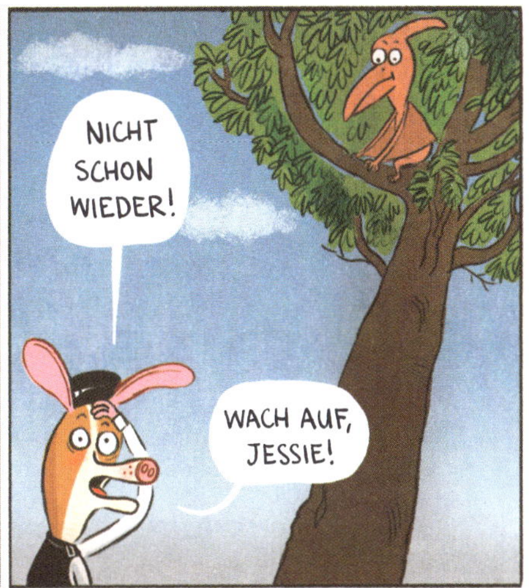
NICHT SCHON WIEDER!
WACH AUF, JESSIE!
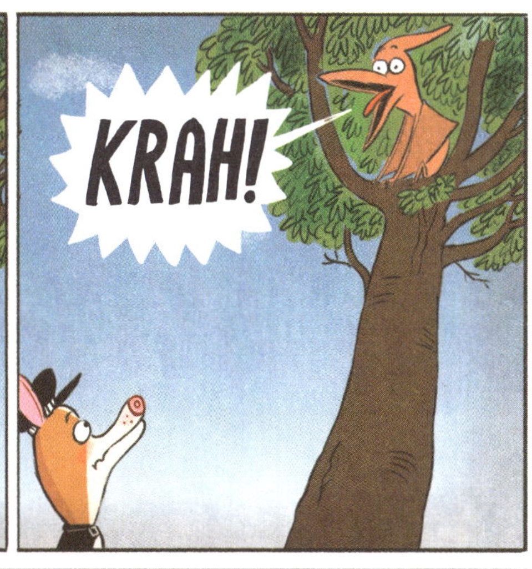
KRAH!
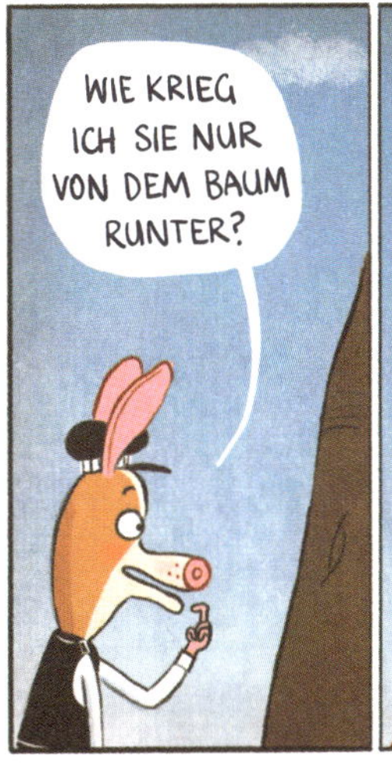
WIE KRIEG ICH SIE NUR VON DEM BAUM RUNTER?
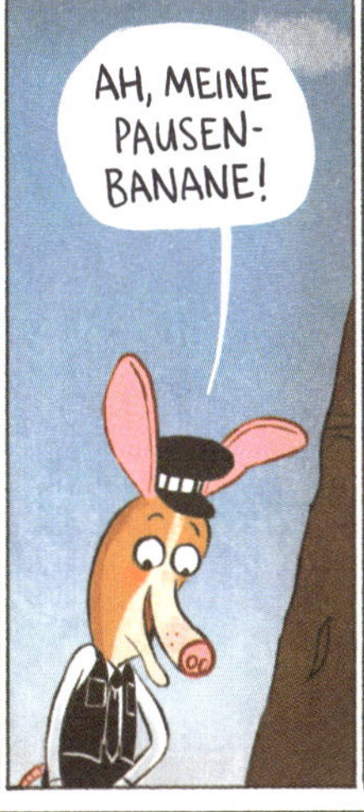
AH, MEINE PAUSEN-BANANE!
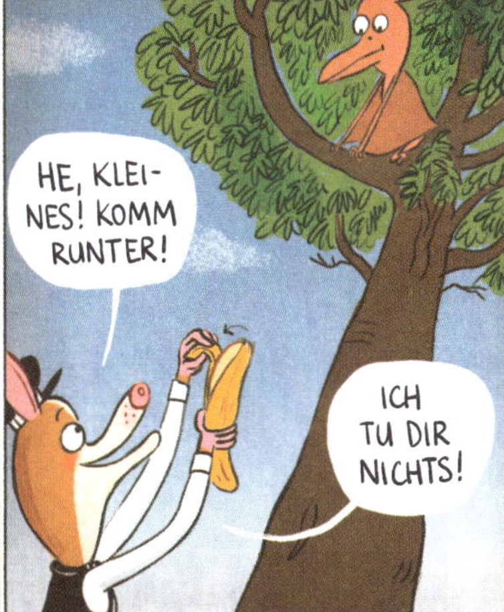
HE, KLEI-NES! KOMM RUNTER!
ICH TU DIR NICHTS!
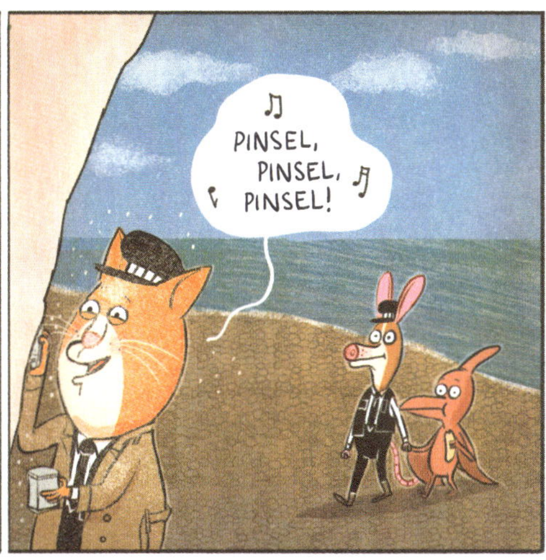
PINSEL, PINSEL, PINSEL!
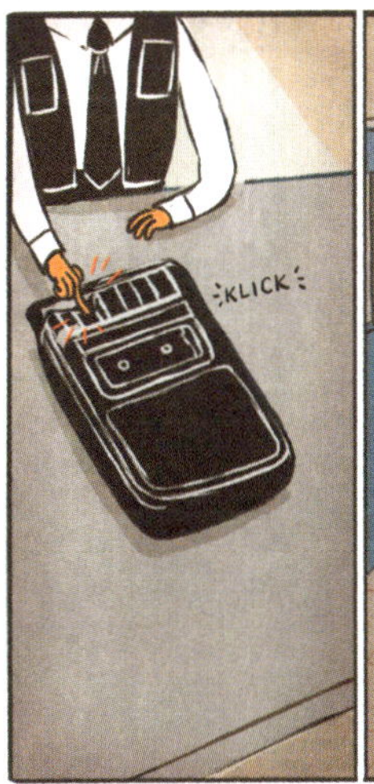
KLICK
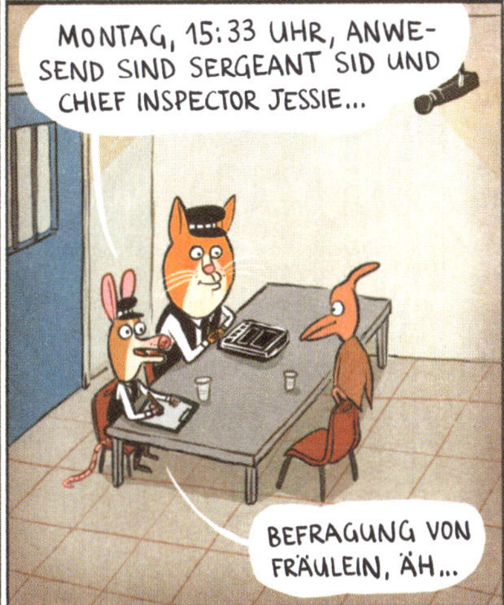
MONTAG, 15:33 UHR, ANWE-SEND SIND SERGEANT SID UND CHIEF INSPECTOR JESSIE ...
BEFRAGUNG VON FRÄULEIN, ÄH ...
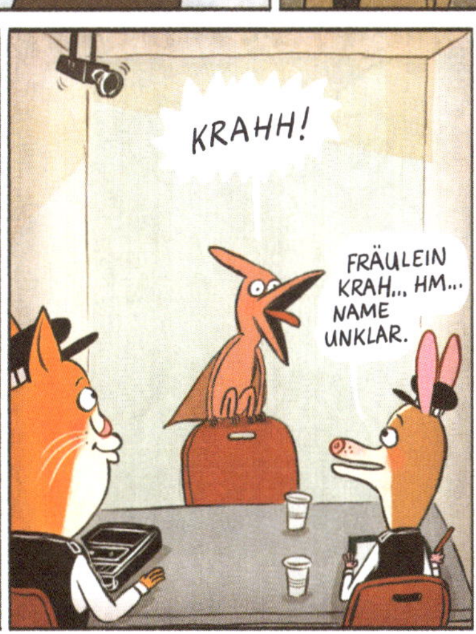
KRAHH!
FRÄULEIN KRAH ... HM ... NAME UNKLAR.
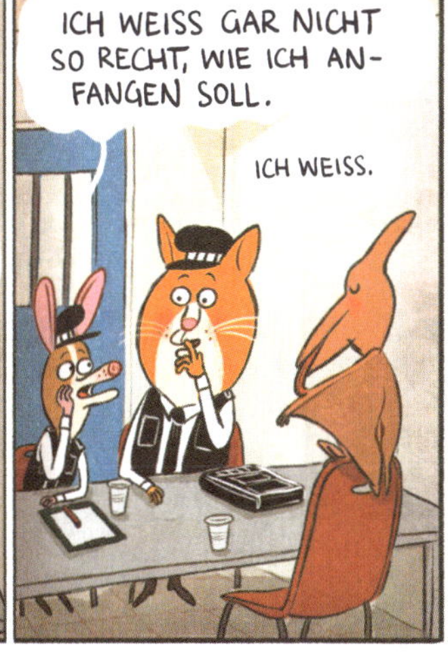
ICH WEISS GAR NICHT SO RECHT, WIE ICH AN-FANGEN SOLL.
ICH WEISS.
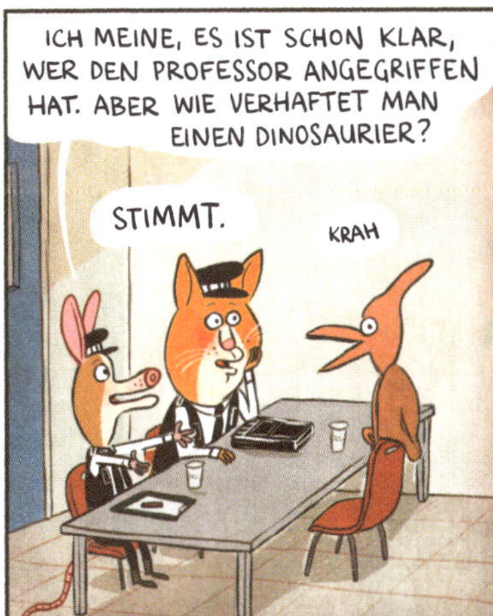
ICH MEINE, ES IST SCHON KLAR, WER DEN PROFESSOR ANGEGRIFFEN HAT. ABER WIE VERHAFTET MAN EINEN DINOSAURIER?
STIMMT.
KRAH
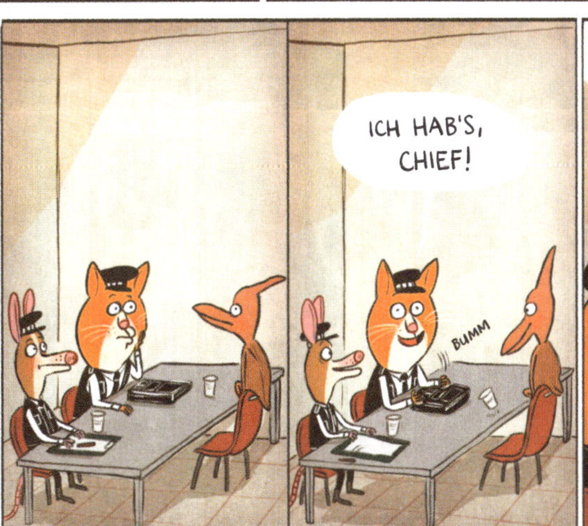
ICH HAB'S, CHIEF!
BUMM
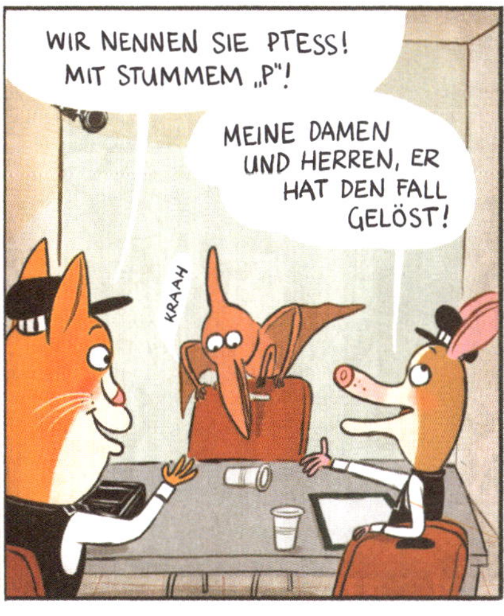
WIR NENNEN SIE PTESS! MIT STUMMEM „P"!
MEINE DAMEN UND HERREN, ER HAT DEN FALL GELÖST!
KRAAH

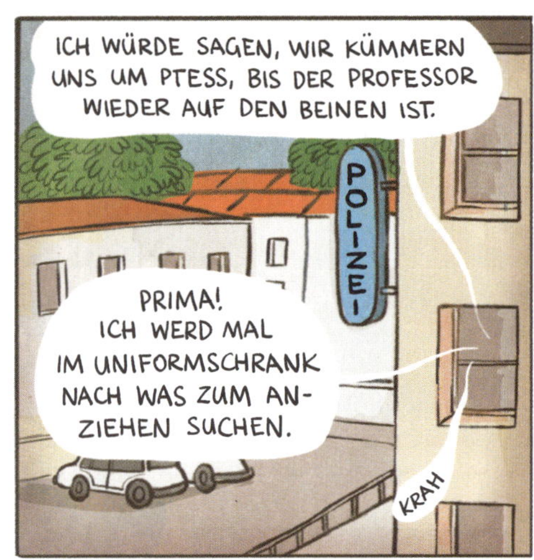
ICH WÜRDE SAGEN, WIR KÜMMERN UNS UM PTESS, BIS DER PROFESSOR WIEDER AUF DEN BEINEN IST.
POLIZEI
PRIMA! ICH WERD MAL IM UNIFORMSCHRANK NACH WAS ZUM AN-ZIEHEN SUCHEN.
KRAH

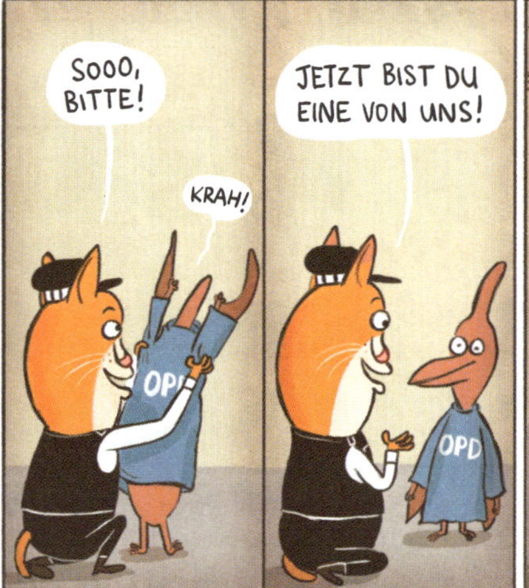
SOOO, BITTE!
KRAH!
OPD
JETZT BIST DU EINE VON UNS!
OPD

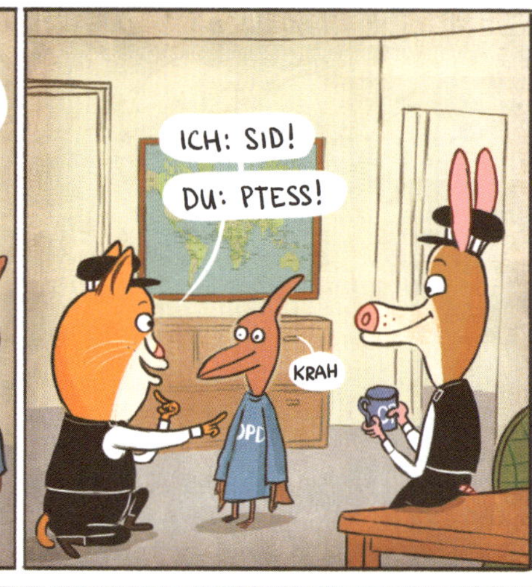
ICH: SID!
DU: PTESS!
KRAH
OPD

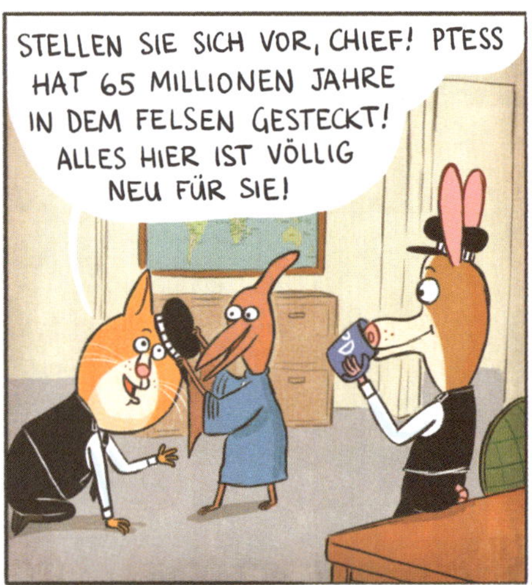
STELLEN SIE SICH VOR, CHIEF! PTESS HAT 65 MILLIONEN JAHRE IN DEM FELSEN GESTECKT! ALLES HIER IST VÖLLIG NEU FÜR SIE!

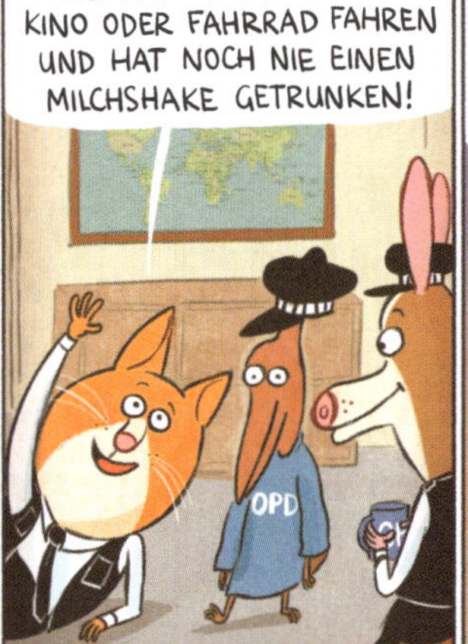
SIE WAR NOCH NIE IM KINO ODER FAHRRAD FAHREN UND HAT NOCH NIE EINEN MILCHSHAKE GETRUNKEN!
OPD

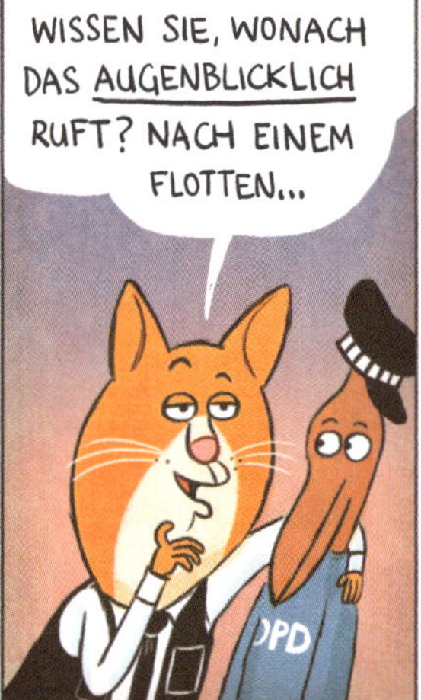
WISSEN SIE, WONACH DAS AUGENBLICKLICH RUFT? NACH EINEM FLOTTEN...
OPD

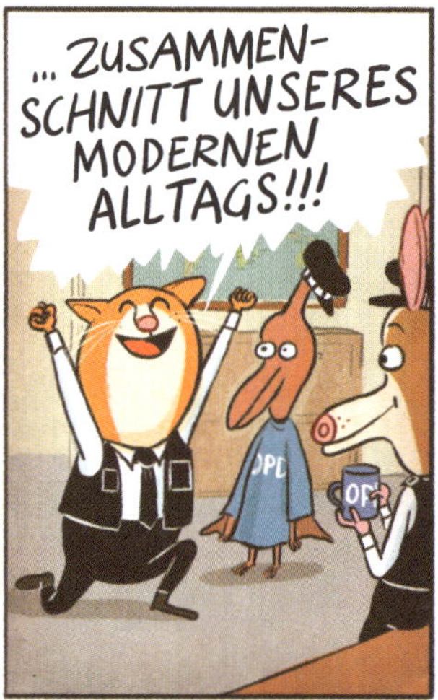
... ZUSAMMEN-SCHNITT UNSERES MODERNEN ALLTAGS!!!
OPD

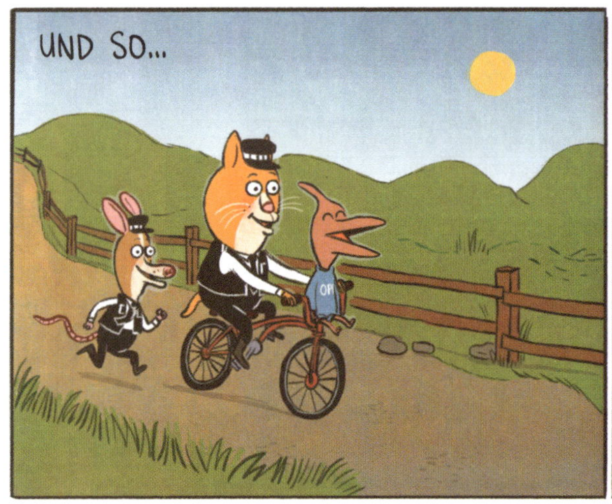
UND SO...

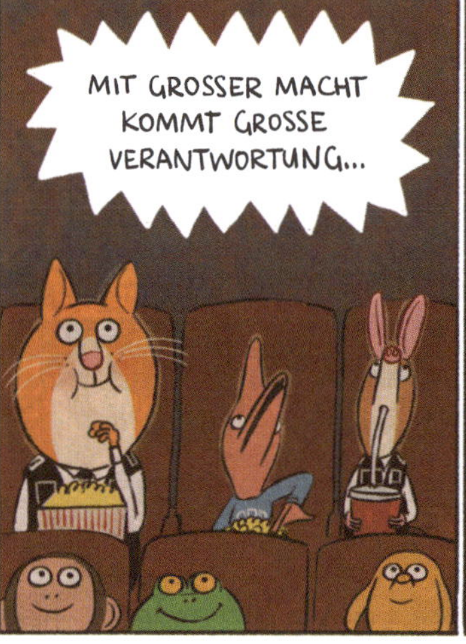
MIT GROSSER MACHT KOMMT GROSSE VERANTWORTUNG...

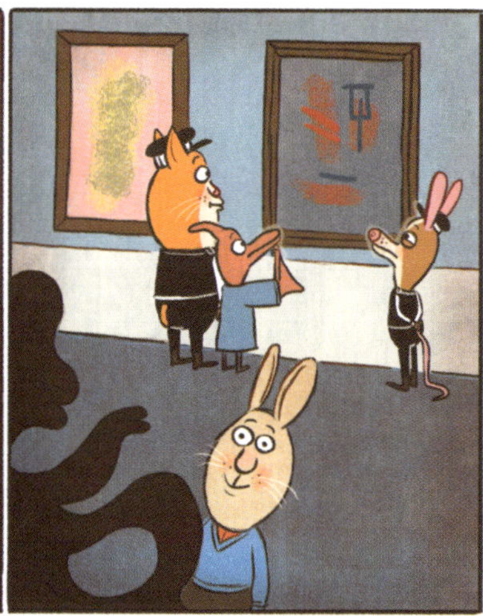

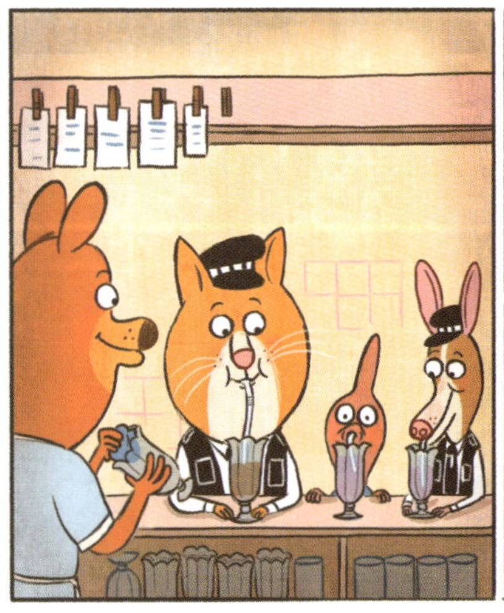

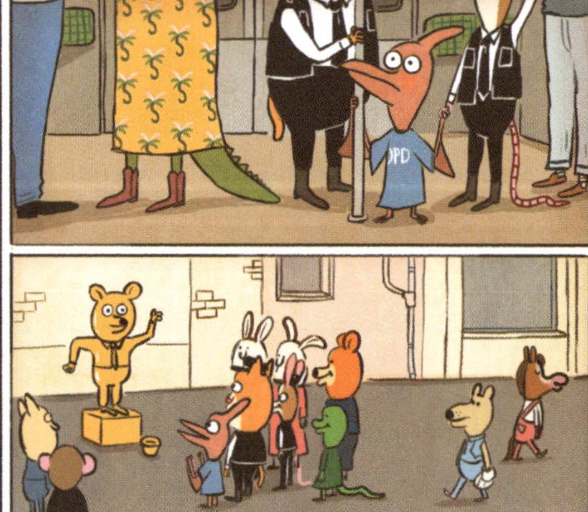
OPD

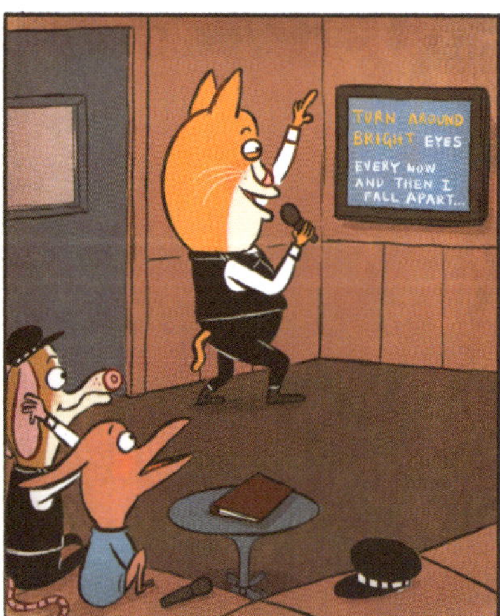
TURN AROUND BRIGHT EYES
EVERY NOW AND THEN I FALL APART...

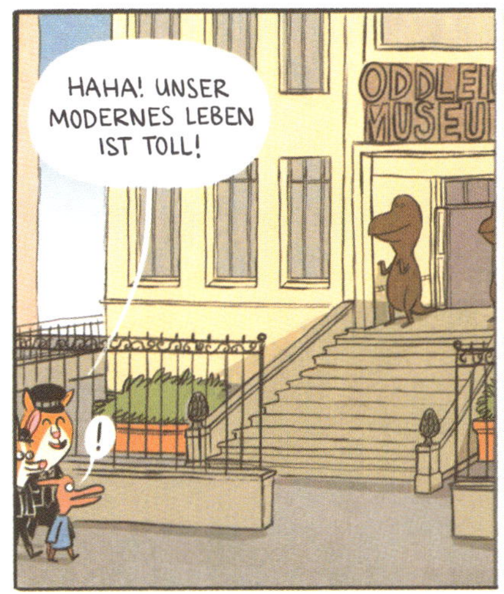
HAHA! UNSER MODERNES LEBEN IST TOLL!
!

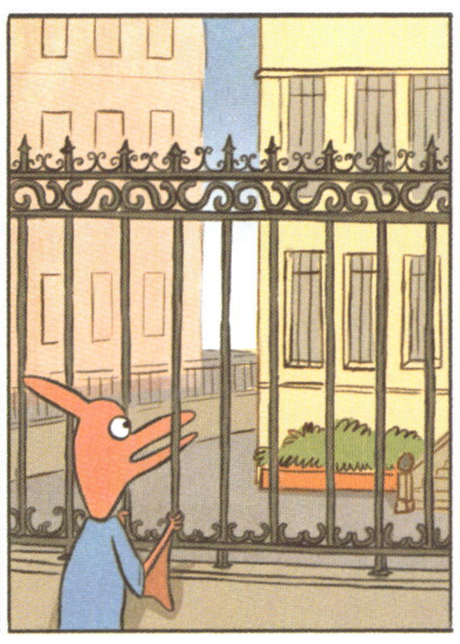

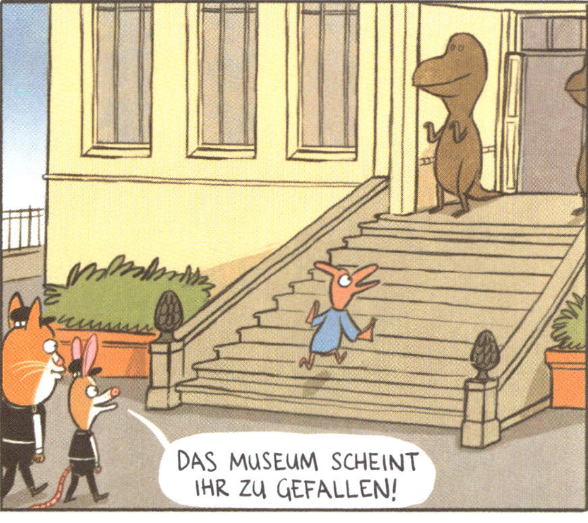
DAS MUSEUM SCHEINT IHR ZU GEFALLEN!

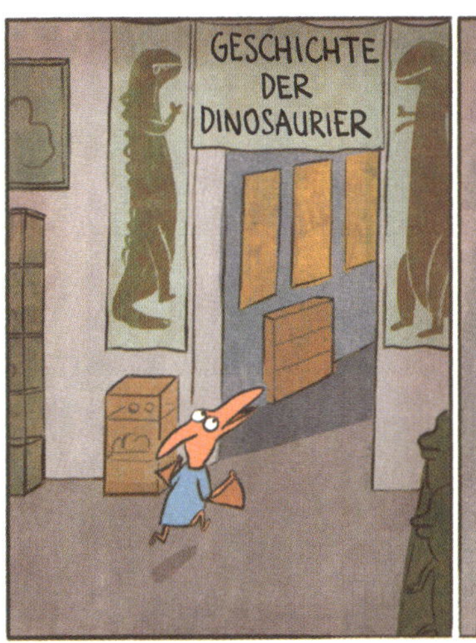
GESCHICHTE DER DINOSAURIER

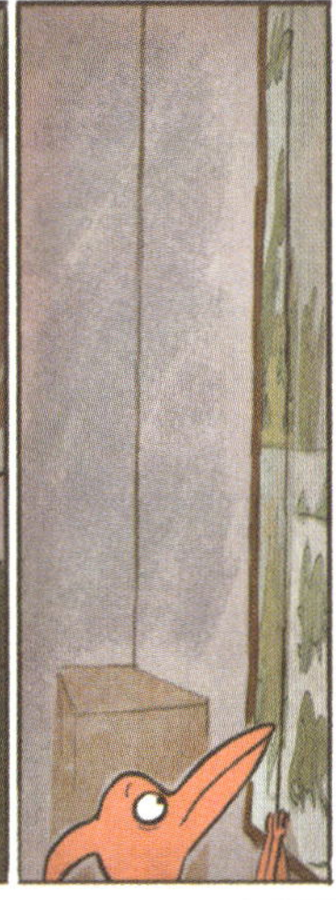

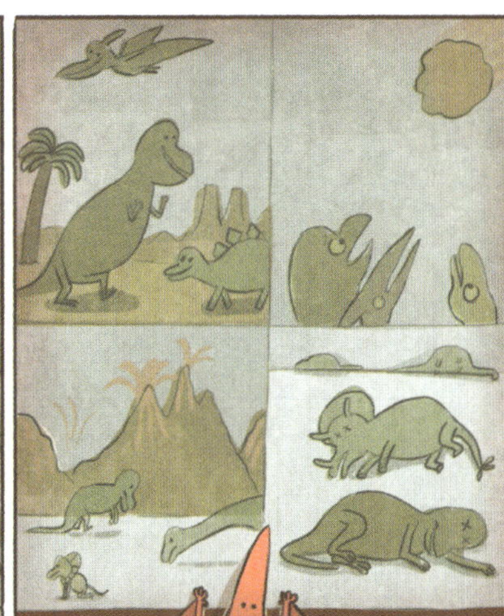

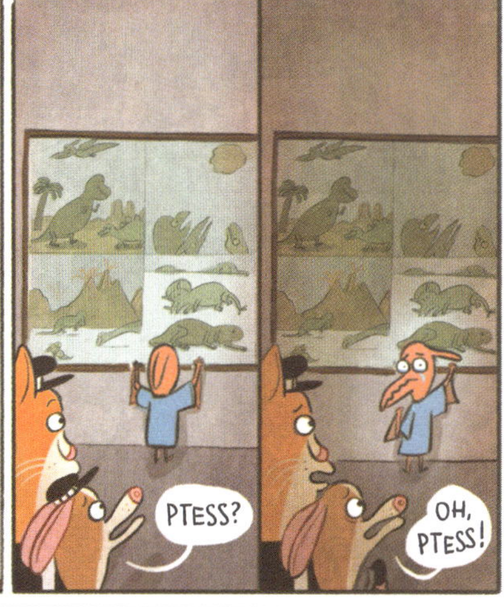
PTESS?
OH, PTESS!

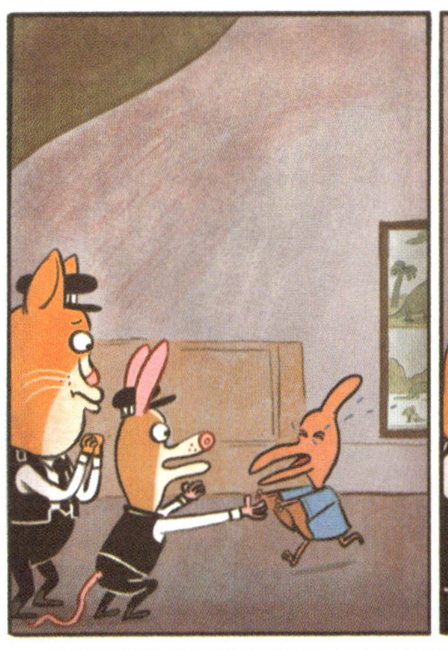

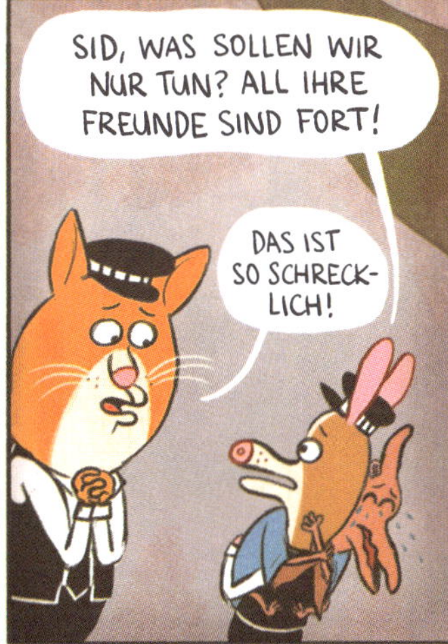
SID, WAS SOLLEN WIR NUR TUN? ALL IHRE FREUNDE SIND FORT!
DAS IST SO SCHRECK-LICH!

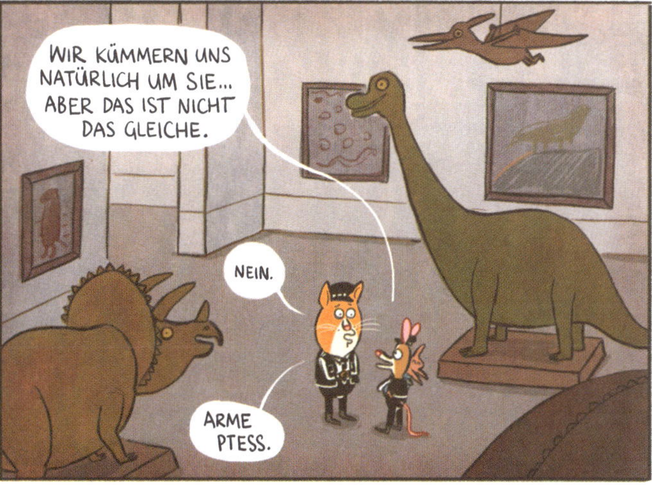
WIR KÜMMERN UNS NATÜRLICH UM SIE... ABER DAS IST NICHT DAS GLEICHE.
NEIN.
ARME PTESS.

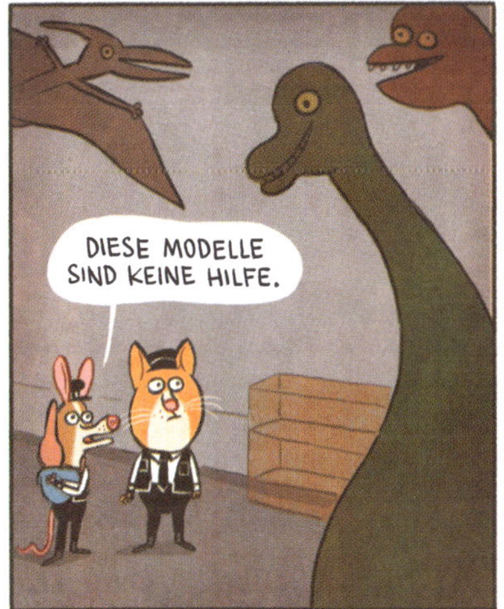
DIESE MODELLE SIND KEINE HILFE.

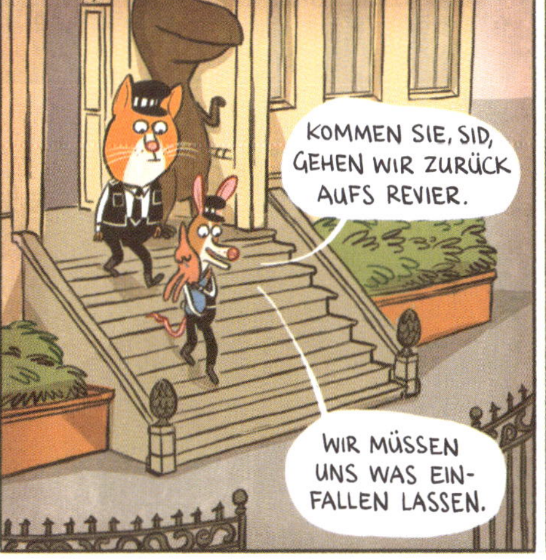
KOMMEN SIE, SID, GEHEN WIR ZURÜCK AUFS REVIER.
WIR MÜSSEN UNS WAS EIN-FALLEN LASSEN.

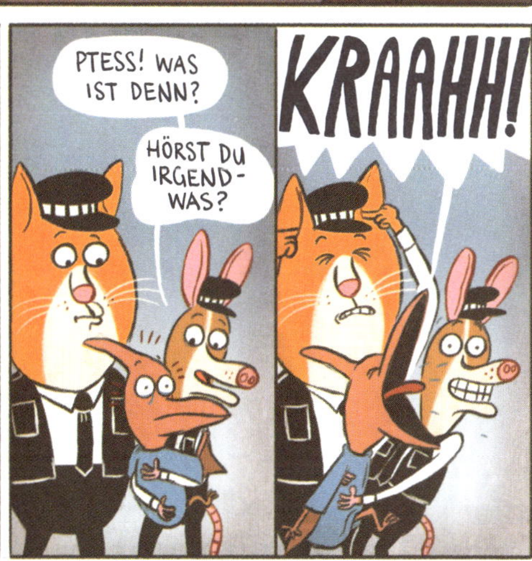
PTESS! WAS IST DENN?
HÖRST DU IRGEND-WAS?
KRAAHH!

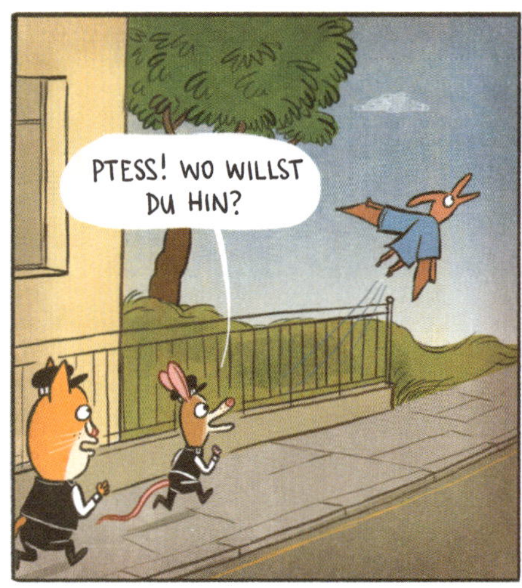
PTESS! WO WILLST DU HIN?
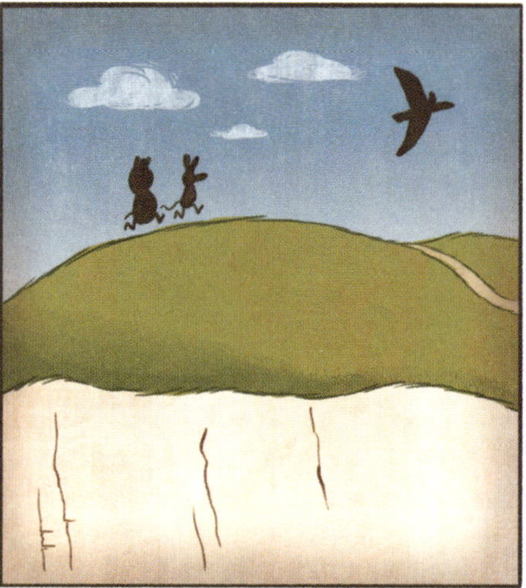
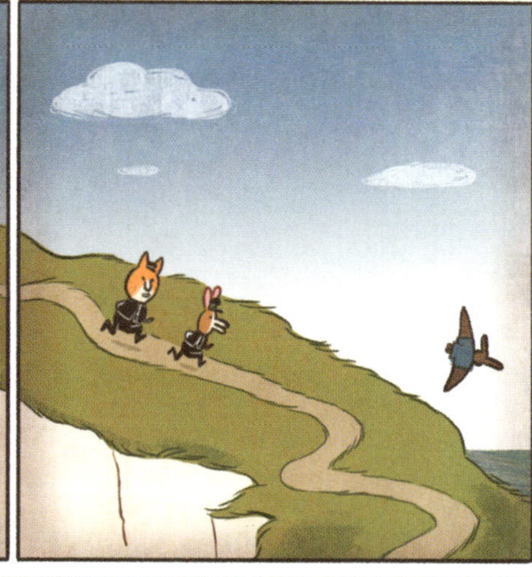
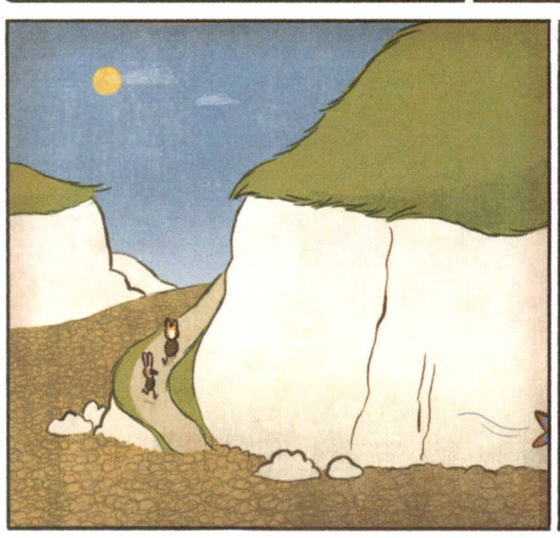
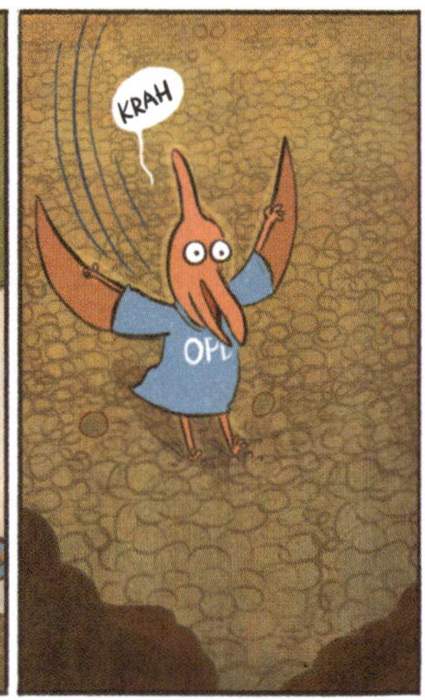
KRAH
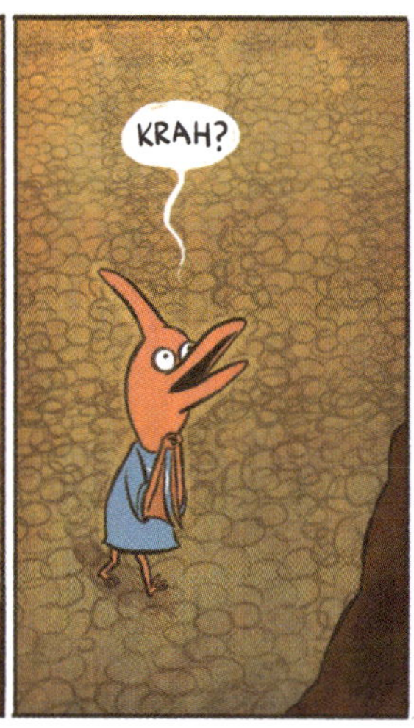
KRAH?
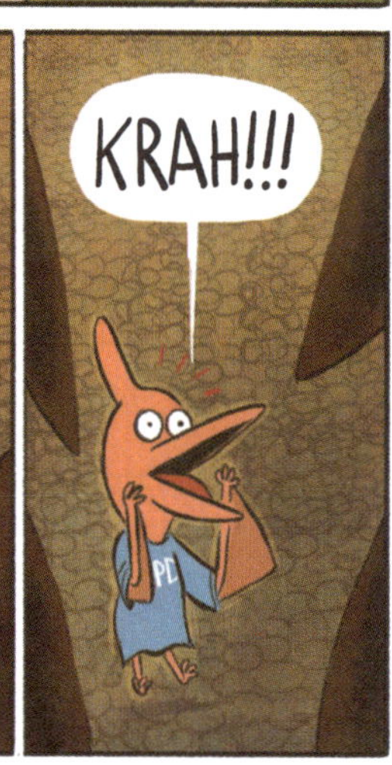
KRAH!!!
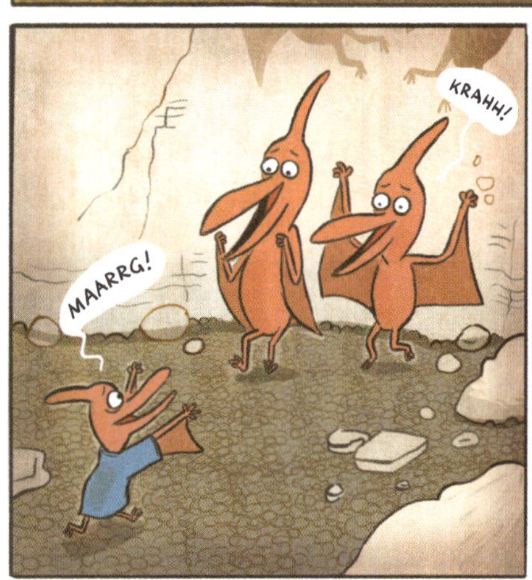
KRAHH!
MAARRG!
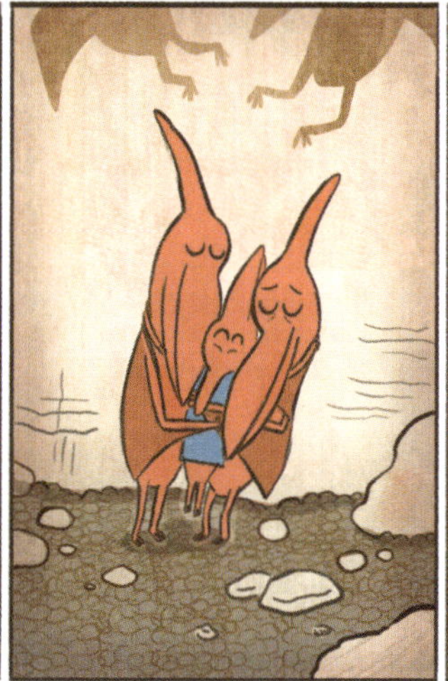
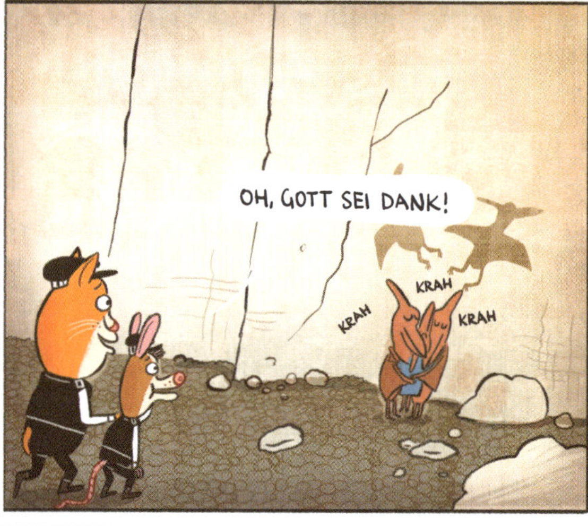
OH, GOTT SEI DANK!
KRAH
KRAH
KRAH
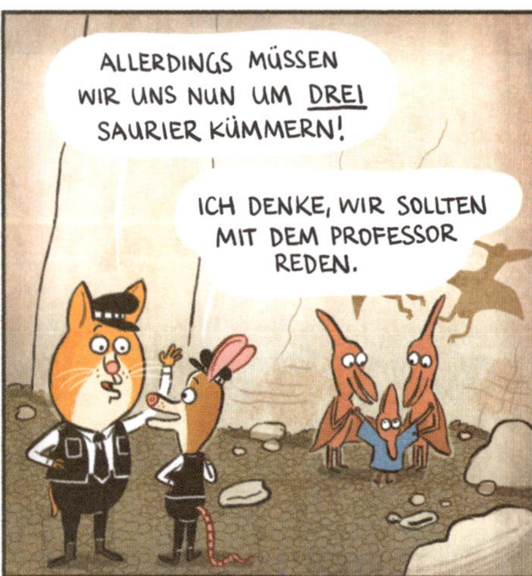
ALLERDINGS MÜSSEN WIR UNS NUN UM DREI SAURIER KÜMMERN!
ICH DENKE, WIR SOLLTEN MIT DEM PROFESSOR REDEN.
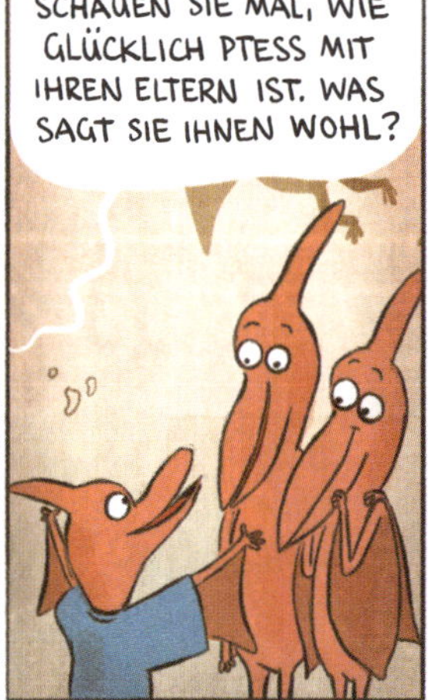
SCHAUEN SIE MAL, WIE GLÜCKLICH PTESS MIT IHREN ELTERN IST. WAS SAGT SIE IHNEN WOHL?
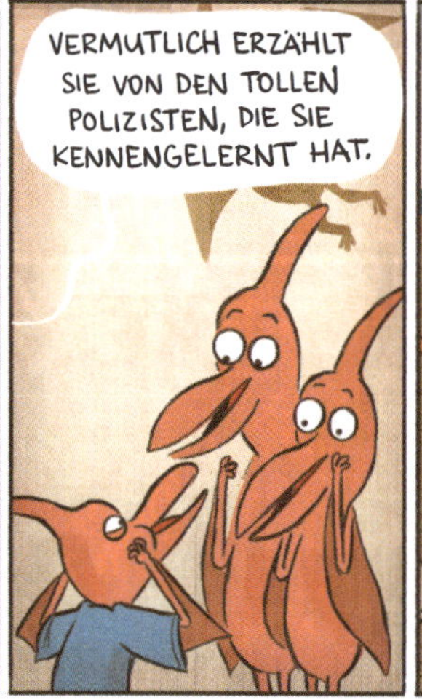
VERMUTLICH ERZÄHLT SIE VON DEN TOLLEN POLIZISTEN, DIE SIE KENNENGELERNT HAT.
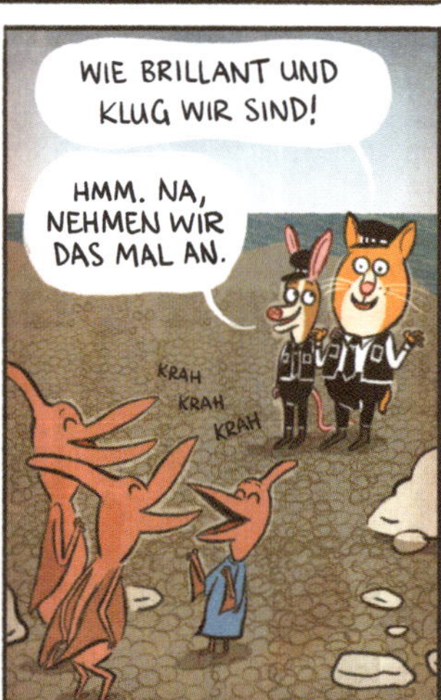
WIE BRILLANT UND KLUG WIR SIND!
HMM. NA, NEHMEN WIR DAS MAL AN.
KRAH
KRAH
KRAH

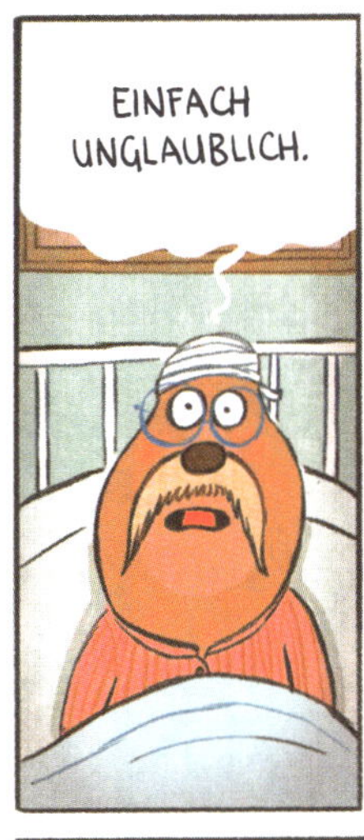
EINFACH UNGLAUBLICH.

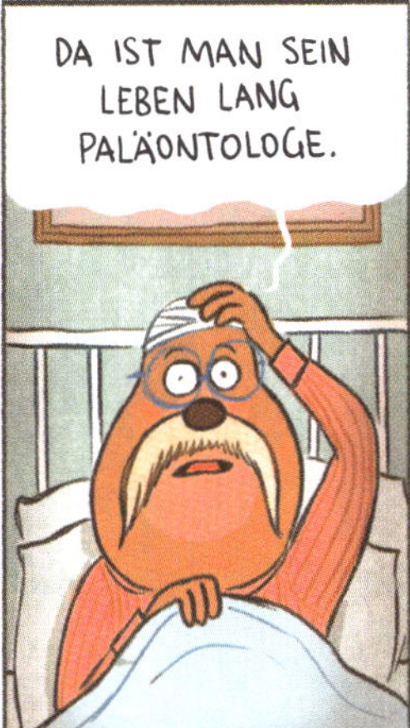
DA IST MAN SEIN LEBEN LANG PALÄONTOLOGE.

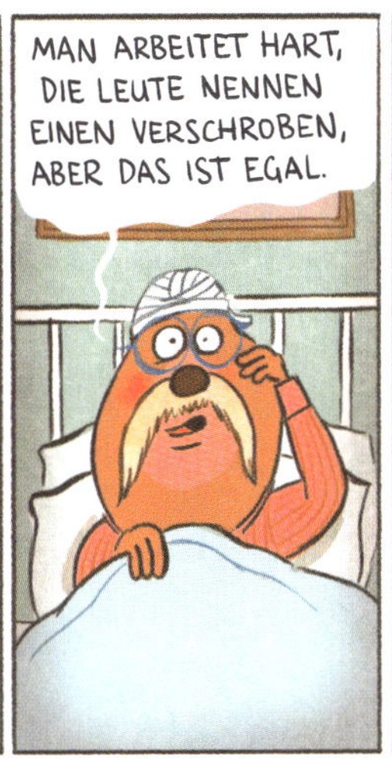
MAN ARBEITET HART, DIE LEUTE NENNEN EINEN VERSCHROBEN, ABER DAS IST EGAL.

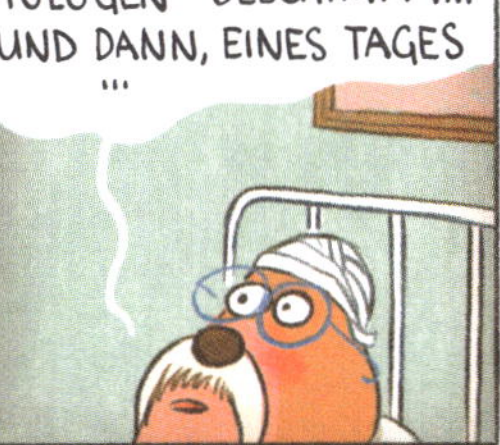
MAN AKZEPTIERT DAS LEBEN MIT SEINEN RÜCKSCHLÄGEN, AUCH DEN TAG, AN DEM DER KOSTBARE BRONTOSAURUS-ELLBOGEN SICH ALS KLEIDERBÜGEL ENTPUPPT... UND PROFESSOR CUVIER EINEN ALS „SCHMALÄONTOLOGEN" BESCHIMPFT... UND DANN, EINES TAGES ...

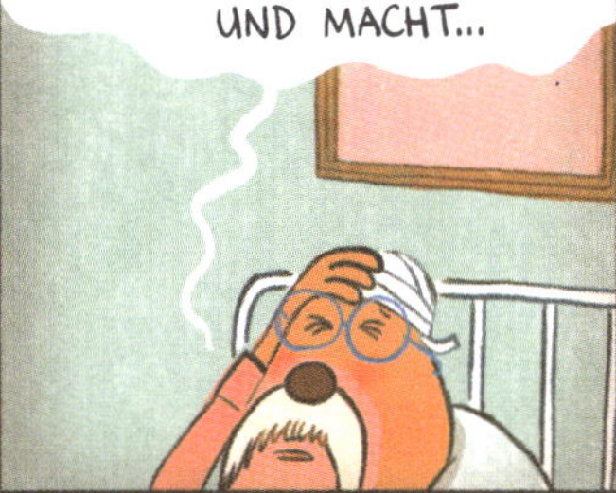
... GERADE ALS MAN MIT EINER KOPFVERLETZUNG IM KRANKENHAUS LIEGT UND DENKT, DAS LEBEN KÖNNTE NICHT SCHLIMMER WERDEN, MACHT ES SO ETWAS...
UND MACHT...

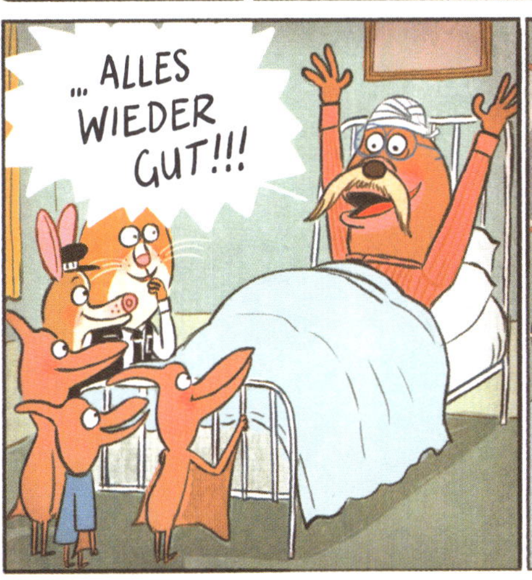
... ALLES WIEDER GUT!!!

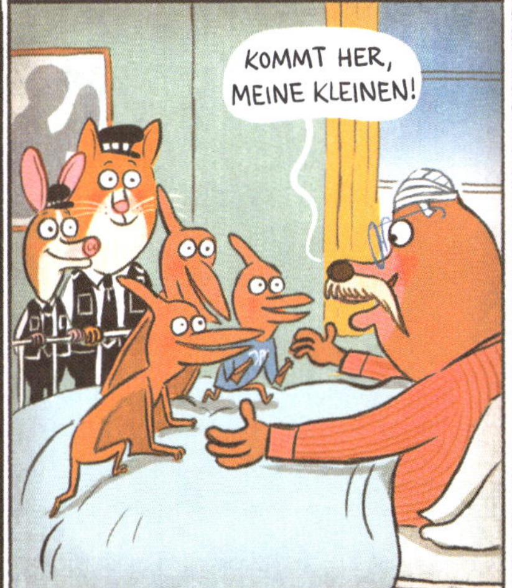
KOMMT HER, MEINE KLEINEN!

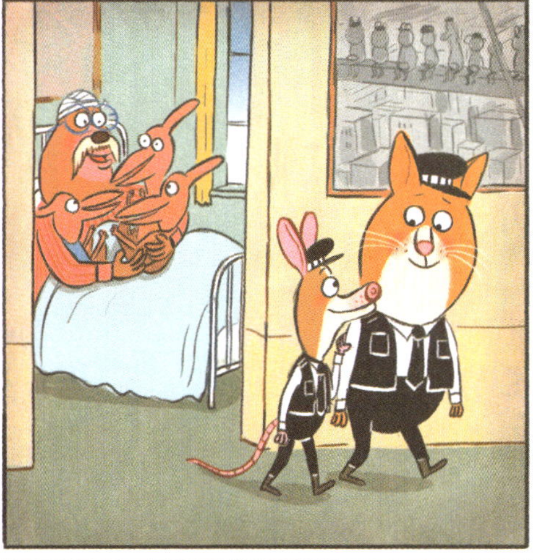

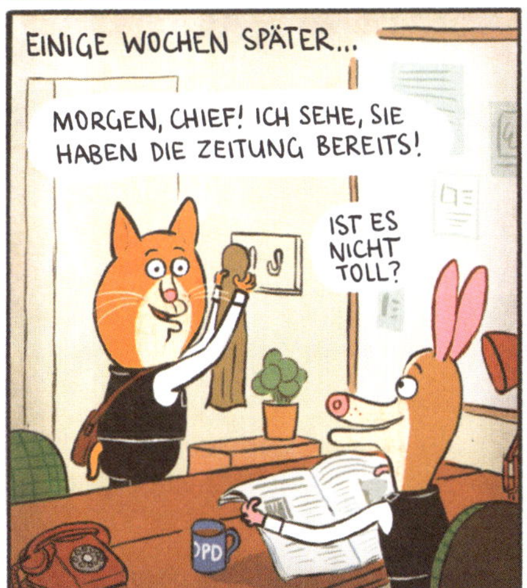
EINIGE WOCHEN SPÄTER...
MORGEN, CHIEF! ICH SEHE, SIE HABEN DIE ZEITUNG BEREITS!
IST ES NICHT TOLL?
DPD

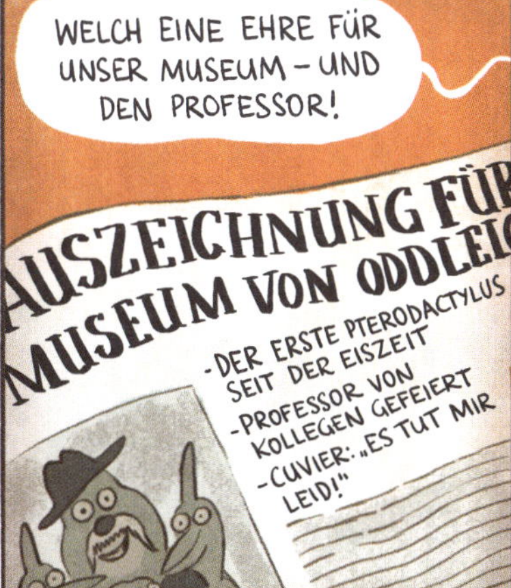
WELCH EINE EHRE FÜR UNSER MUSEUM – UND DEN PROFESSOR!
AUSZEICHNUNG FÜR MUSEUM VON ODDLEI
-DER ERSTE PTERODACTYLUS SEIT DER EISZEIT
-PROFESSOR VON KOLLEGEN GEFEIERT
-CUVIER: „ES TUT MIR LEID!"

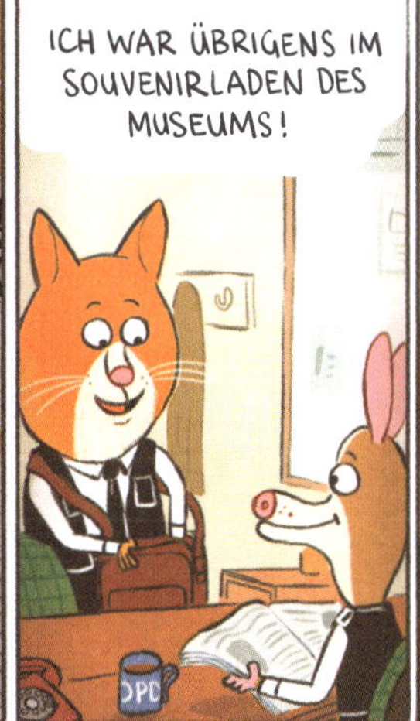
ICH WAR ÜBRIGENS IM SOUVENIRLADEN DES MUSEUMS!

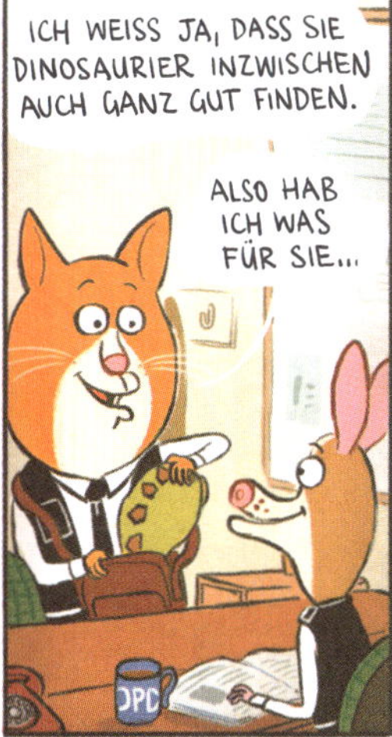
ICH WEISS JA, DASS SIE DINOSAURIER INZWISCHEN AUCH GANZ GUT FINDEN.
ALSO HAB ICH WAS FÜR SIE...

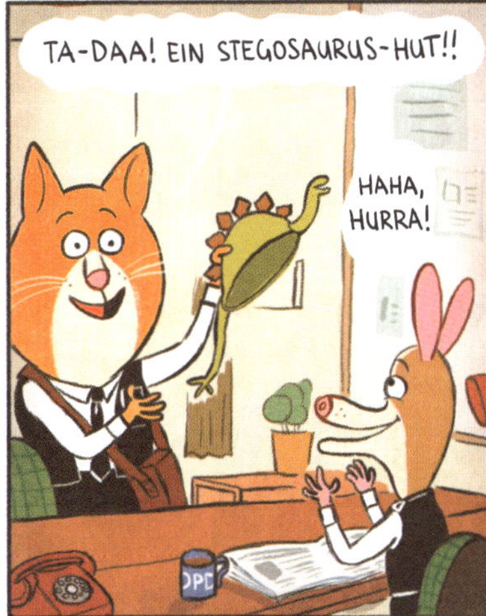
TA-DAA! EIN STEGOSAURUS-HUT!!
HAHA, HURRA!

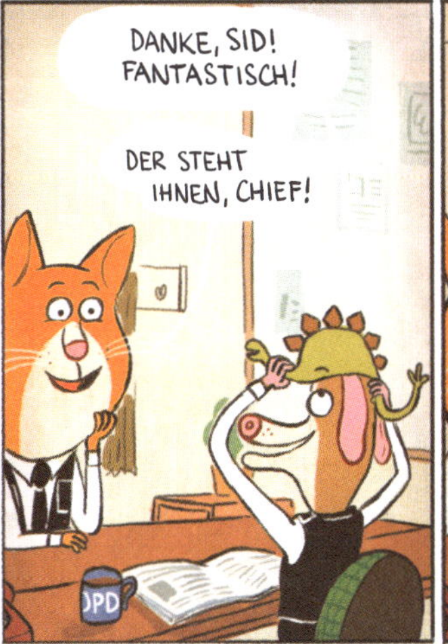
DANKE, SID! FANTASTISCH!
DER STEHT IHNEN, CHIEF!

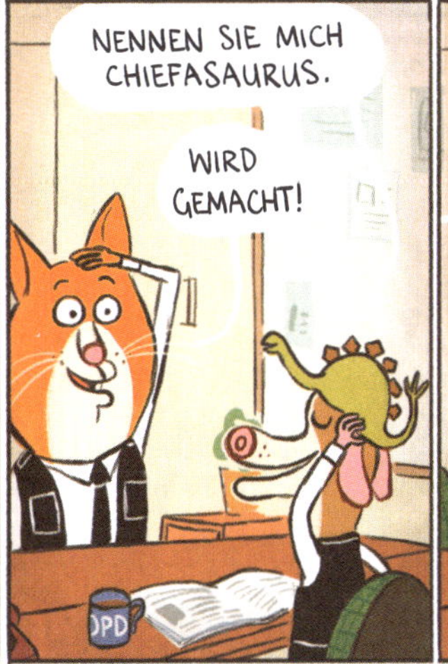
NENNEN SIE MICH CHIEFASAURUS.
WIRD GEMACHT!

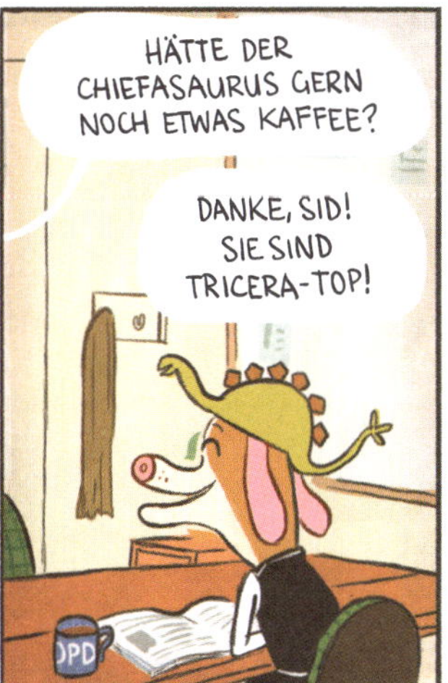
HÄTTE DER CHIEFASAURUS GERN NOCH ETWAS KAFFEE?
DANKE, SID! SIE SIND TRICERA-TOP!

Ende

DER

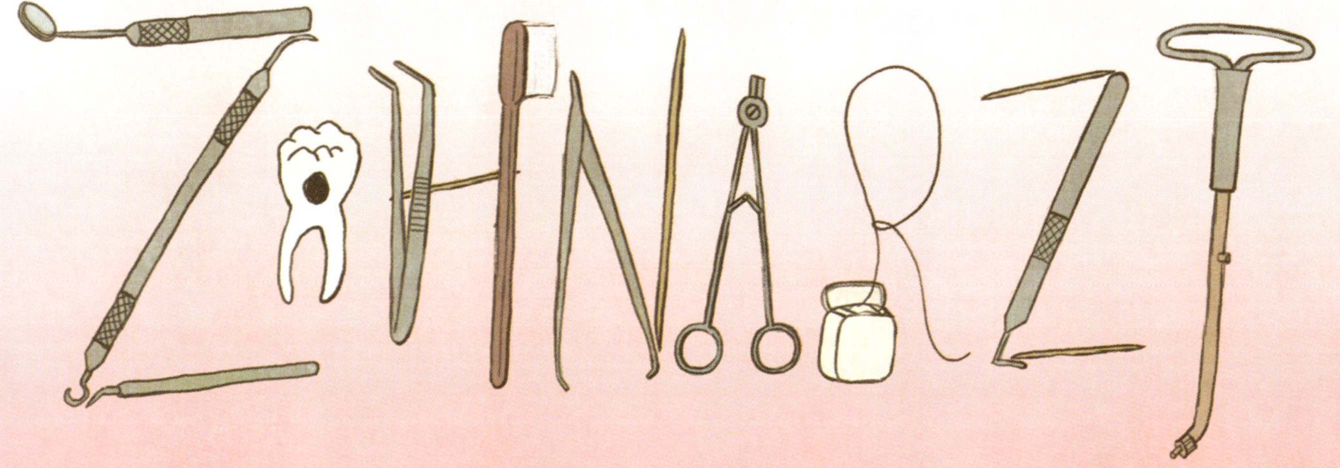

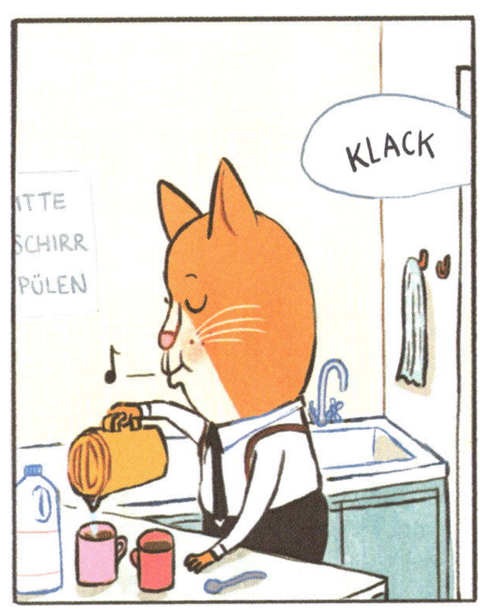
KLACK
ITTE
SCHIRR
PÜLEN

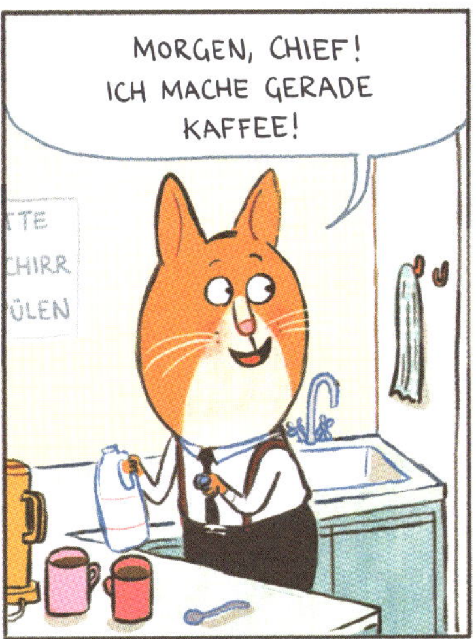
MORGEN, CHIEF! ICH MACHE GERADE KAFFEE!

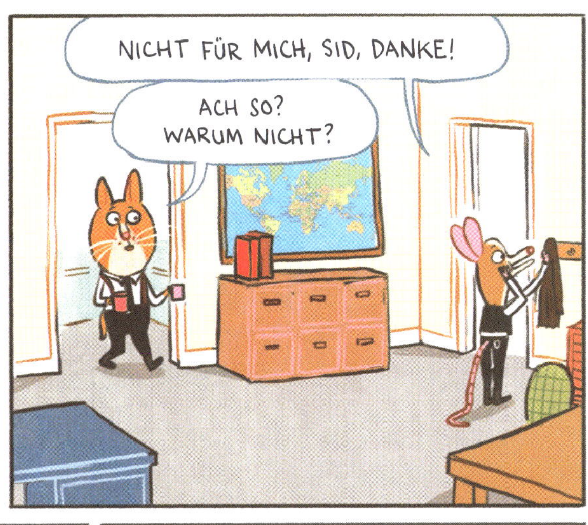
NICHT FÜR MICH, SID, DANKE!
ACH SO? WARUM NICHT?

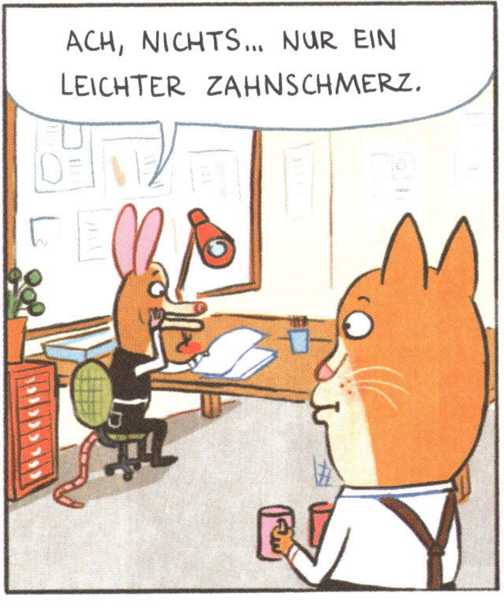
ACH, NICHTS... NUR EIN LEICHTER ZAHNSCHMERZ.

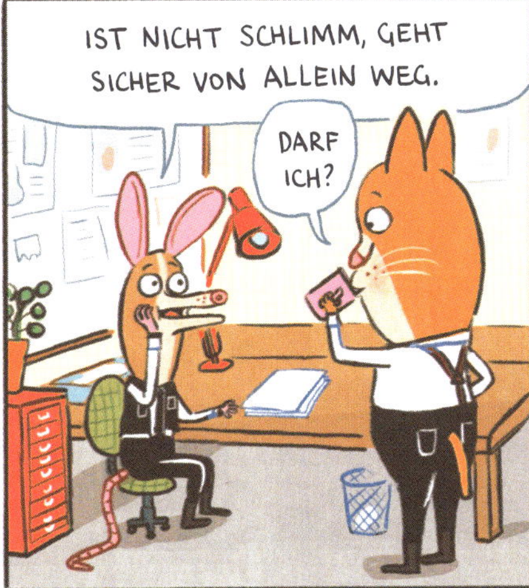
IST NICHT SCHLIMM, GEHT SICHER VON ALLEIN WEG.
DARF ICH?

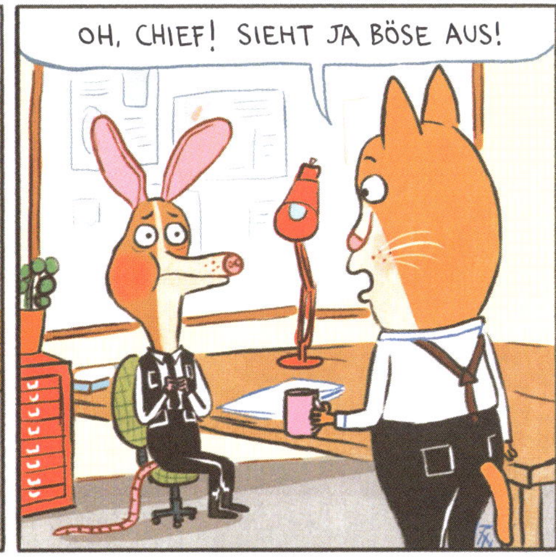
OH, CHIEF! SIEHT JA BÖSE AUS!

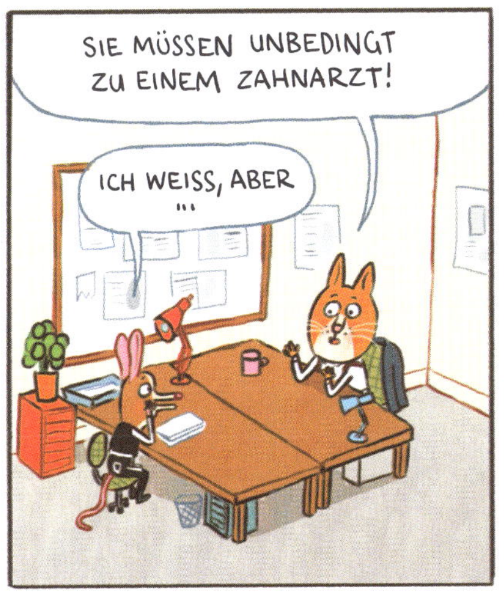
SIE MÜSSEN UNBEDINGT ZU EINEM ZAHNARZT!
ICH WEISS, ABER ...

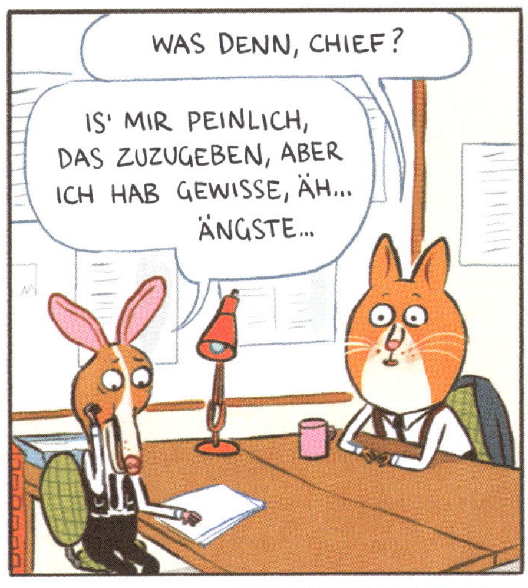
WAS DENN, CHIEF?
IS' MIR PEINLICH, DAS ZUZUGEBEN, ABER ICH HAB GEWISSE, ÄH... ÄNGSTE...

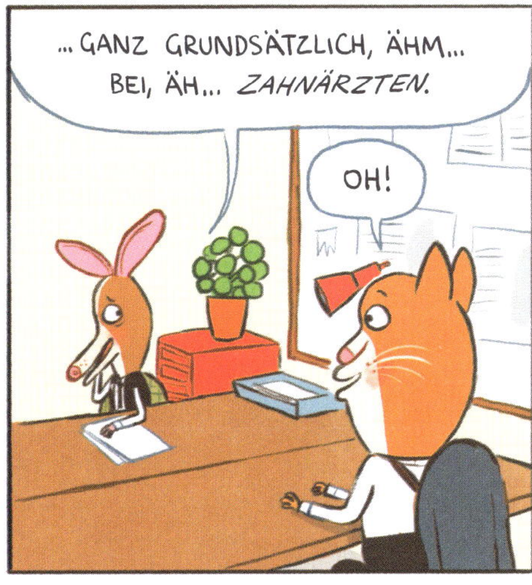
... GANZ GRUNDSÄTZLICH, ÄHM... BEI, ÄH... *ZAHNÄRZTEN*.
OH!

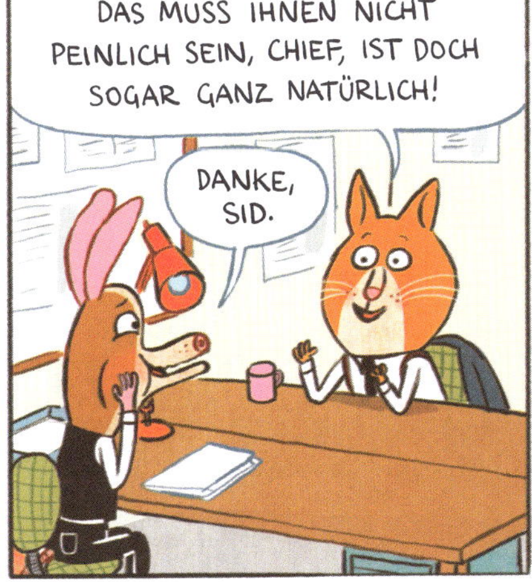
DAS MUSS IHNEN NICHT PEINLICH SEIN, CHIEF, IST DOCH SOGAR GANZ NATÜRLICH!
DANKE, SID.

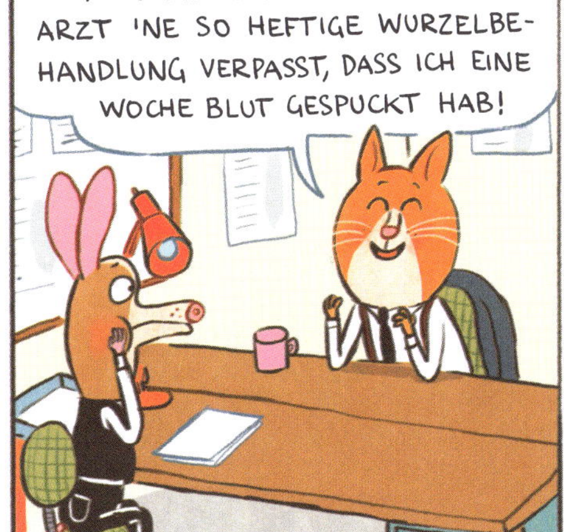
HA, EINMAL HAT MIR MEIN ZAHNARZT 'NE SO HEFTIGE WURZELBEHANDLUNG VERPASST, DASS ICH EINE WOCHE BLUT GESPUCKT HAB!

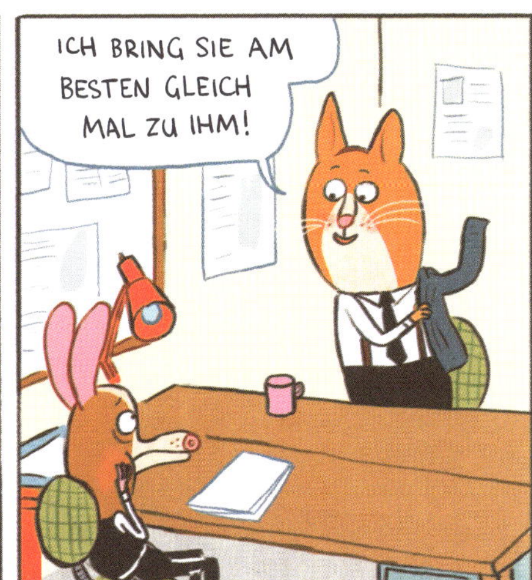
ICH BRING SIE AM BESTEN GLEICH MAL ZU IHM!

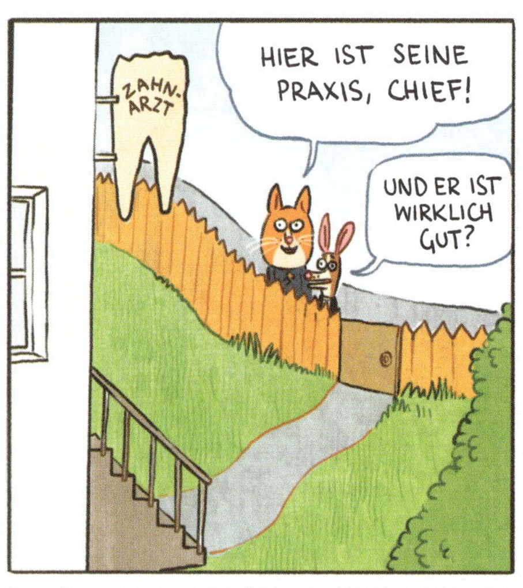
ZAHNARZT
HIER IST SEINE PRAXIS, CHIEF!
UND ER IST WIRKLICH GUT?

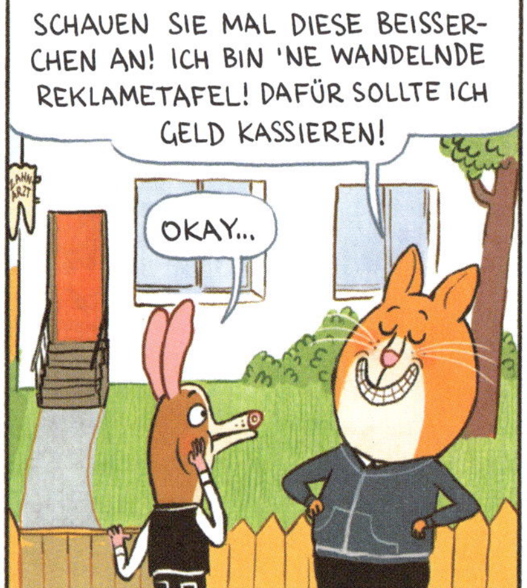
SCHAUEN SIE MAL DIESE BEISSERCHEN AN! ICH BIN 'NE WANDELNDE REKLAMETAFEL! DAFÜR SOLLTE ICH GELD KASSIEREN!
OKAY...

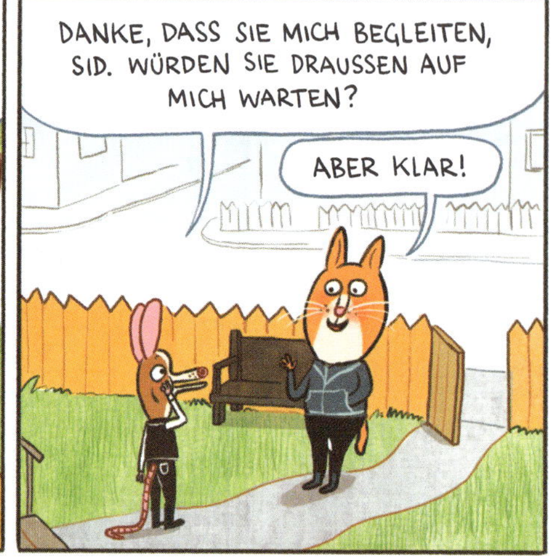
DANKE, DASS SIE MICH BEGLEITEN, SID. WÜRDEN SIE DRAUSSEN AUF MICH WARTEN?
ABER KLAR!

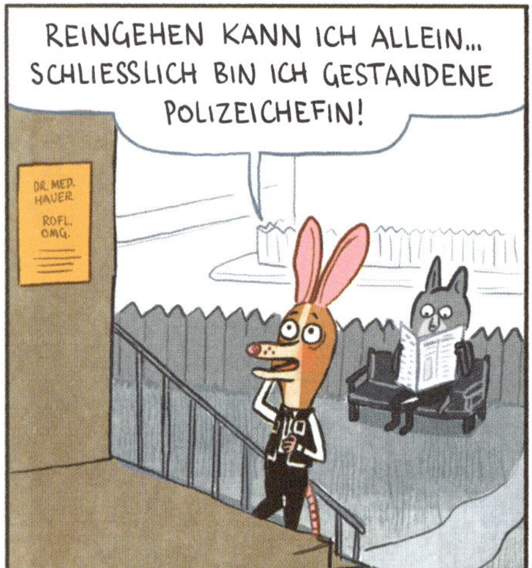
REINGEHEN KANN ICH ALLEIN... SCHLIESSLICH BIN ICH GESTANDENE POLIZEICHEFIN!
DR. MED. HAUER
ROFL. OMG.

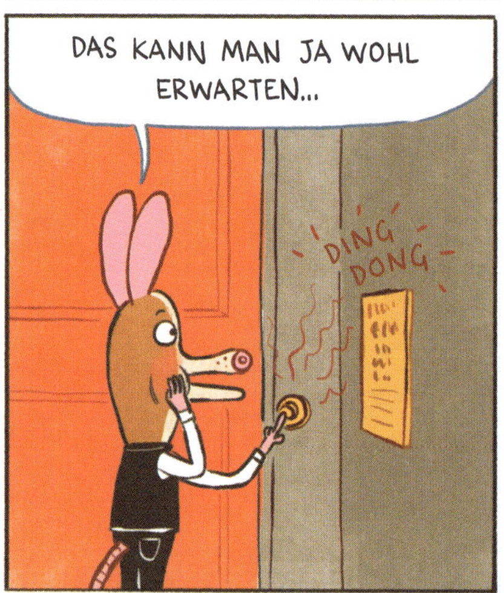
DAS KANN MAN JA WOHL ERWARTEN...
DING DONG

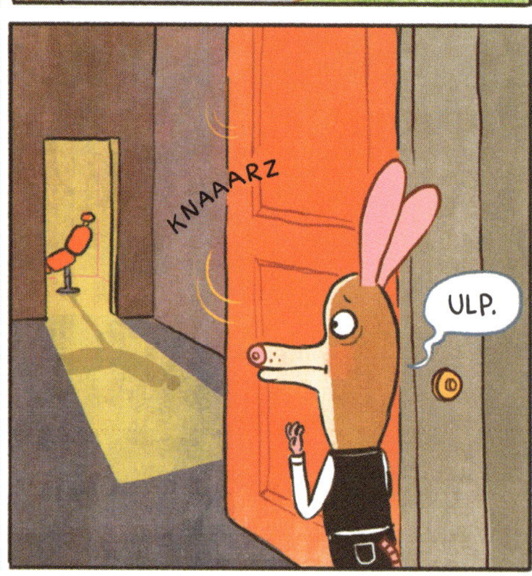
KNAAARZ
ULP.

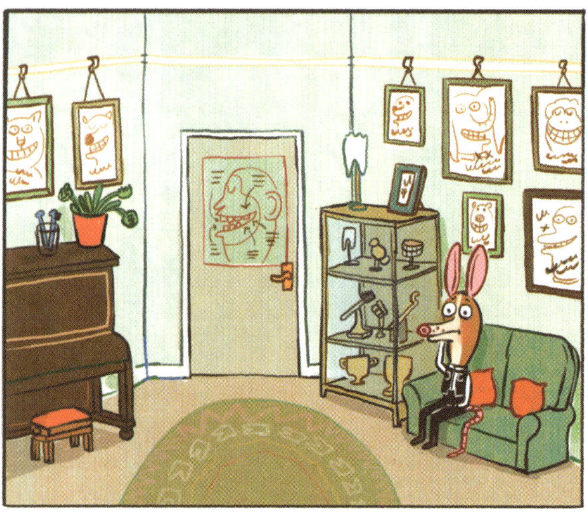

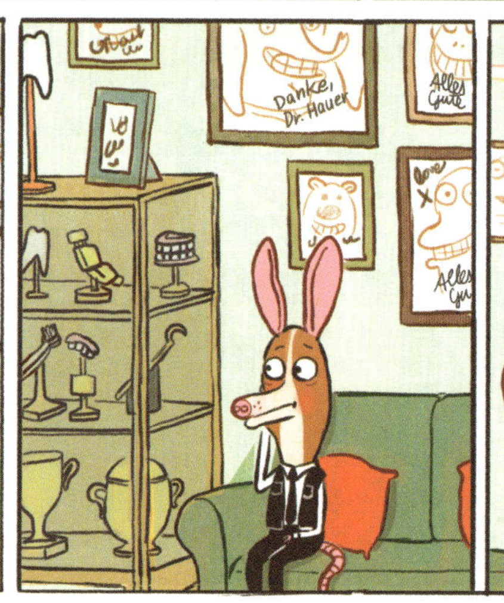
Danke, Dr. Hauer
Alles Gute

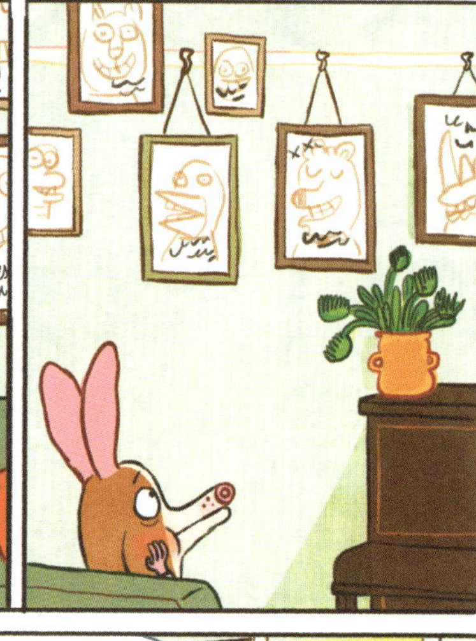

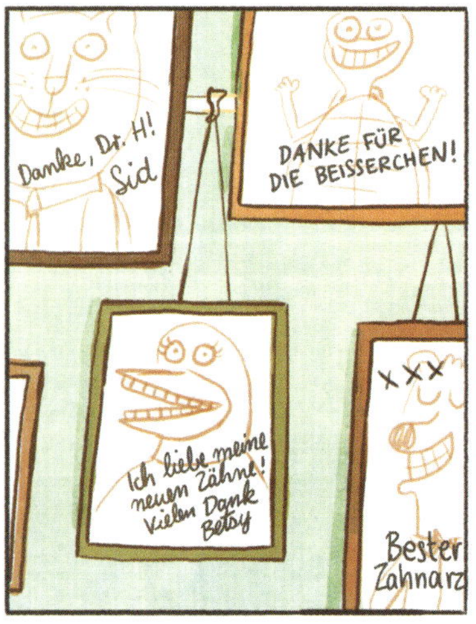
Danke, Dr. H! Sid
DANKE FÜR DIE BEISSERCHEN!
Ich liebe meine neuen Zähne! Vielen Dank Betsy
Bester Zahnarz

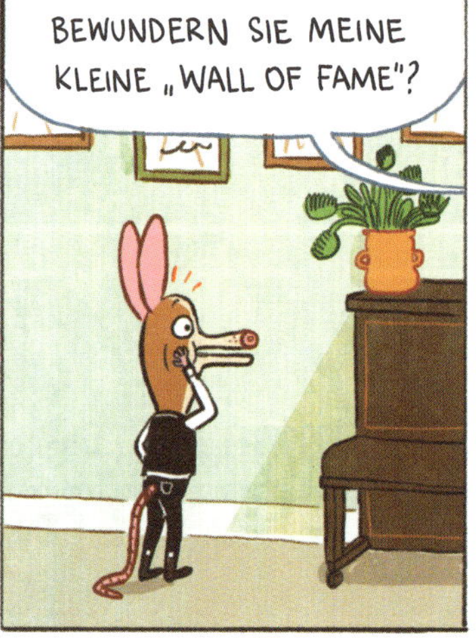
BEWUNDERN SIE MEINE KLEINE „WALL OF FAME"?

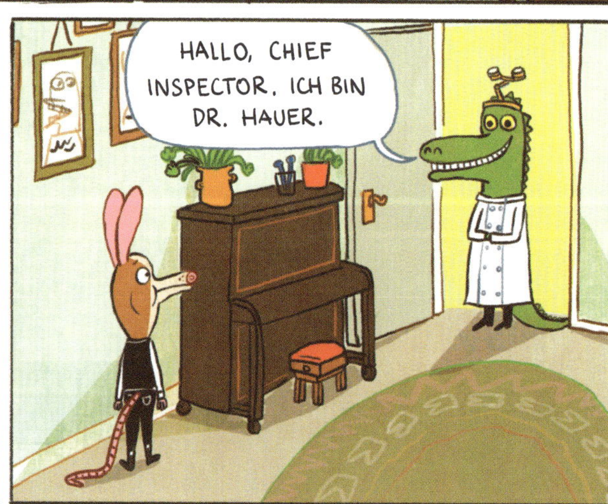
HALLO, CHIEF INSPECTOR. ICH BIN DR. HAUER.

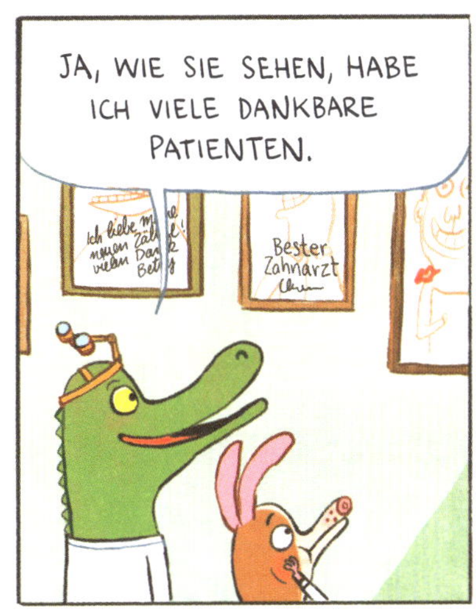
JA, WIE SIE SEHEN, HABE ICH VIELE DANKBARE PATIENTEN.
Bester Zahnarzt

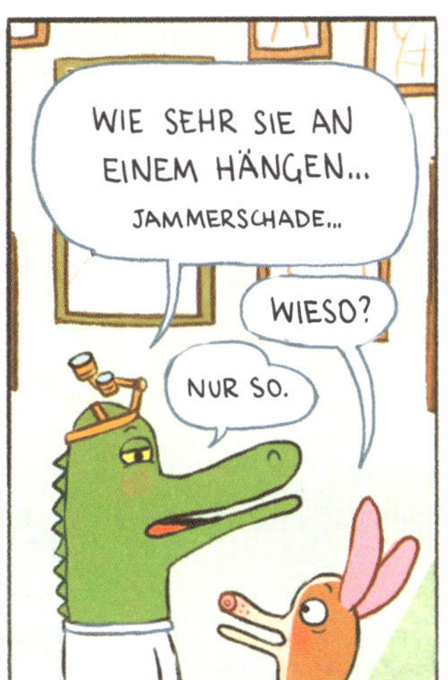
WIE SEHR SIE AN EINEM HÄNGEN... JAMMERSCHADE...
WIESO?
NUR SO.

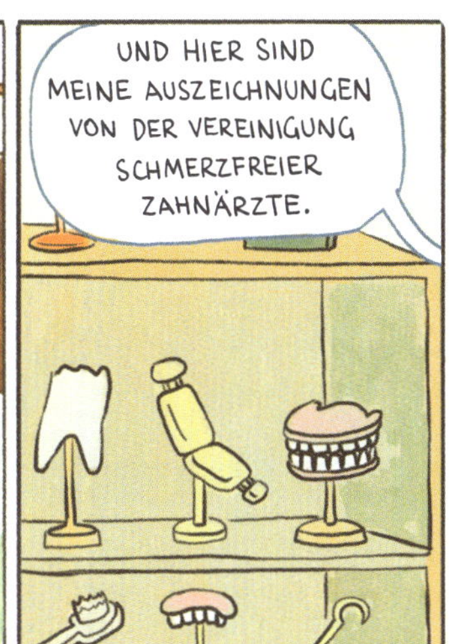
UND HIER SIND MEINE AUSZEICHNUNGEN VON DER VEREINIGUNG SCHMERZFREIER ZAHNÄRZTE.

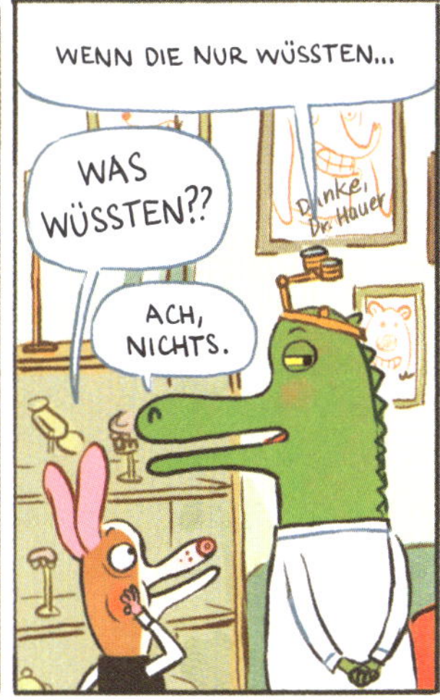
WENN DIE NUR WÜSSTEN...
WAS WÜSSTEN??
ACH, NICHTS.

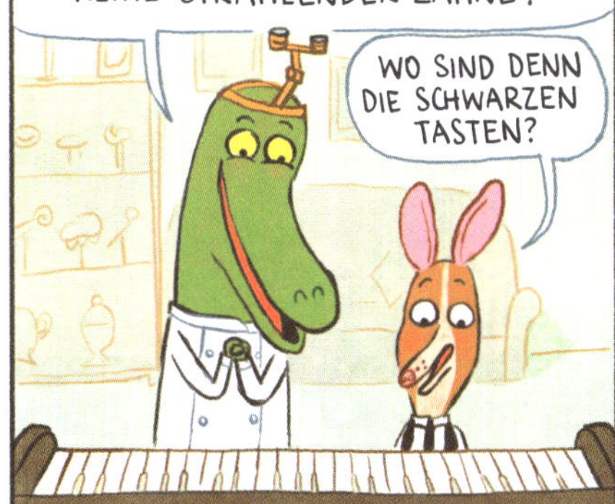
MEINE ANDERE LEIDENSCHAFT: IN DIE TASTEN HAUEN! SEHEN SIE NICHT AUS WIE EINE REIHE STRAHLENDER ZÄHNE?
WO SIND DENN DIE SCHWARZEN TASTEN?

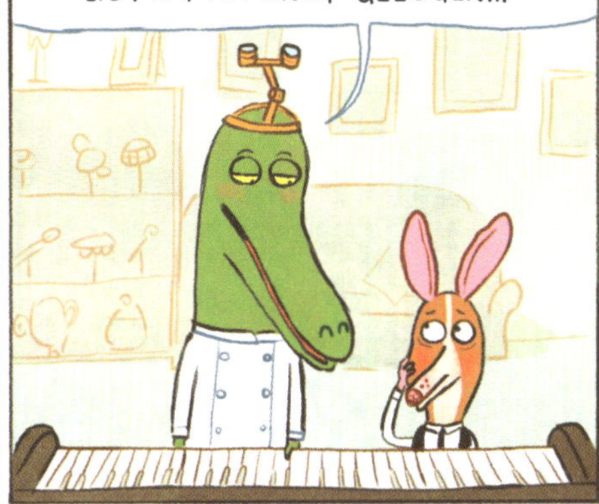
ACH, DIESE HÄSSLICHEN SCHWARZEN ZÄHNCHEN HAB ICH SELBSTVERSTÄNDLICH EIGENHÄNDIG GEZOGEN...

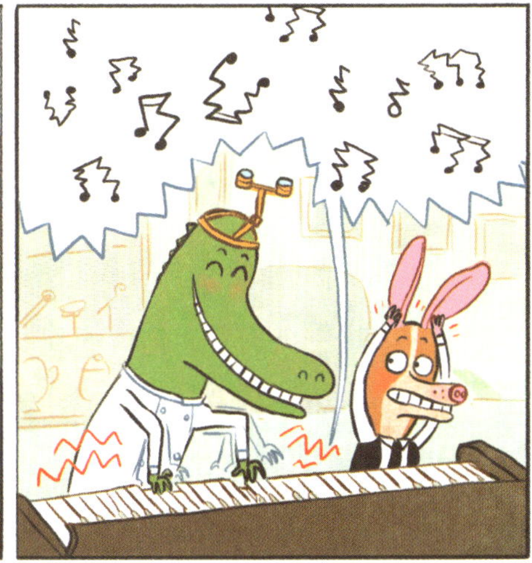

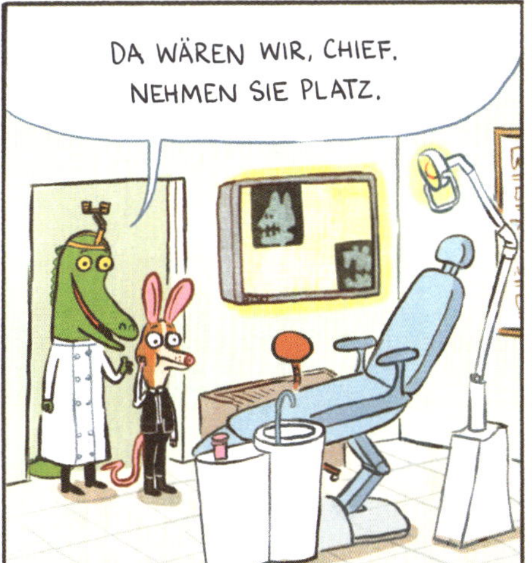
DA WÄREN WIR, CHIEF. NEHMEN SIE PLATZ.

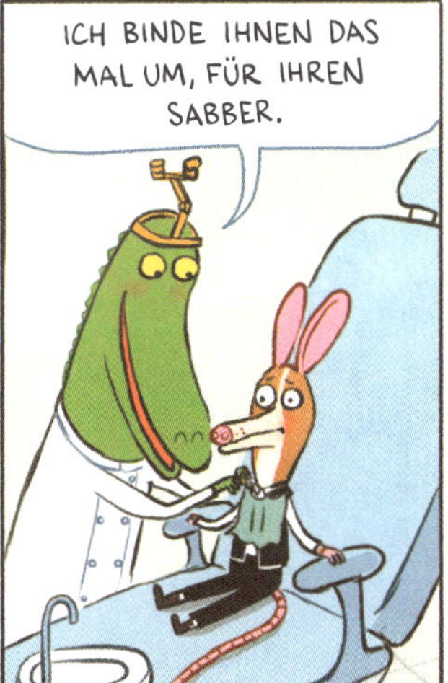
ICH BINDE IHNEN DAS MAL UM, FÜR IHREN SABBER.

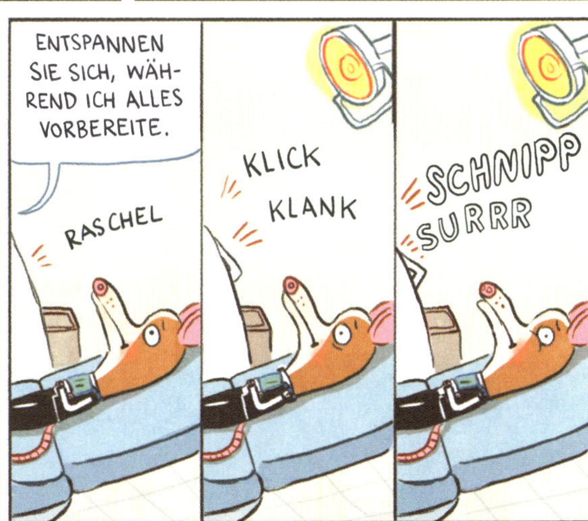
ENTSPANNEN SIE SICH, WÄHREND ICH ALLES VORBEREITE.
RASCHEL
KLICK
KLANK
SCHNIPP
SURRR

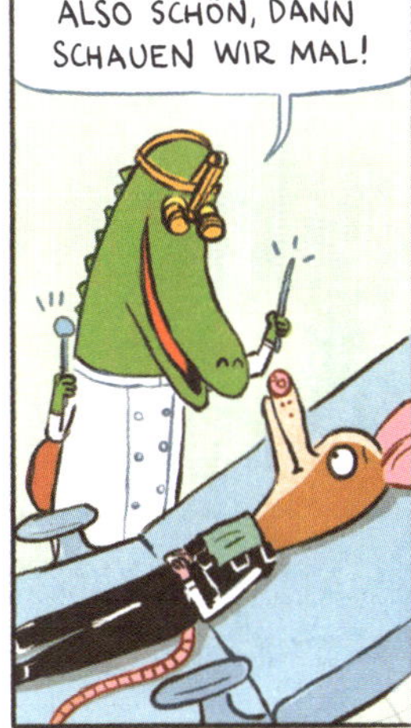
ALSO SCHÖN, DANN SCHAUEN WIR MAL!

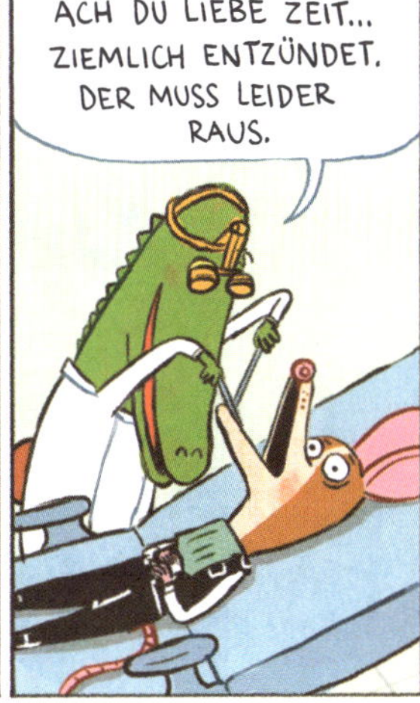
ACH DU LIEBE ZEIT... ZIEMLICH ENTZÜNDET. DER MUSS LEIDER RAUS.

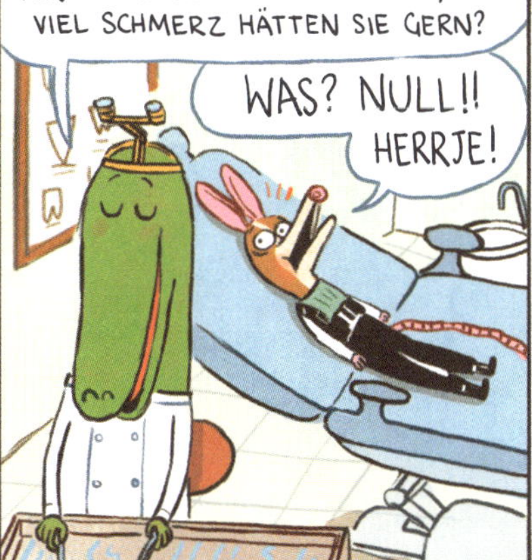
ALSO, CHIEF... AUF EINER SKALA VON NULL BIS HÖLLENQUALEN, WIE VIEL SCHMERZ HÄTTEN SIE GERN?
WAS? NULL!! HERRJE!

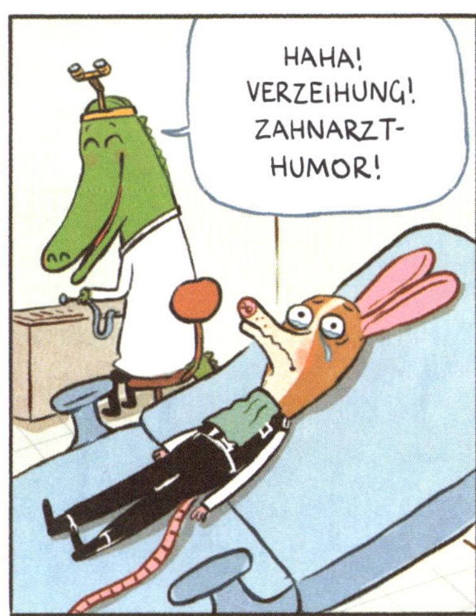
HAHA! VERZEIHUNG! ZAHNARZT-HUMOR!

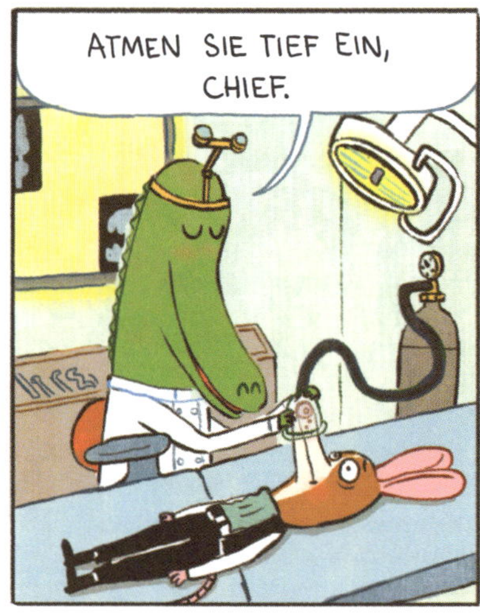
ATMEN SIE TIEF EIN, CHIEF.
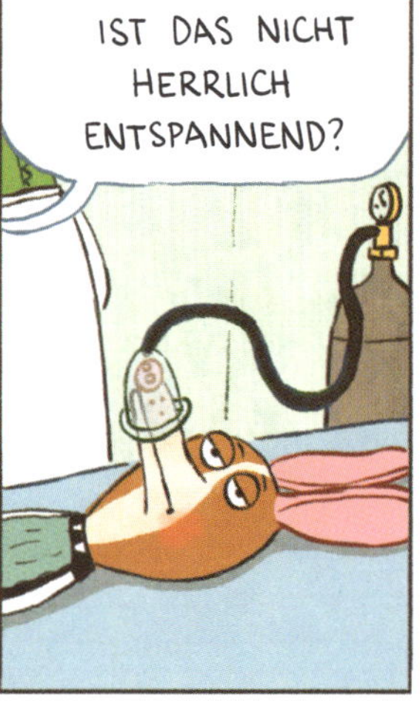
IST DAS NICHT HERRLICH ENTSPANNEND?
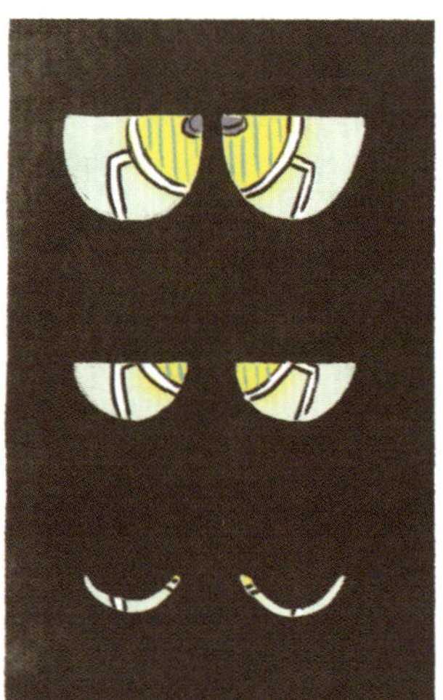

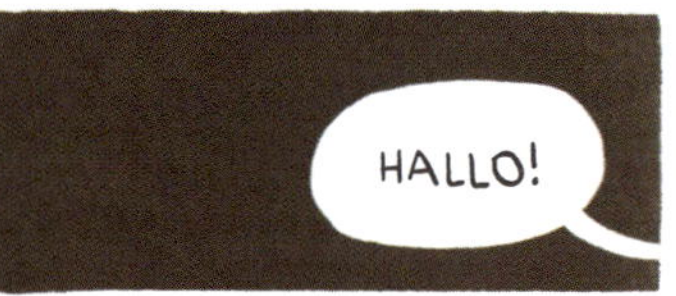
HALLO!
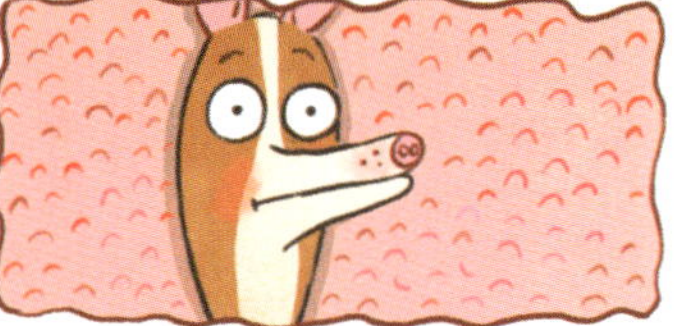
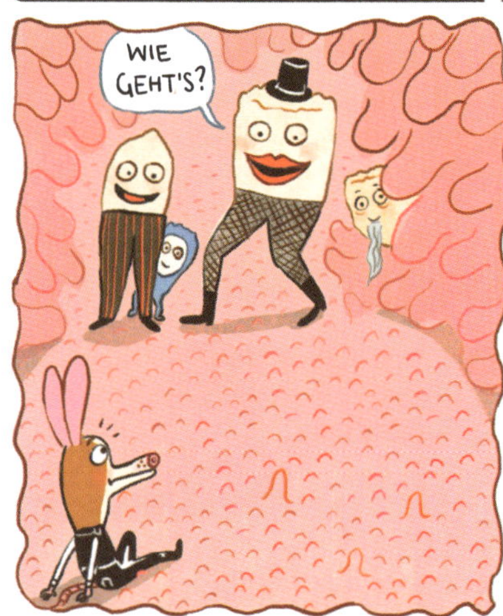
WIE GEHT'S?
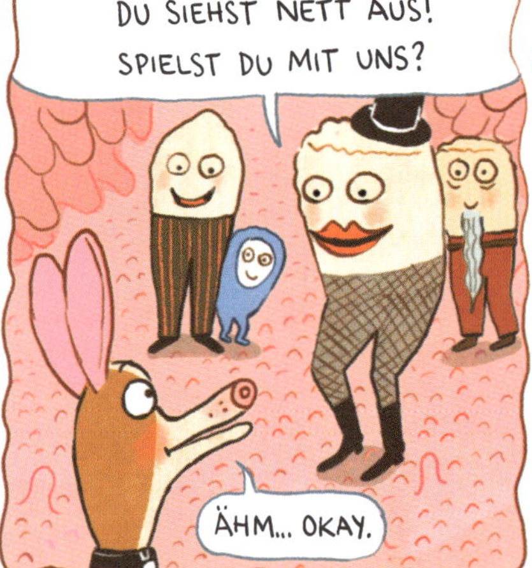
DU SIEHST NETT AUS! SPIELST DU MIT UNS?
ÄHM... OKAY.
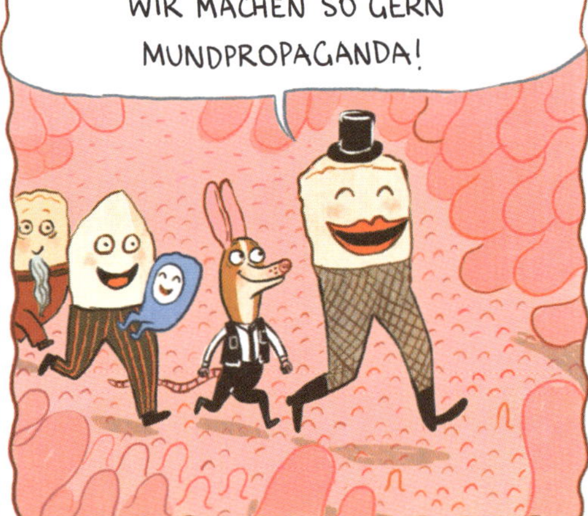
WIR MACHEN SO GERN MUNDPROPAGANDA!
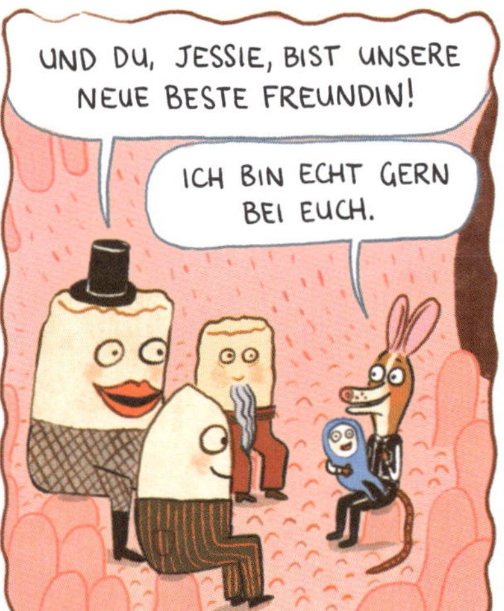
UND DU, JESSIE, BIST UNSERE NEUE BESTE FREUNDIN!
ICH BIN ECHT GERN BEI EUCH.
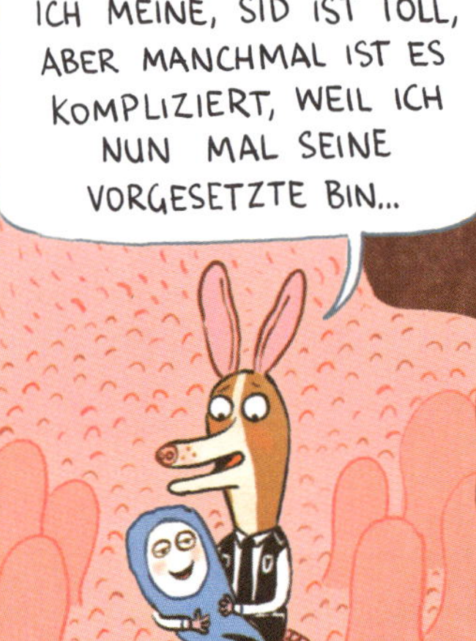
ICH MEINE, SID IST TOLL, ABER MANCHMAL IST ES KOMPLIZIERT, WEIL ICH NUN MAL SEINE VORGESETZTE BIN...
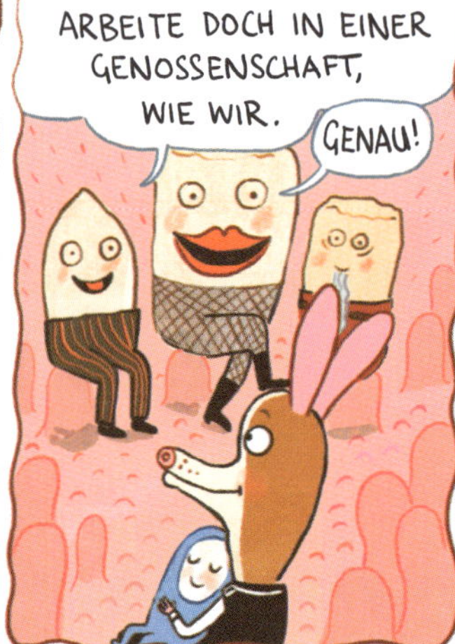
ARBEITE DOCH IN EINER GENOSSENSCHAFT, WIE WIR.
GENAU!
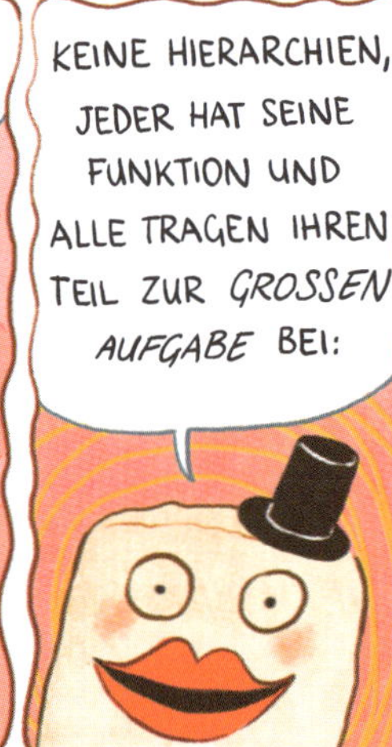
KEINE HIERARCHIEN, JEDER HAT SEINE FUNKTION UND ALLE TRAGEN IHREN TEIL ZUR GROSSEN AUFGABE BEI:
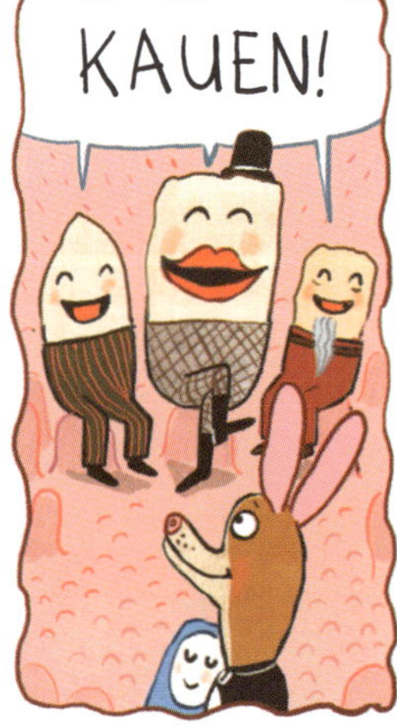
KAUEN!
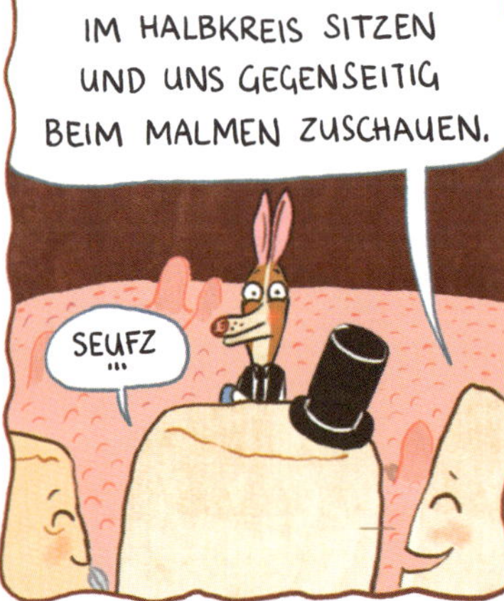
WIR KÖNNEN STUNDEN IM HALBKREIS SITZEN UND UNS GEGENSEITIG BEIM MALMEN ZUSCHAUEN.
SEUFZ...
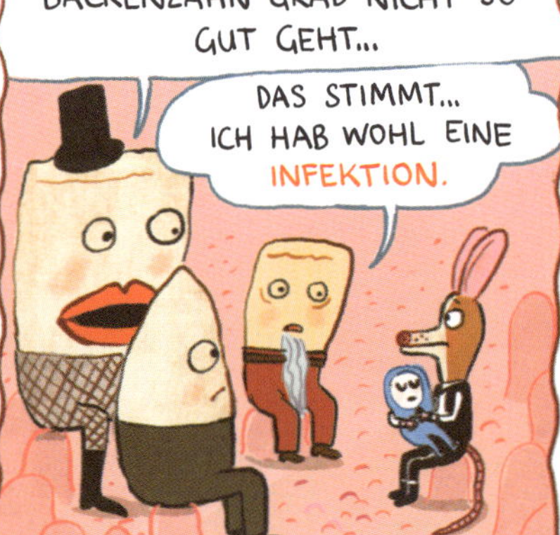
OBWOHL ES DEM ARMEN PAPA BACKENZAHN GRAD NICHT SO GUT GEHT...
DAS STIMMT... ICH HAB WOHL EINE INFEKTION.
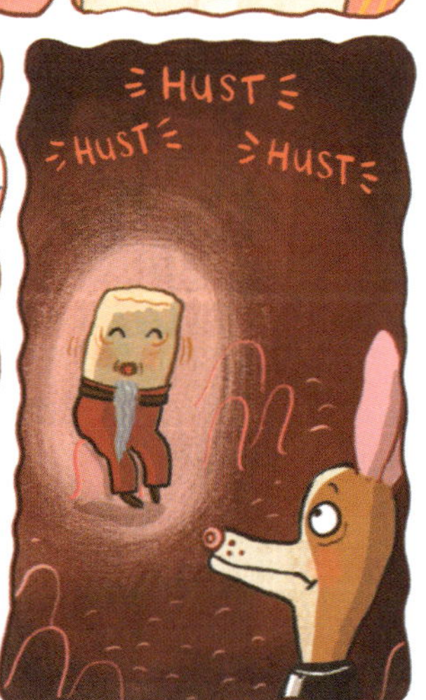
HUST
HUST
HUST

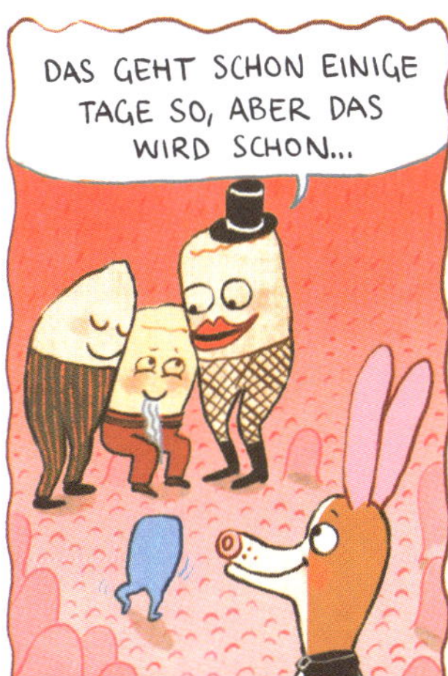
DAS GEHT SCHON EINIGE TAGE SO, ABER DAS WIRD SCHON...

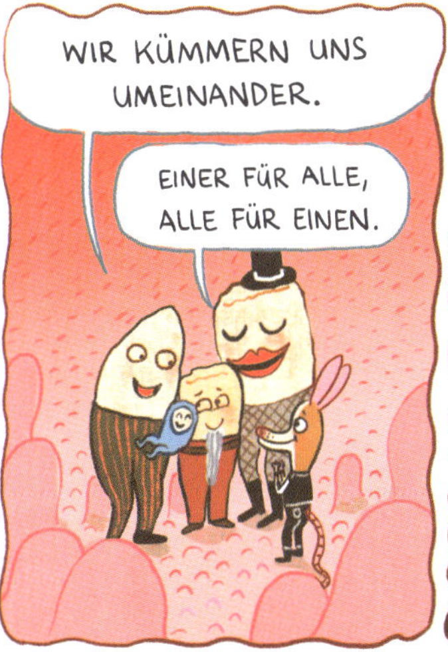
WIR KÜMMERN UNS UMEINANDER.
EINER FÜR ALLE, ALLE FÜR EINEN.

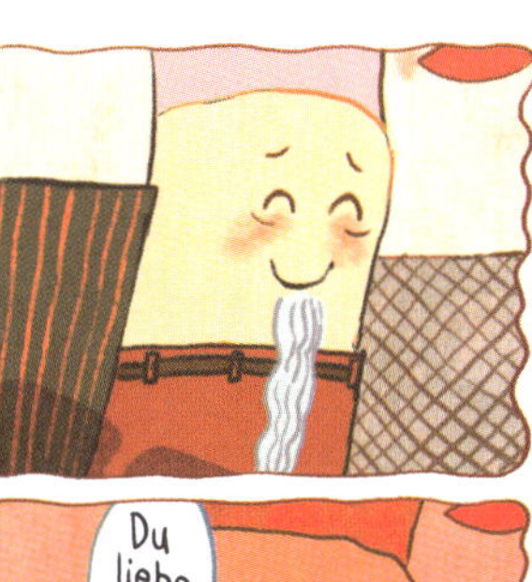

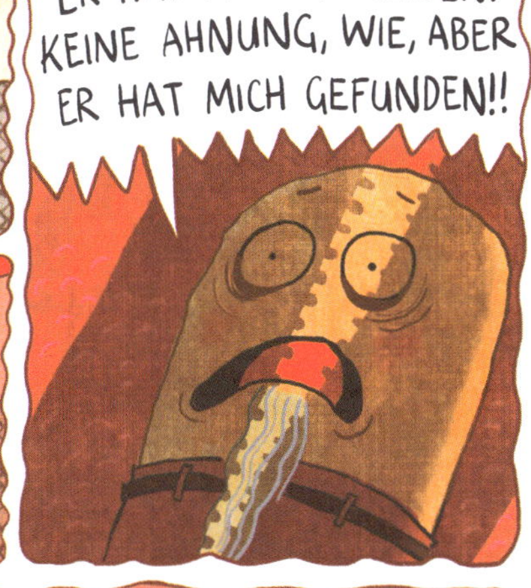
Du liebe Zeit.
ER HAT MICH GEFUNDEN! KEINE AHNUNG, WIE, ABER ER HAT MICH GEFUNDEN!!

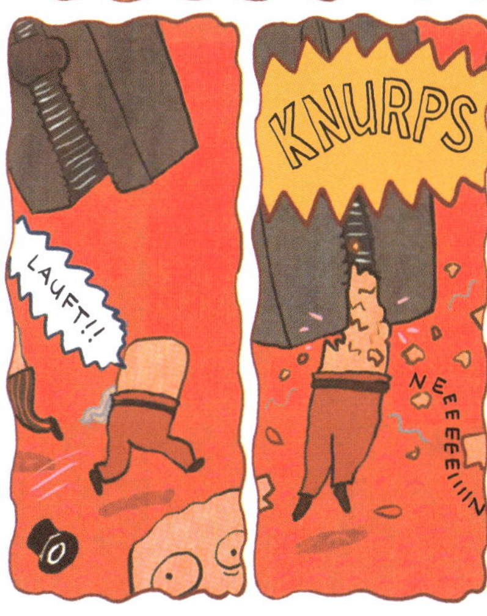
LAUFT!!

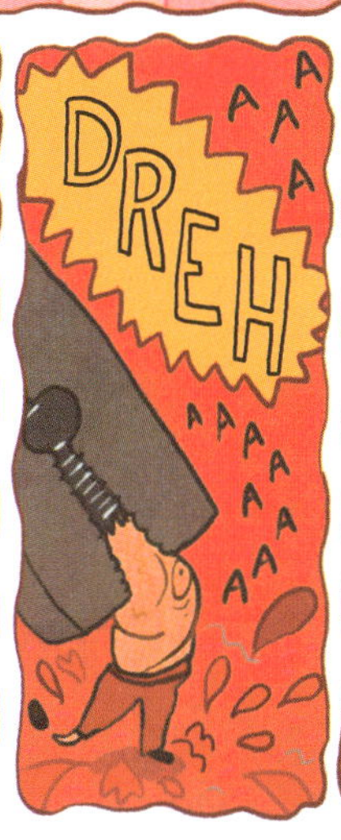
KNURPS
NEEEEEE!!!!!N

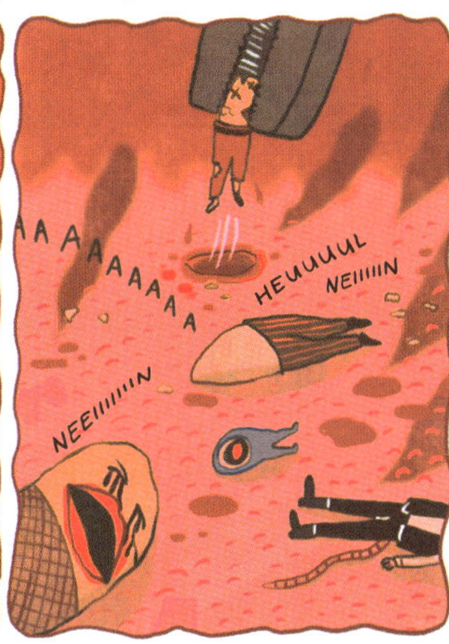
DREH
AAAAAAAAAA
AAAAAAAA
HEUUUUL
NEI!!!!!N
NEE!!!!!!N

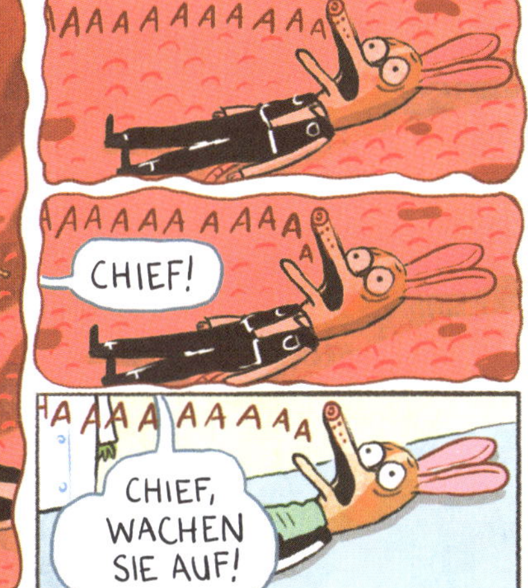
AAAAAAAAAA
AAAAA AAAA
CHIEF!
AAAA AAAAA
CHIEF, WACHEN SIE AUF!

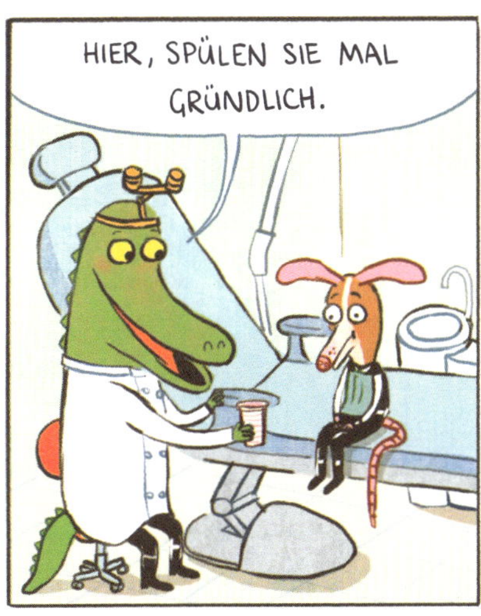
HIER, SPÜLEN SIE MAL GRÜNDLICH.

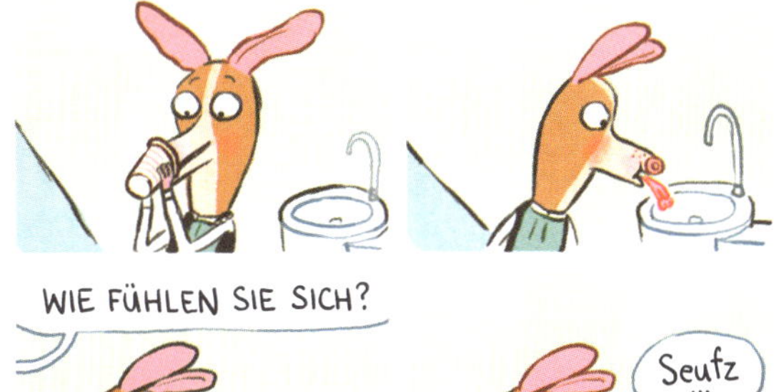

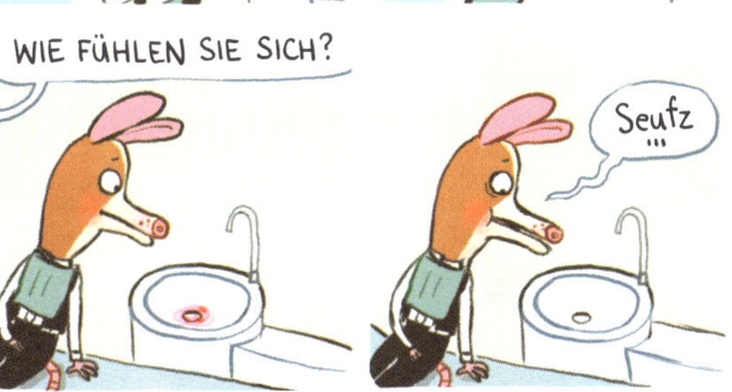
WIE FÜHLEN SIE SICH?
Seufz!!!

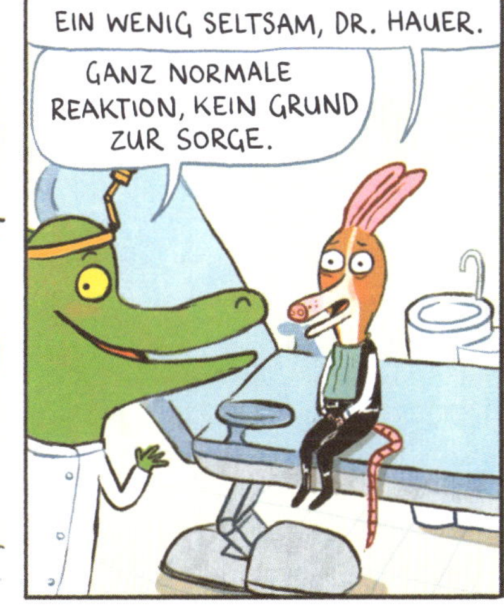
EIN WENIG SELTSAM, DR. HAUER.
GANZ NORMALE REAKTION, KEIN GRUND ZUR SORGE.

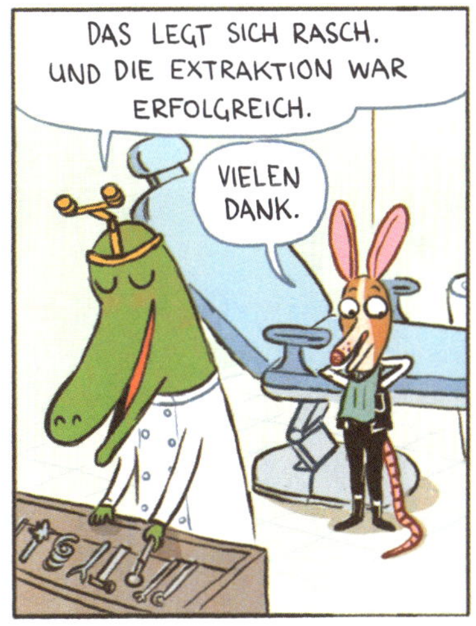
DAS LEGT SICH RASCH. UND DIE EXTRAKTION WAR ERFOLGREICH.
VIELEN DANK.

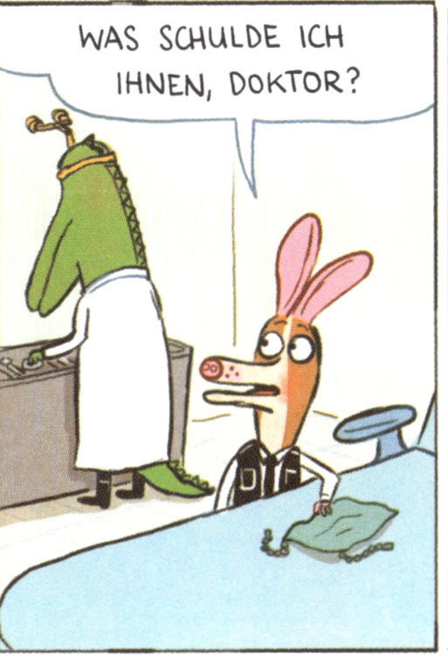
WAS SCHULDE ICH IHNEN, DOKTOR?

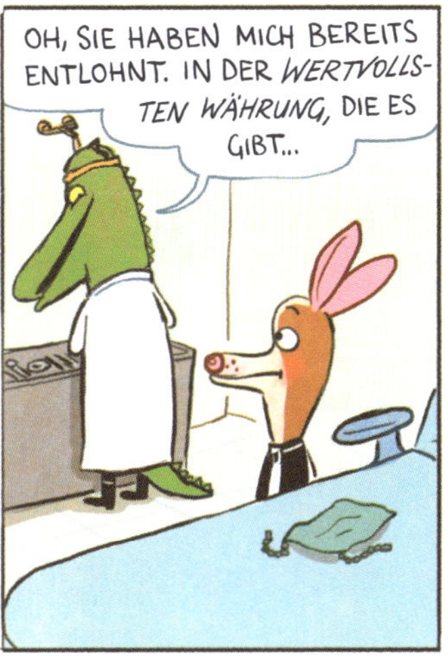
OH, SIE HABEN MICH BEREITS ENTLOHNT. IN DER WERTVOLLSTEN WÄHRUNG, DIE ES GIBT...

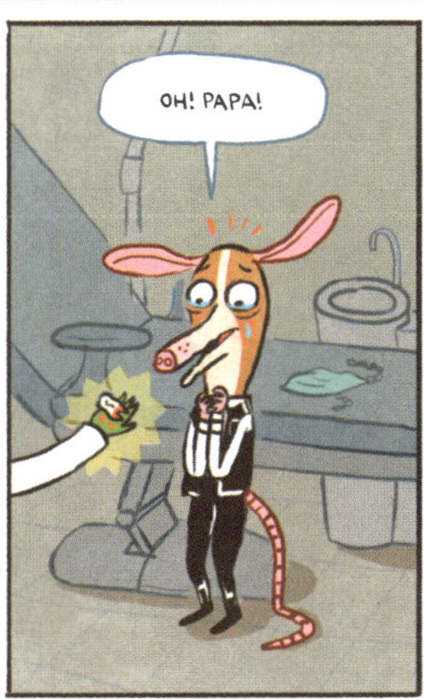
OH! PAPA!

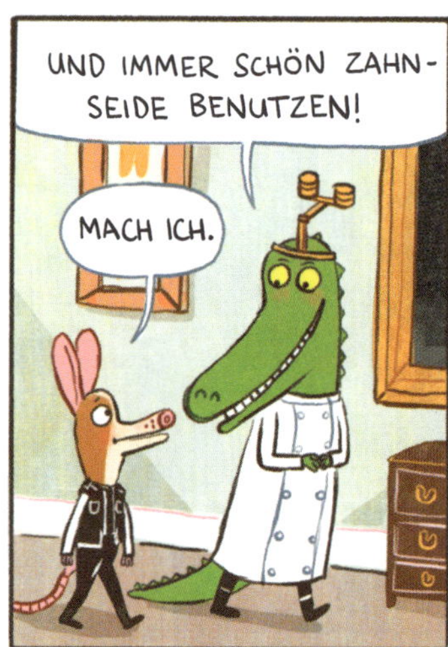
UND IMMER SCHÖN ZAHN-SEIDE BENUTZEN!
MACH ICH.

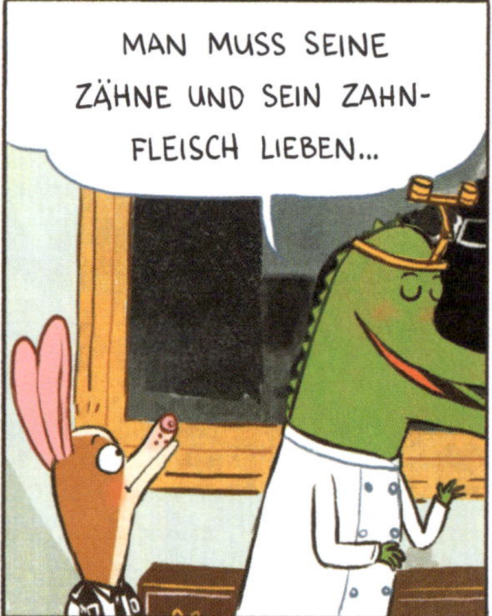
MAN MUSS SEINE ZÄHNE UND SEIN ZAHN-FLEISCH LIEBEN...

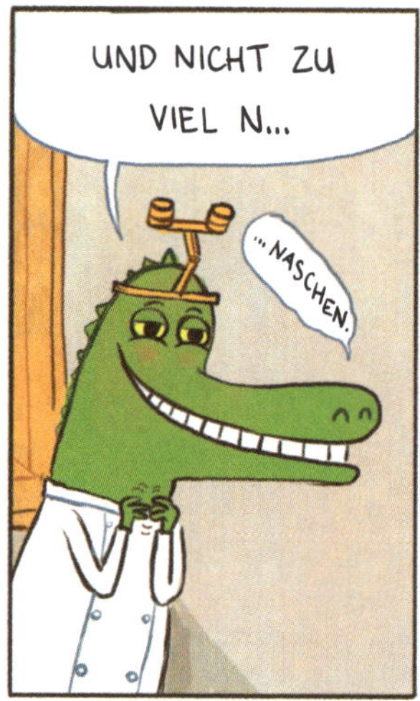
UND NICHT ZU VIEL N...
...NASCHEN.

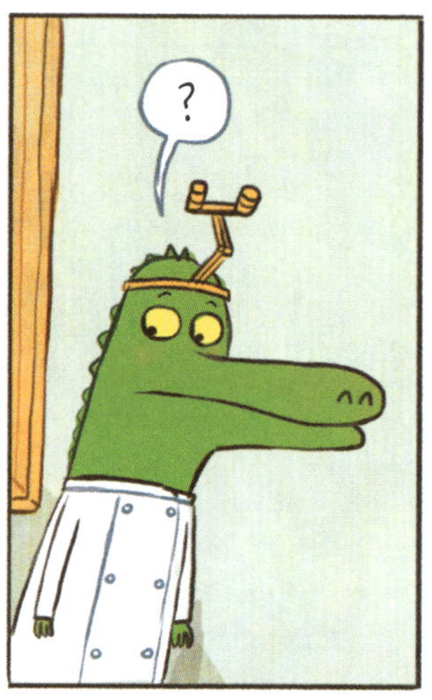
?

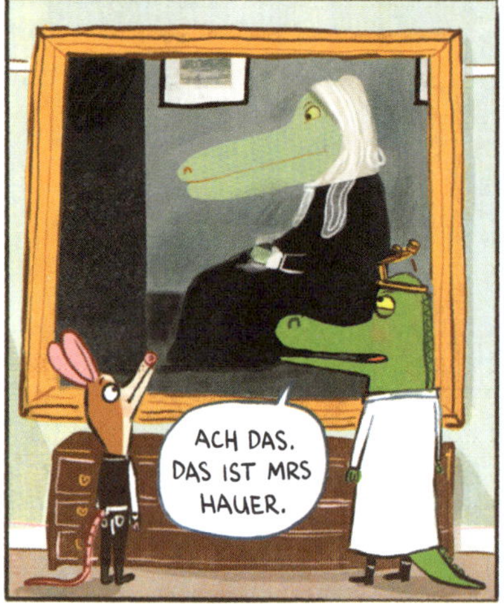
ACH DAS. DAS IST MRS HAUER.

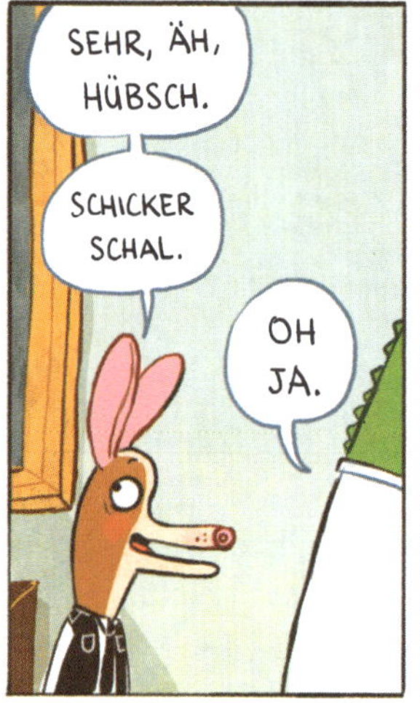
SEHR, ÄH, HÜBSCH.
SCHICKER SCHAL.
OH JA.

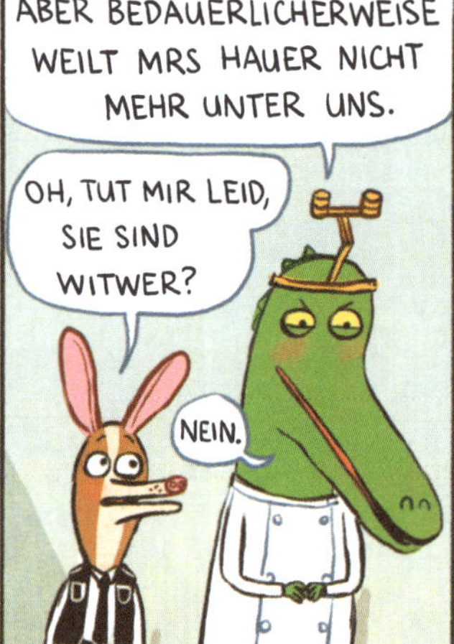
ABER BEDAUERLICHERWEISE WEILT MRS HAUER NICHT MEHR UNTER UNS.
OH, TUT MIR LEID, SIE SIND WITWER?
NEIN.

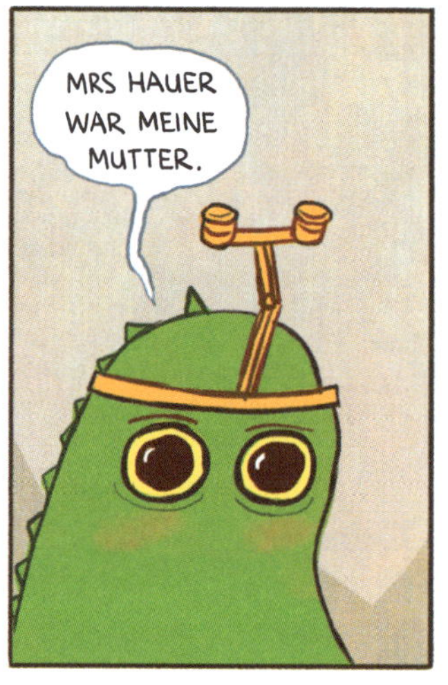
MRS HAUER WAR MEINE MUTTER.

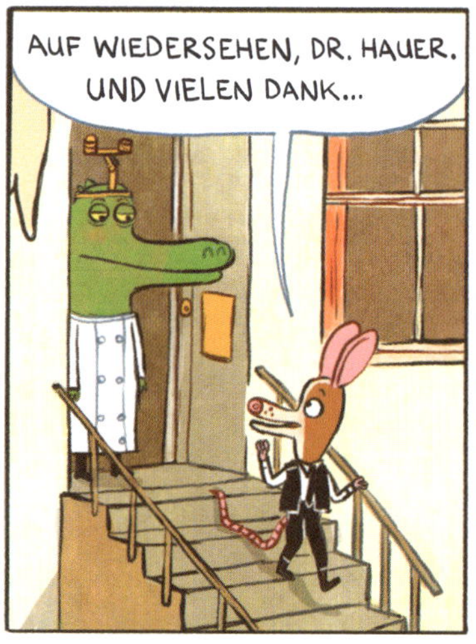
AUF WIEDERSEHEN, DR. HAUER. UND VIELEN DANK...

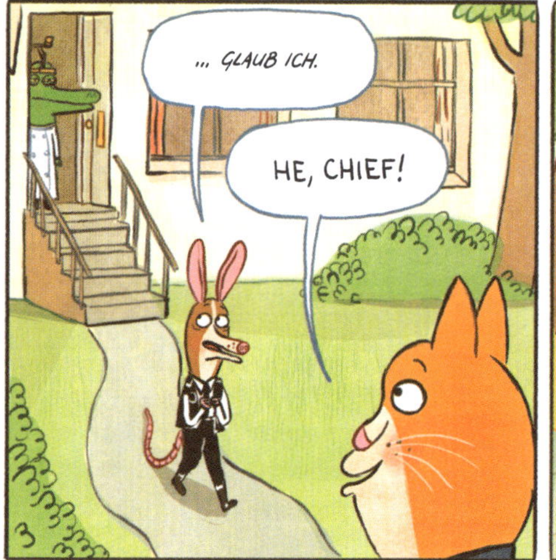
... GLAUB ICH.
HE, CHIEF!

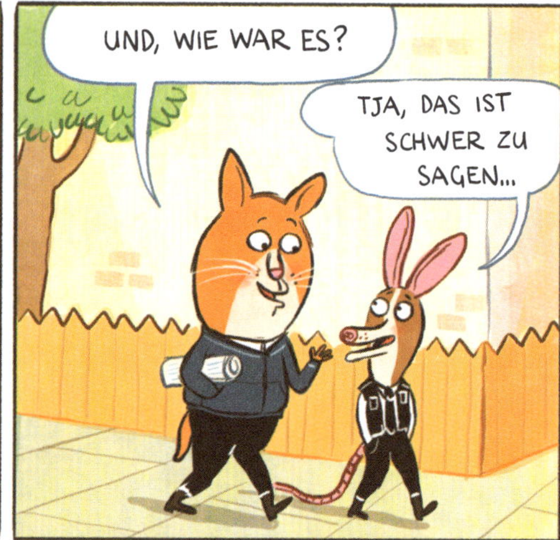
UND, WIE WAR ES?
TJA, DAS IST SCHWER ZU SAGEN...

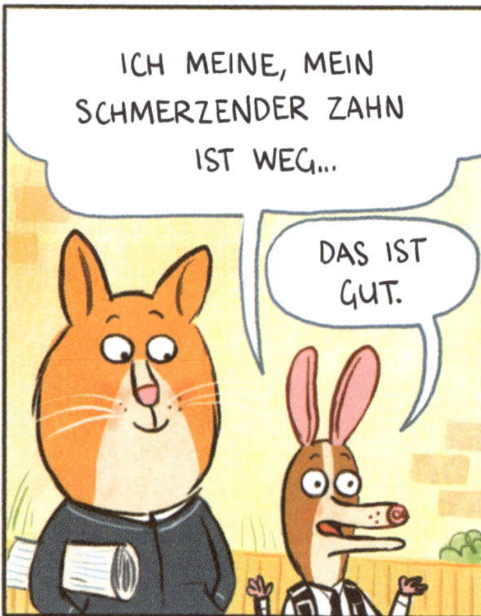
ICH MEINE, MEIN SCHMERZENDER ZAHN IST WEG...
DAS IST GUT.

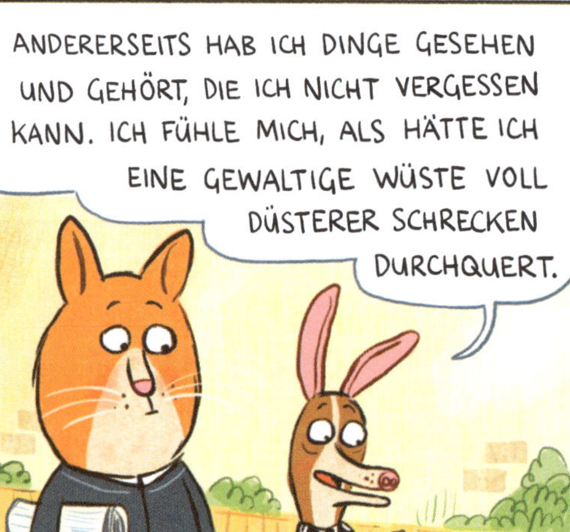
ANDERERSEITS HAB ICH DINGE GESEHEN UND GEHÖRT, DIE ICH NICHT VERGESSEN KANN. ICH FÜHLE MICH, ALS HÄTTE ICH EINE GEWALTIGE WÜSTE VOLL DÜSTERER SCHRECKEN DURCHQUERT.

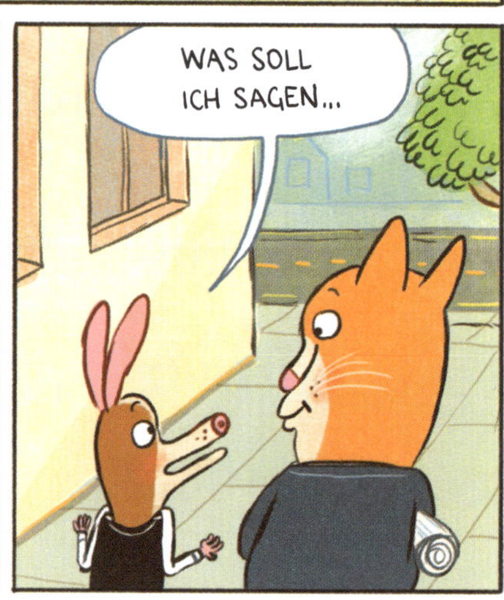
WAS SOLL ICH SAGEN...

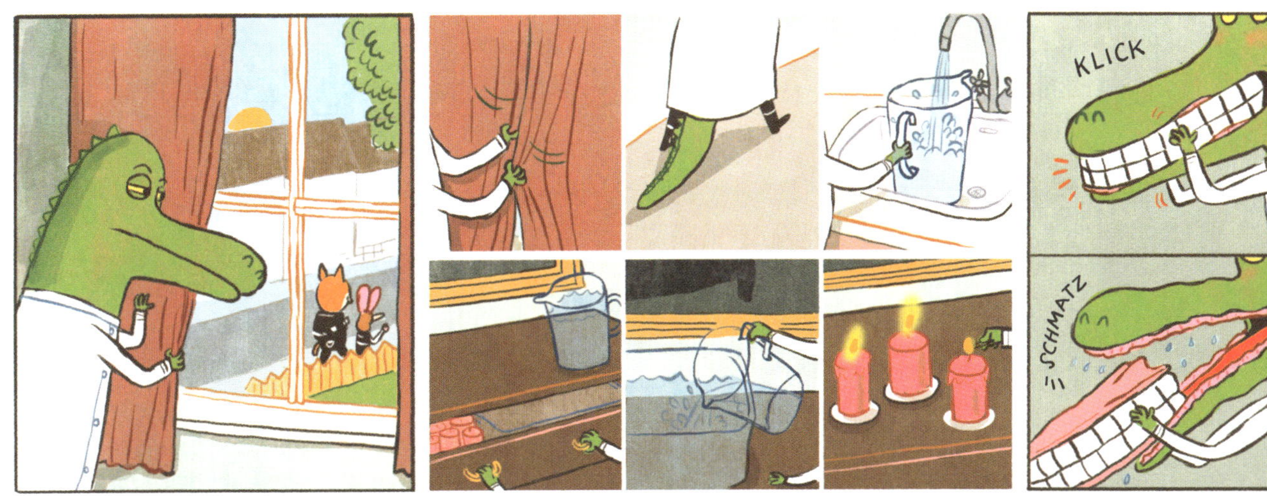
KLICK
SCHMATZ

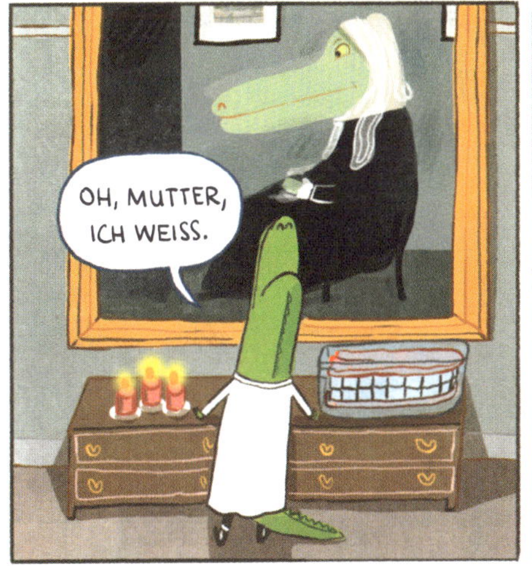
OH, MUTTER, ICH WEISS.

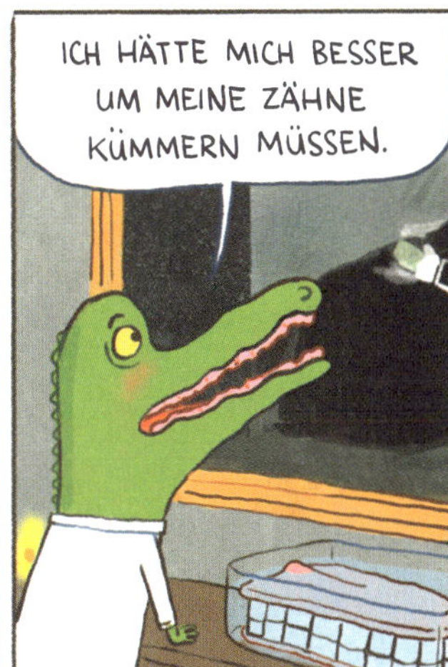
ICH HÄTTE MICH BESSER UM MEINE ZÄHNE KÜMMERN MÜSSEN.

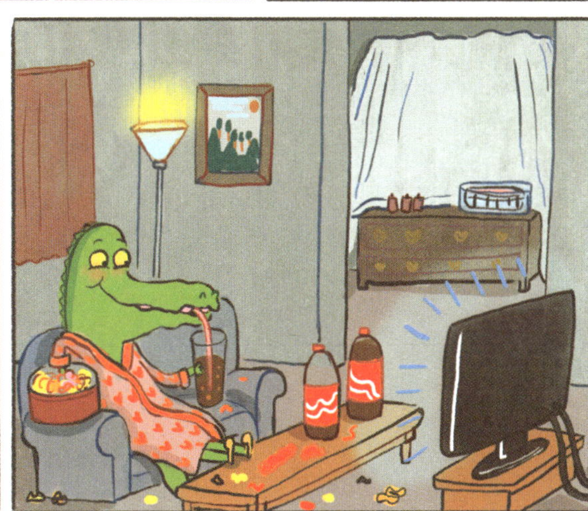

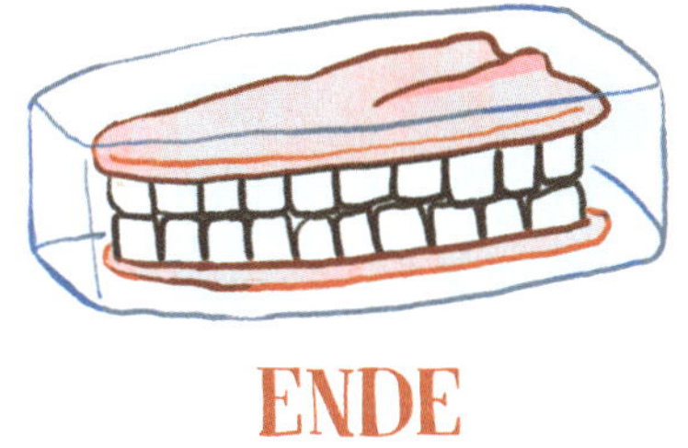

ENDE

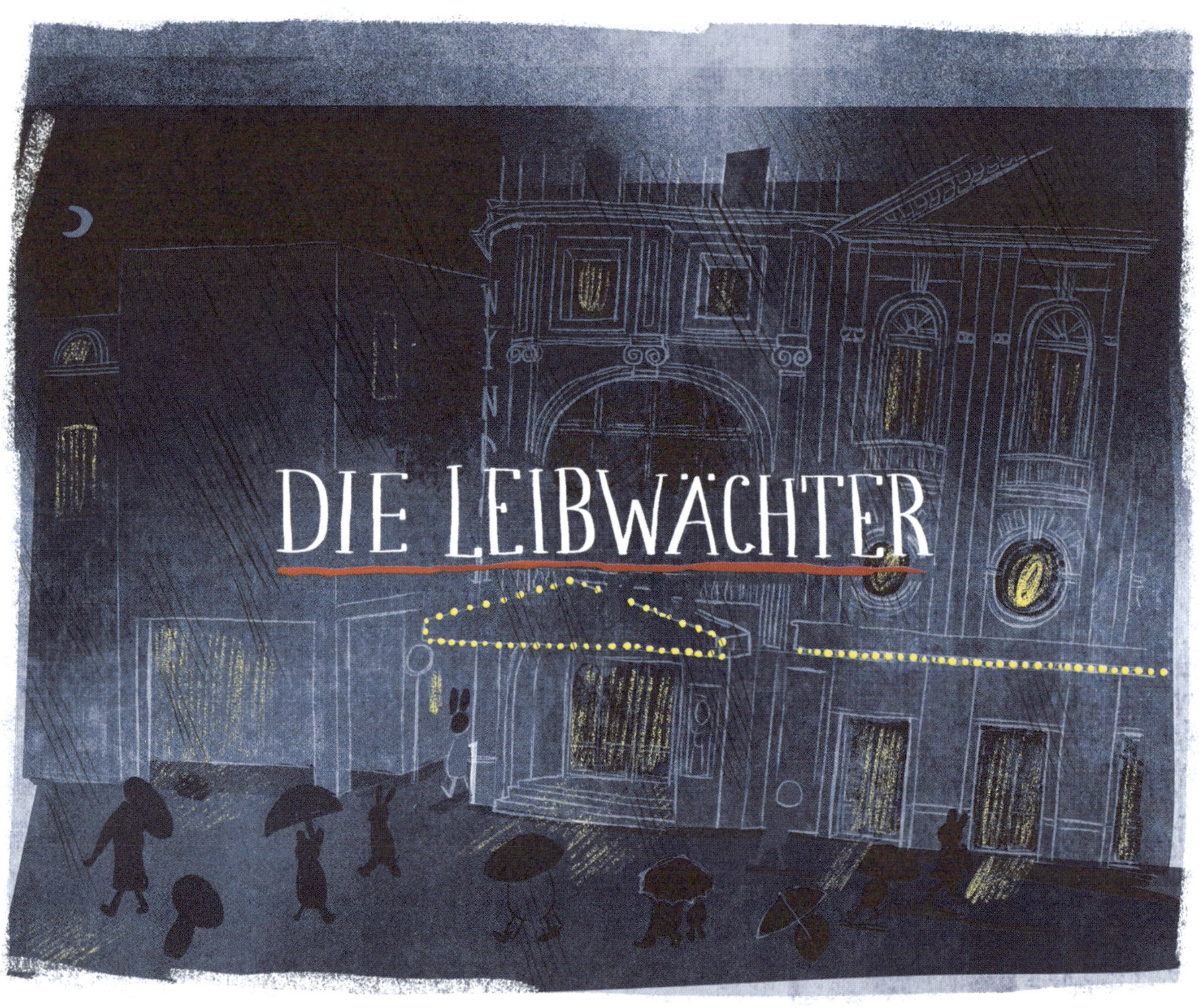
DIE LEIBWÄCHTER

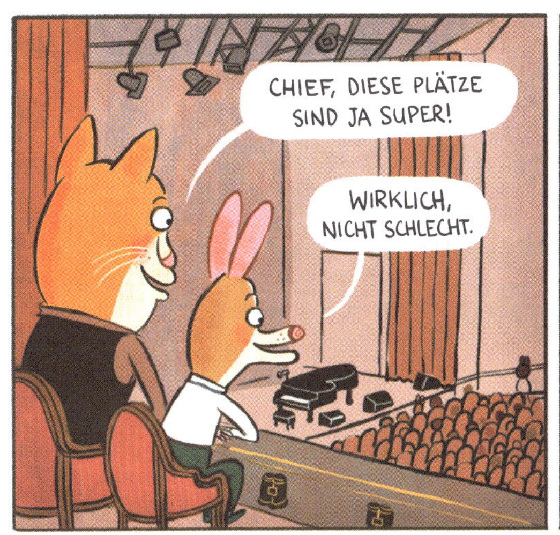
CHIEF, DIESE PLÄTZE SIND JA SUPER!
WIRKLICH, NICHT SCHLECHT.

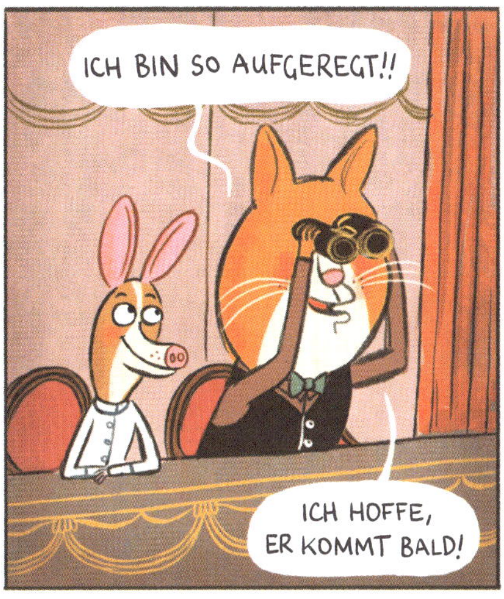
ICH BIN SO AUFGEREGT!!
ICH HOFFE, ER KOMMT BALD!

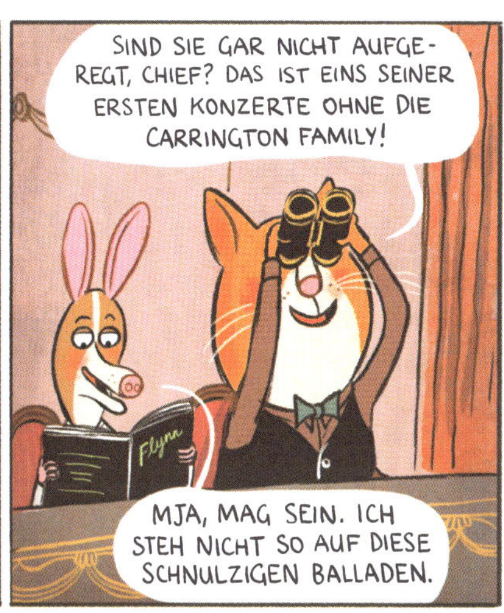
SIND SIE GAR NICHT AUFGE-REGT, CHIEF? DAS IST EINS SEINER ERSTEN KONZERTE OHNE DIE CARRINGTON FAMILY!
MJA, MAG SEIN. ICH STEH NICHT SO AUF DIESE SCHNULZIGEN BALLADEN.

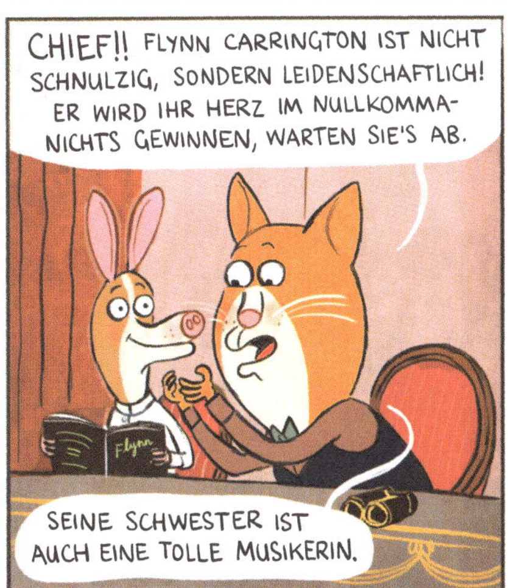
CHIEF!! FLYNN CARRINGTON IST NICHT SCHNULZIG, SONDERN LEIDENSCHAFTLICH! ER WIRD IHR HERZ IM NULLKOMMA-NICHTS GEWINNEN, WARTEN SIE'S AB.
SEINE SCHWESTER IST AUCH EINE TOLLE MUSIKERIN.

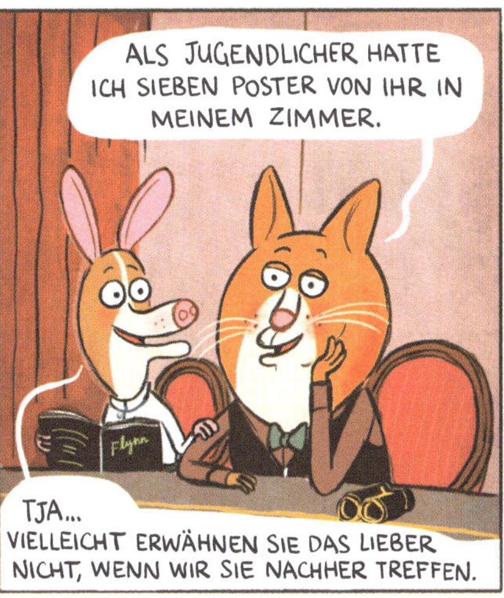
ALS JUGENDLICHER HATTE ICH SIEBEN POSTER VON IHR IN MEINEM ZIMMER.
TJA...
VIELLEICHT ERWÄHNEN SIE DAS LIEBER NICHT, WENN WIR SIE NACHHER TREFFEN.

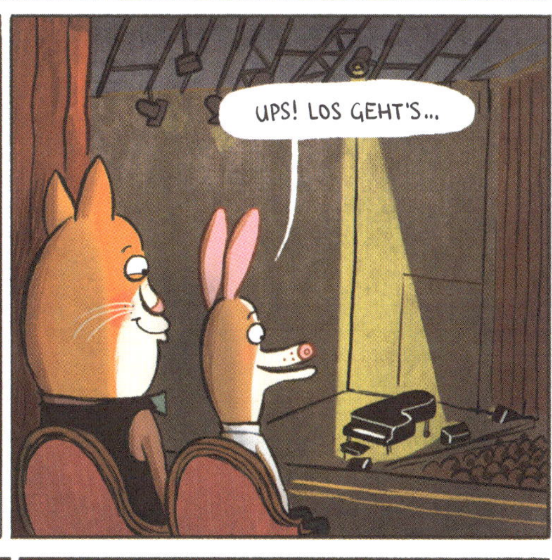
UPS! LOS GEHT'S...

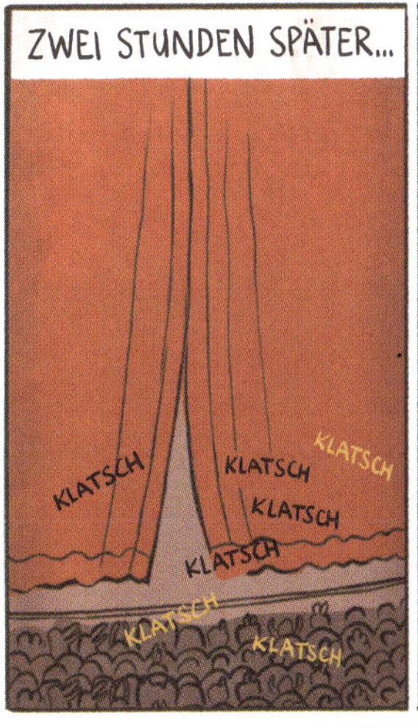
ZWEI STUNDEN SPÄTER...
KLATSCH
KLATSCH
KLATSCH
KLATSCH
KLATSCH
KLATSCH
KLATSCH

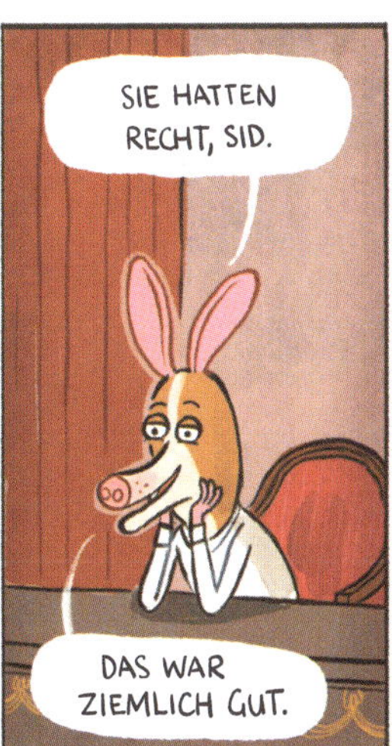
SIE HATTEN RECHT, SID.
DAS WAR ZIEMLICH GUT.

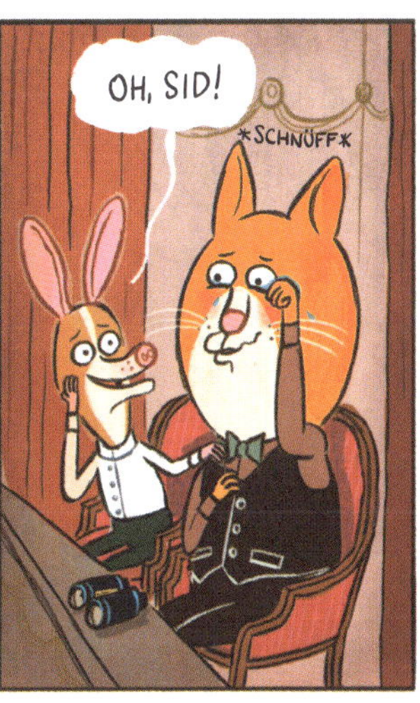
OH, SID!
SCHNÜFF

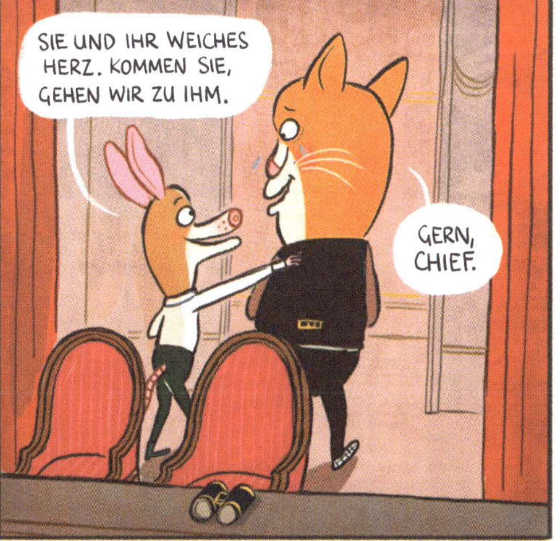
SIE UND IHR WEICHES HERZ. KOMMEN SIE, GEHEN WIR ZU IHM.
GERN, CHIEF.

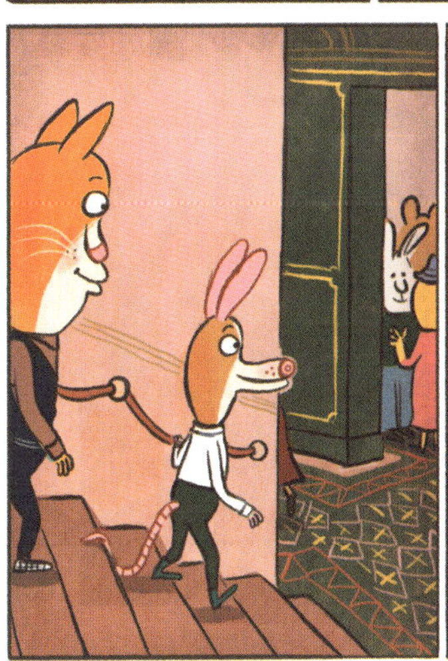

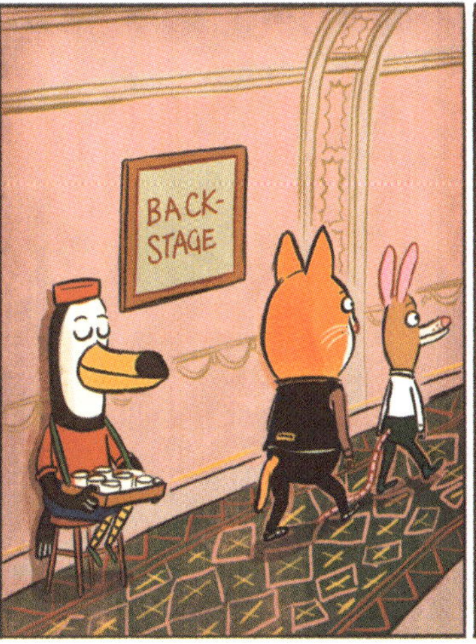
BACK-STAGE

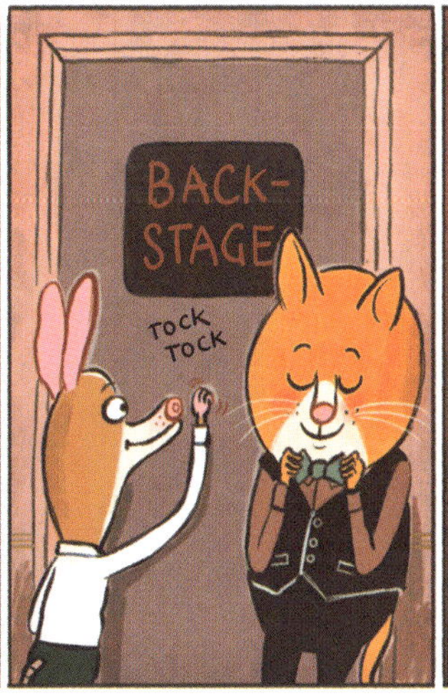
BACK-STAGE
TOCK TOCK

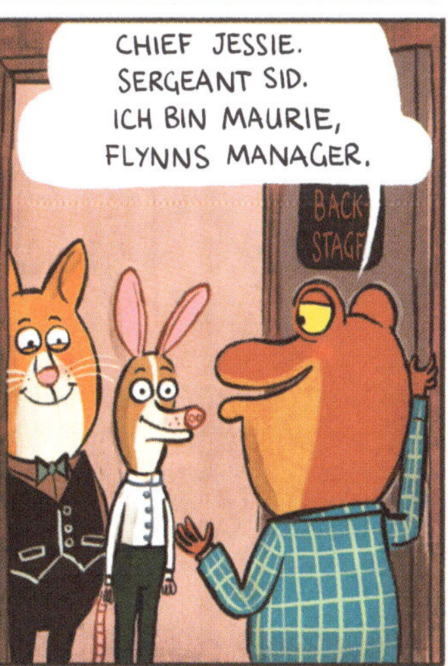
CHIEF JESSIE. SERGEANT SID. ICH BIN MAURIE, FLYNNS MANAGER.
BACK-STAGE

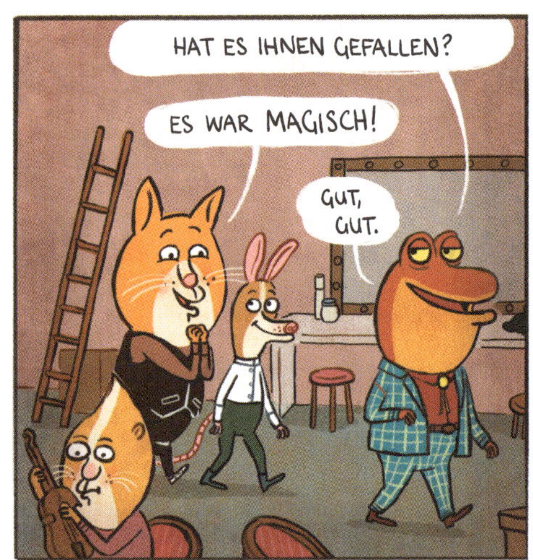
HAT ES IHNEN GEFALLEN?
ES WAR MAGISCH!
GUT, GUT.

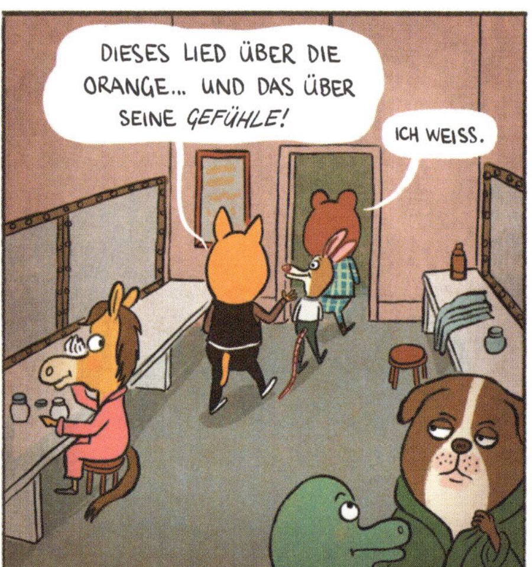
DIESES LIED ÜBER DIE ORANGE... UND DAS ÜBER SEINE GEFÜHLE!
ICH WEISS.

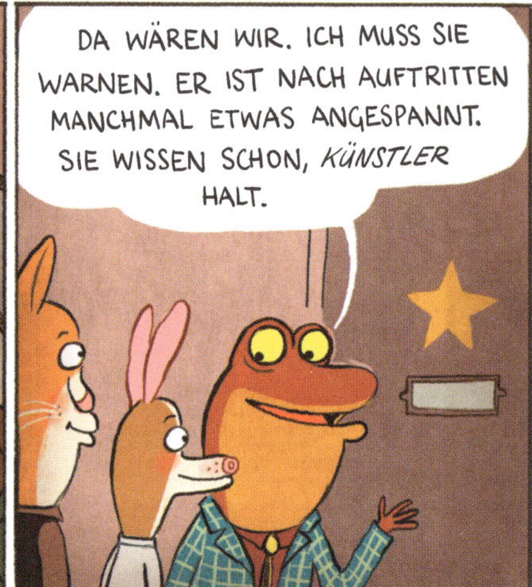
DA WÄREN WIR. ICH MUSS SIE WARNEN. ER IST NACH AUFTRITTEN MANCHMAL ETWAS ANGESPANNT. SIE WISSEN SCHON, KÜNSTLER HALT.

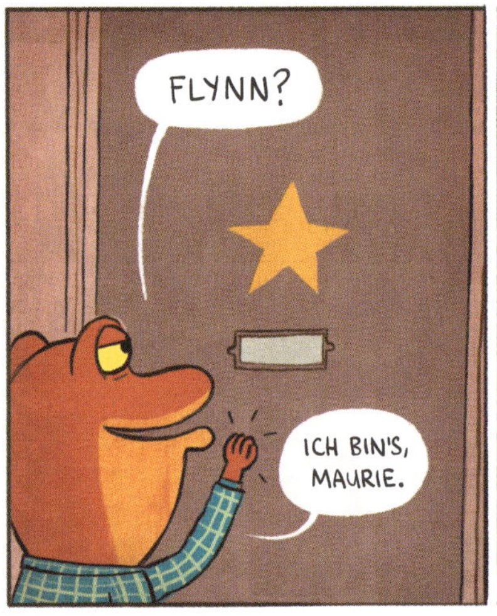
FLYNN?
ICH BIN'S, MAURIE.

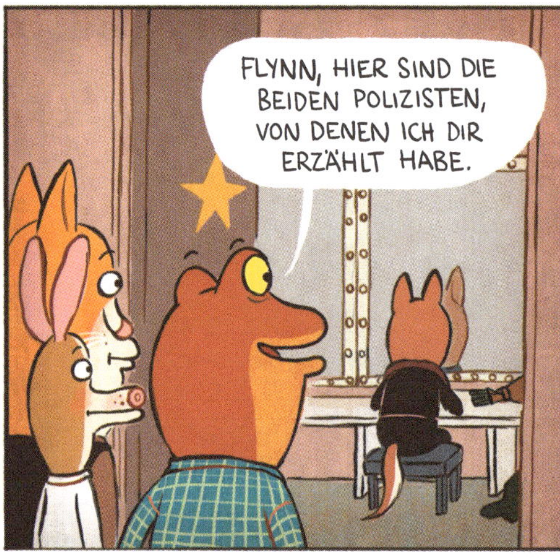
FLYNN, HIER SIND DIE BEIDEN POLIZISTEN, VON DENEN ICH DIR ERZÄHLT HABE.

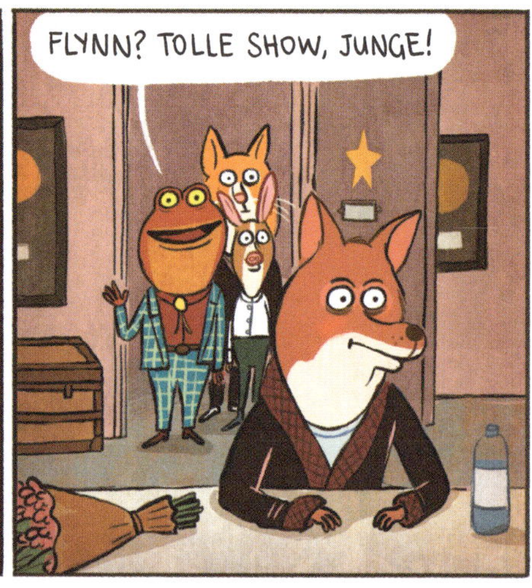
FLYNN? TOLLE SHOW, JUNGE!

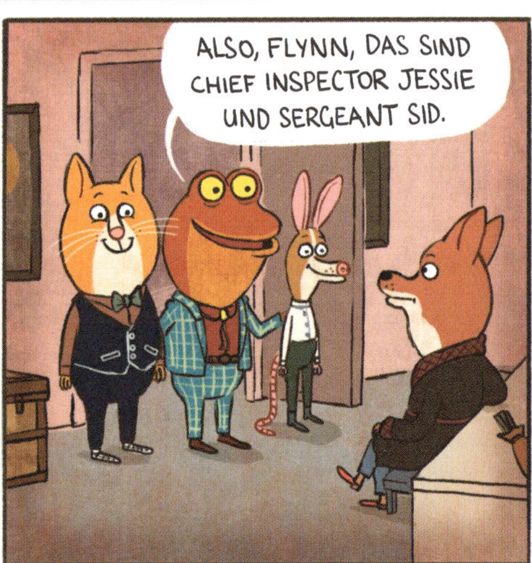
ALSO, FLYNN, DAS SIND CHIEF INSPECTOR JESSIE UND SERGEANT SID.

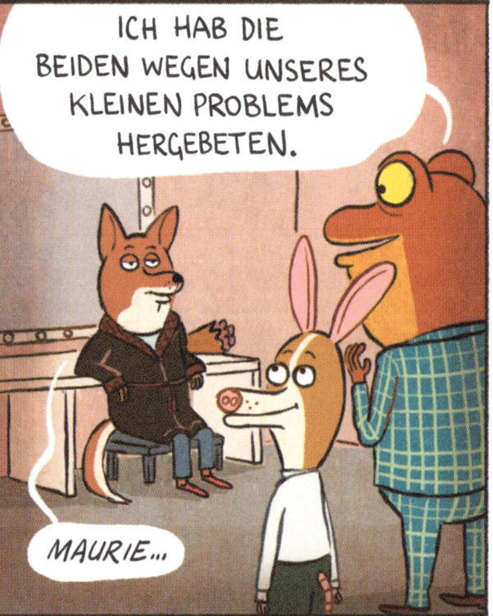
ICH HAB DIE BEIDEN WEGEN UNSERES KLEINEN PROBLEMS HERGEBETEN.
MAURIE...

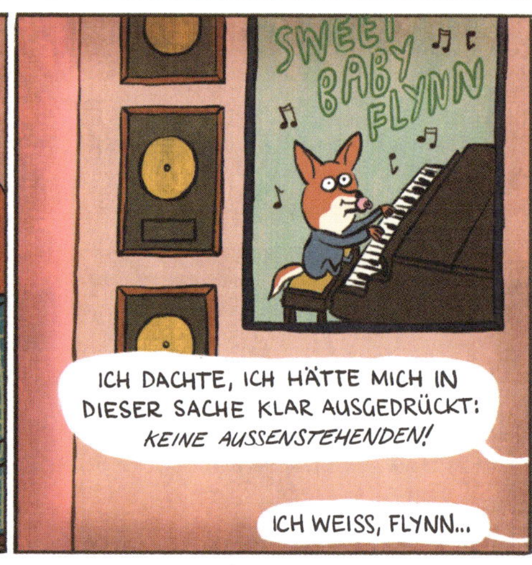
SWEET BABY FLYNN
ICH DACHTE, ICH HÄTTE MICH IN DIESER SACHE KLAR AUSGEDRÜCKT: KEINE AUSSENSTEHENDEN!
ICH WEISS, FLYNN...

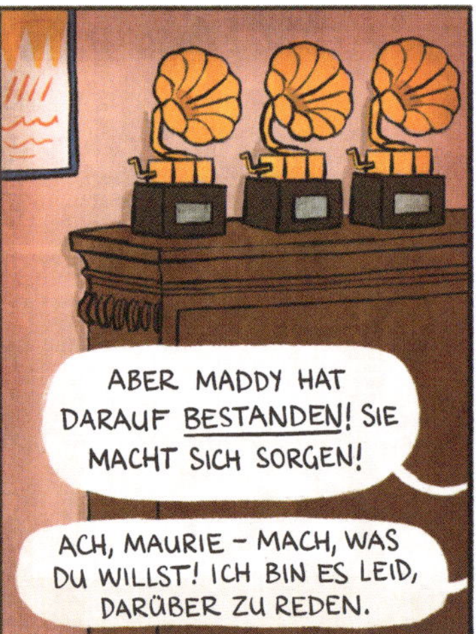
ABER MADDY HAT DARAUF BESTANDEN! SIE MACHT SICH SORGEN!
ACH, MAURIE – MACH, WAS DU WILLST! ICH BIN ES LEID, DARÜBER ZU REDEN.

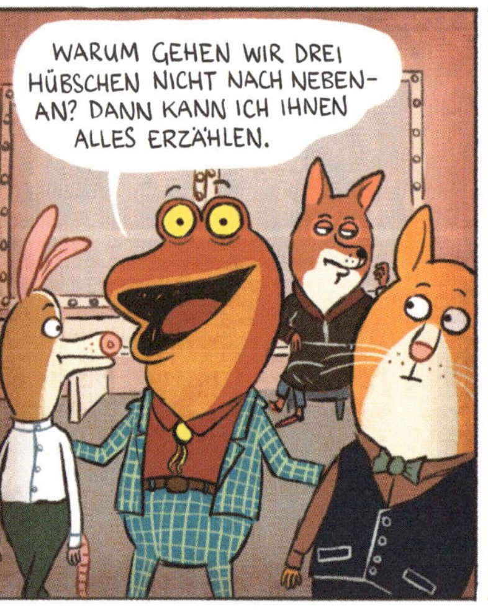
WARUM GEHEN WIR DREI HÜBSCHEN NICHT NACH NEBENAN? DANN KANN ICH IHNEN ALLES ERZÄHLEN.

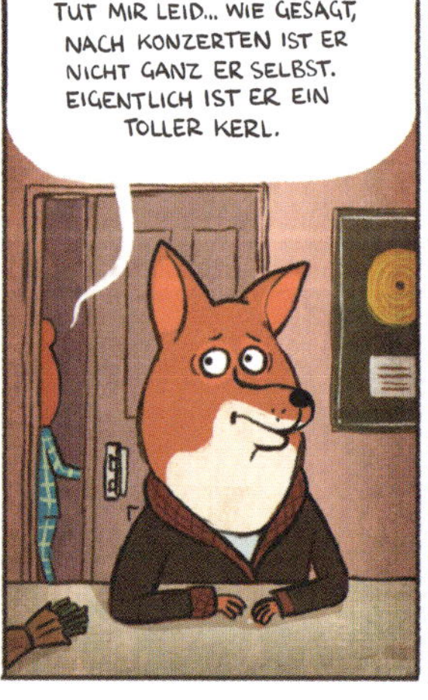
TUT MIR LEID... WIE GESAGT, NACH KONZERTEN IST ER NICHT GANZ ER SELBST. EIGENTLICH IST ER EIN TOLLER KERL.

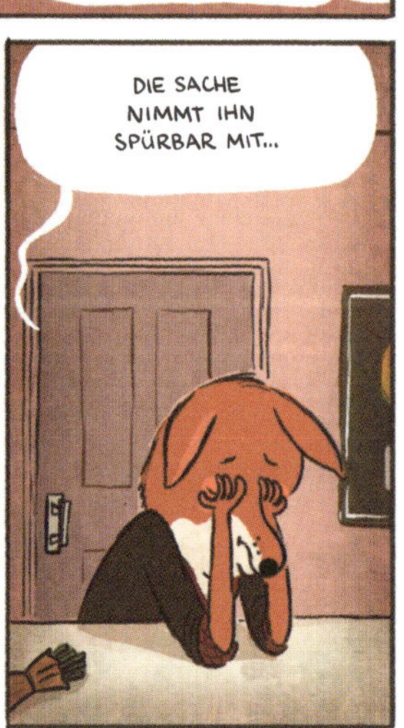
DIE SACHE NIMMT IHN SPÜRBAR MIT...

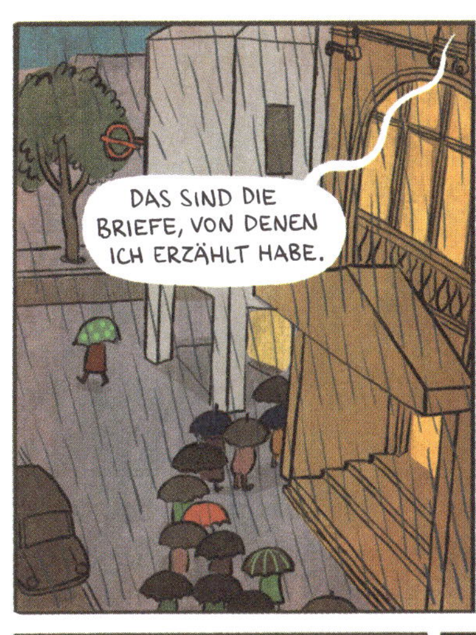
DAS SIND DIE BRIEFE, VON DENEN ICH ERZÄHLT HABE.
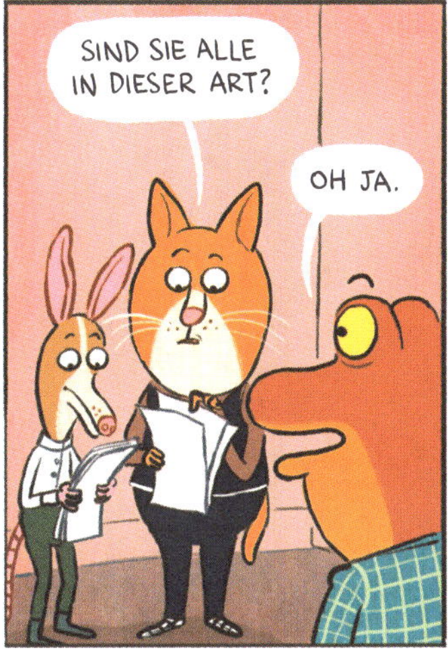
SIND SIE ALLE IN DIESER ART?
OH JA.
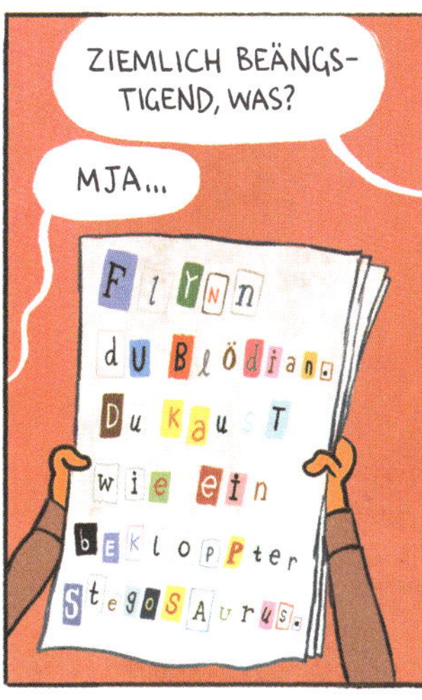
ZIEMLICH BEÄNGSTIGEND, WAS?
MJA...
Flynn du Blödian. Du kaust wie ein bekloppter Stegosaurus.
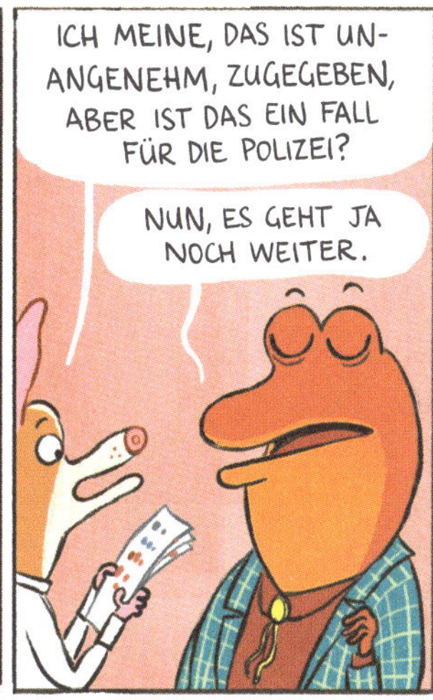
ICH MEINE, DAS IST UNANGENEHM, ZUGEGEBEN, ABER IST DAS EIN FALL FÜR DIE POLIZEI?
NUN, ES GEHT JA NOCH WEITER.
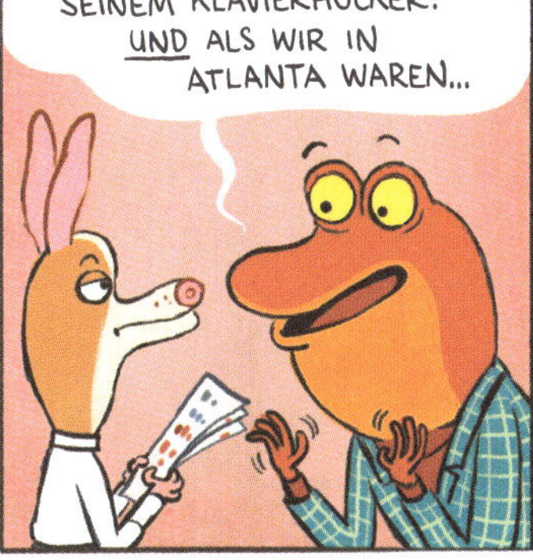
IN OSLO HAT JEMAND HONIG AUF SEINE GITARRENSAITEN GESCHMIERT, UND IN TORONTO LAG EIN FURZKISSEN AUF SEINEM KLAVIERHOCKER! UND ALS WIR IN ATLANTA WAREN...
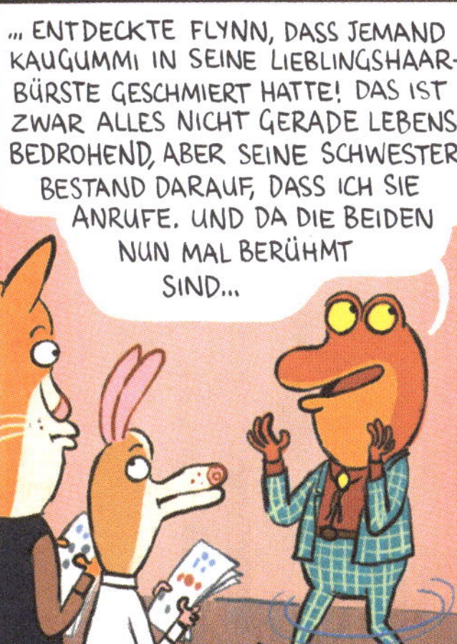
... ENTDECKTE FLYNN, DASS JEMAND KAUGUMMI IN SEINE LIEBLINGSHAARBÜRSTE GESCHMIERT HATTE! DAS IST ZWAR ALLES NICHT GERADE LEBENSBEDROHEND, ABER SEINE SCHWESTER BESTAND DARAUF, DASS ICH SIE ANRUFE. UND DA DIE BEIDEN NUN MAL BERÜHMT SIND...
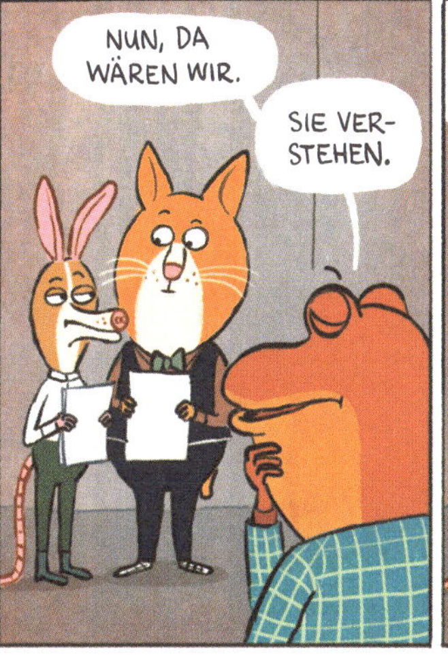
NUN, DA WÄREN WIR.
SIE VERSTEHEN.
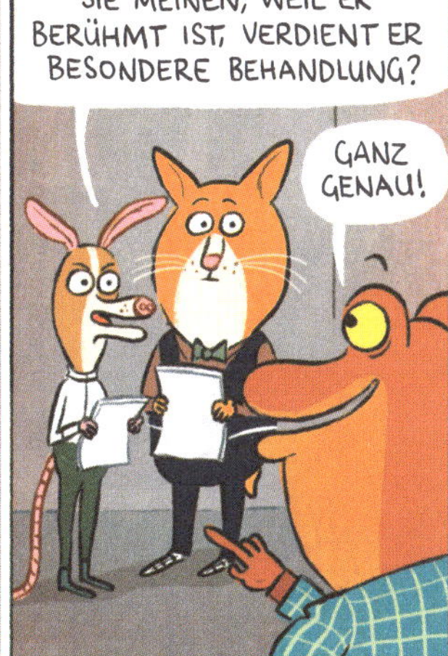
SIE MEINEN, WEIL ER BERÜHMT IST, VERDIENT ER BESONDERE BEHANDLUNG?
GANZ GENAU!
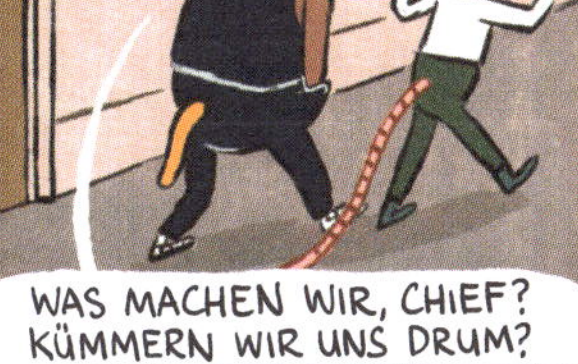
PROMIS! PUUH! EIN WURM IN SEINEM MÜSLI? ALSO BITTE!
WAS MACHEN WIR, CHIEF? KÜMMERN WIR UNS DRUM?
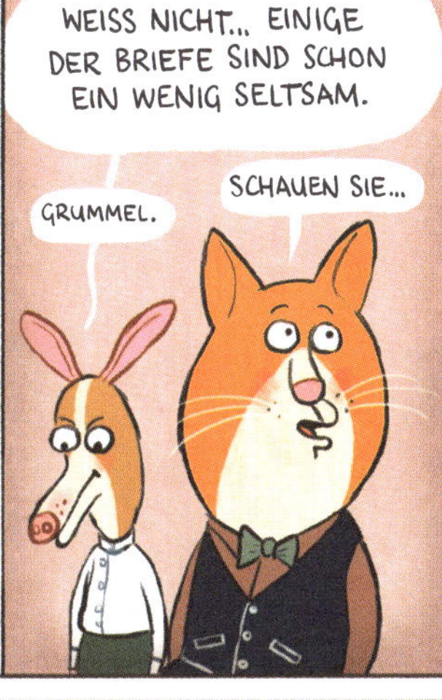
WEISS NICHT... EINIGE DER BRIEFE SIND SCHON EIN WENIG SELTSAM.
GRUMMEL.
SCHAUEN SIE...
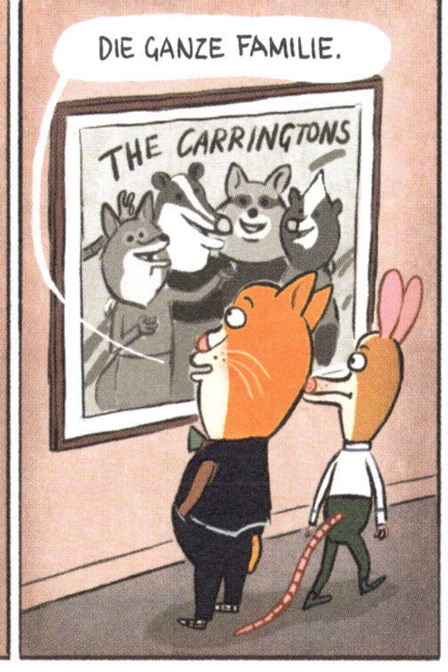
DIE GANZE FAMILIE.
THE CARRINGTONS
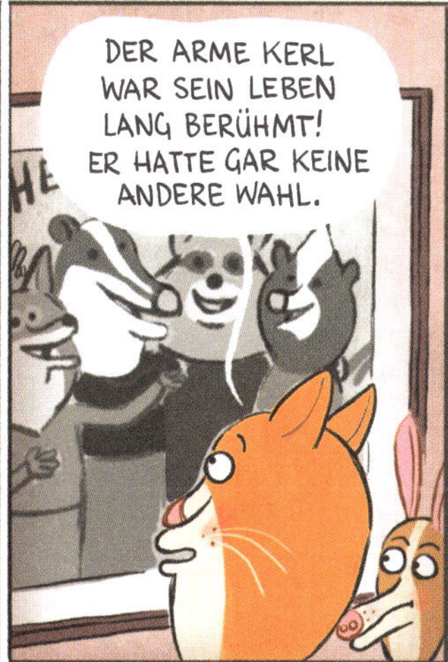
DER ARME KERL WAR SEIN LEBEN LANG BERÜHMT! ER HATTE GAR KEINE ANDERE WAHL.
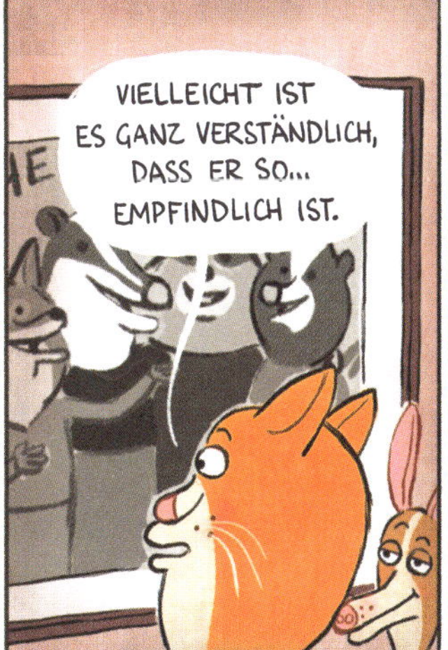
VIELLEICHT IST ES GANZ VERSTÄNDLICH, DASS ER SO... EMPFINDLICH IST.
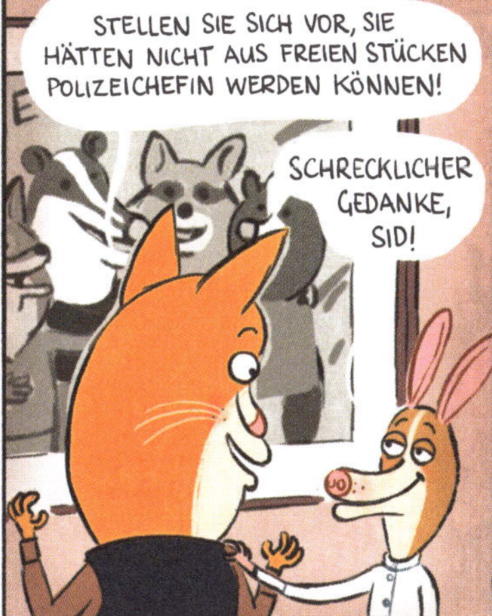
STELLEN SIE SICH VOR, SIE HÄTTEN NICHT AUS FREIEN STÜCKEN POLIZEICHEFIN WERDEN KÖNNEN!
SCHRECKLICHER GEDANKE, SID!
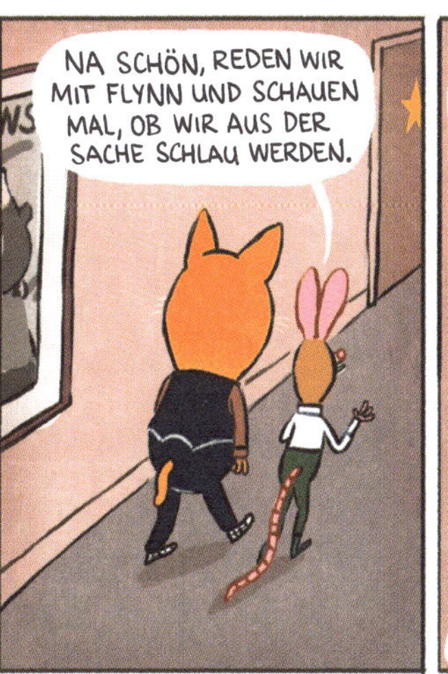
NA SCHÖN, REDEN WIR MIT FLYNN UND SCHAUEN MAL, OB WIR AUS DER SACHE SCHLAU WERDEN.
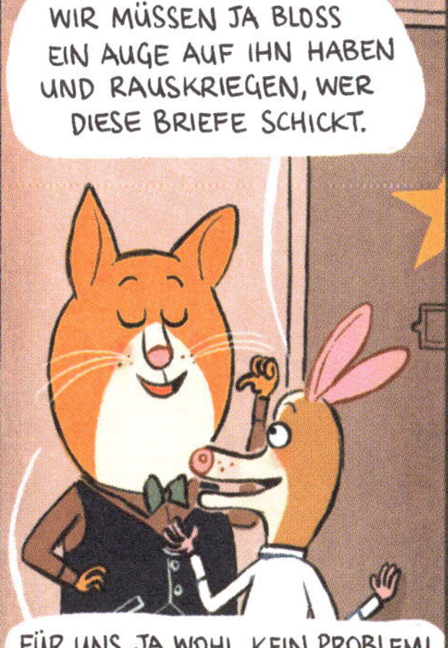
WIR MÜSSEN JA BLOSS EIN AUGE AUF IHN HABEN UND RAUSKRIEGEN, WER DIESE BRIEFE SCHICKT.
FÜR UNS JA WOHL KEIN PROBLEM!

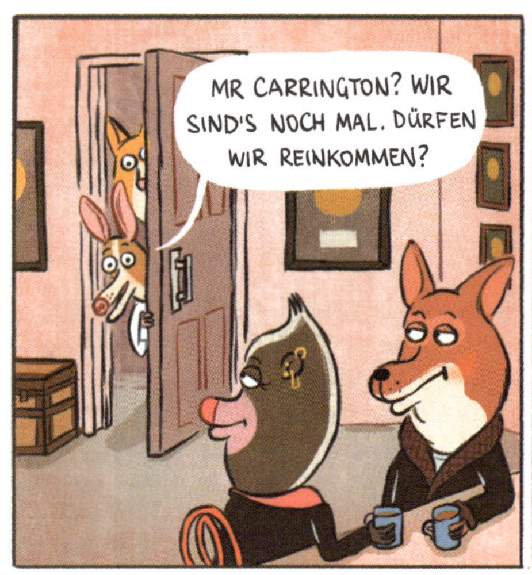
MR CARRINGTON? WIR SIND'S NOCH MAL. DÜRFEN WIR REINKOMMEN?

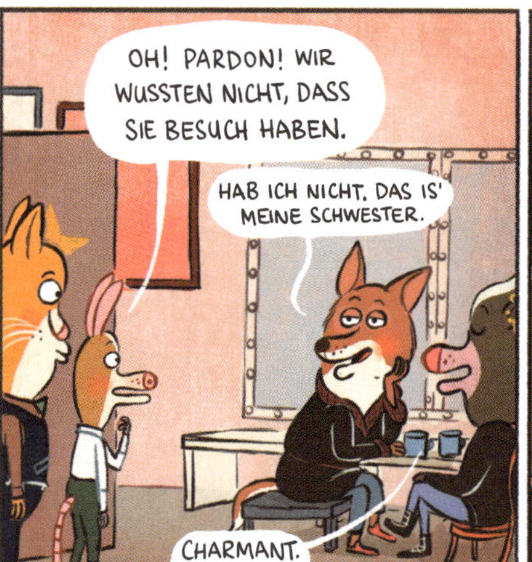
OH! PARDON! WIR WUSSTEN NICHT, DASS SIE BESUCH HABEN.
HAB ICH NICHT. DAS IS' MEINE SCHWESTER.
CHARMANT.

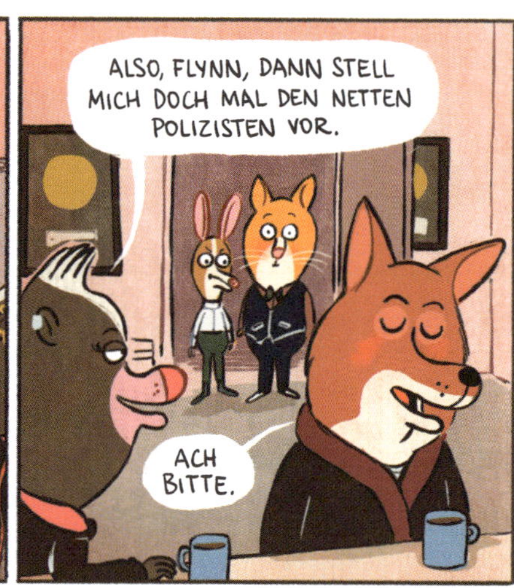
ALSO, FLYNN, DANN STELL MICH DOCH MAL DEN NETTEN POLIZISTEN VOR.
ACH BITTE.

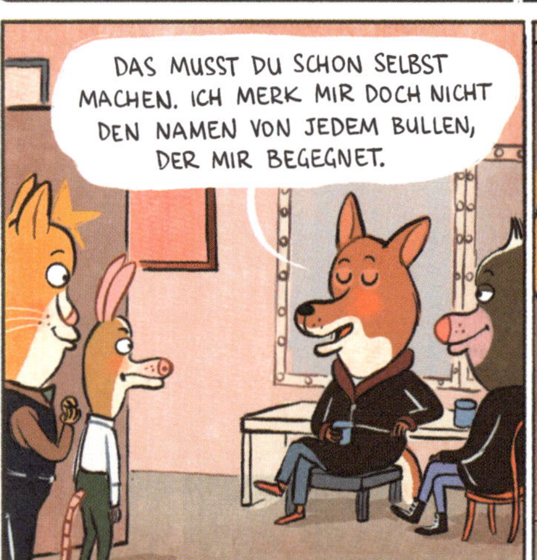
DAS MUSST DU SCHON SELBST MACHEN. ICH MERK MIR DOCH NICHT DEN NAMEN VON JEDEM BULLEN, DER MIR BEGEGNET.

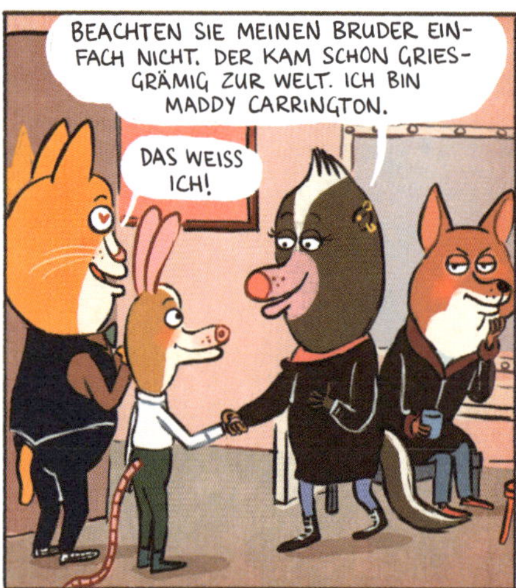
BEACHTEN SIE MEINEN BRUDER EINFACH NICHT. DER KAM SCHON GRIESGRÄMIG ZUR WELT. ICH BIN MADDY CARRINGTON.
DAS WEISS ICH!

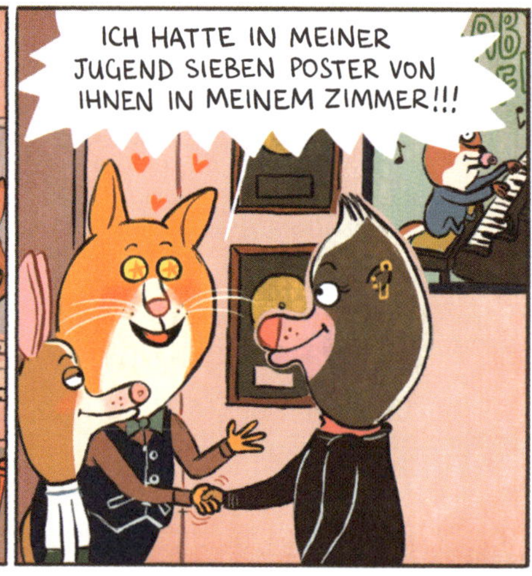
ICH HATTE IN MEINER JUGEND SIEBEN POSTER VON IHNEN IN MEINEM ZIMMER!!!

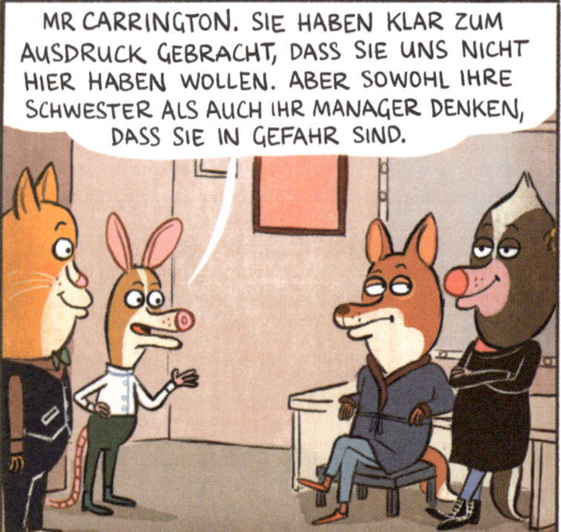
MR CARRINGTON. SIE HABEN KLAR ZUM AUSDRUCK GEBRACHT, DASS SIE UNS NICHT HIER HABEN WOLLEN. ABER SOWOHL IHRE SCHWESTER ALS AUCH IHR MANAGER DENKEN, DASS SIE IN GEFAHR SIND.

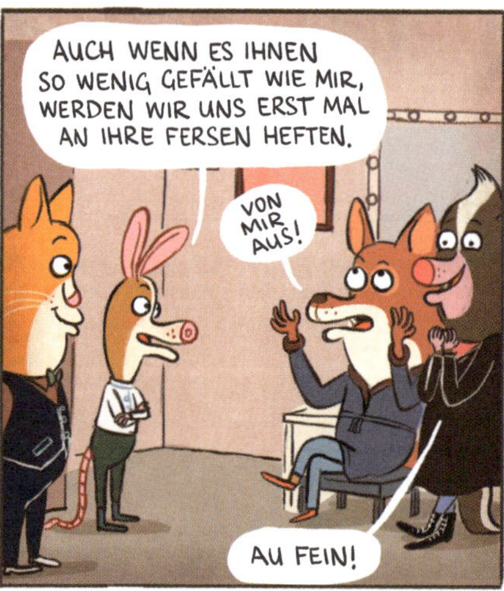
AUCH WENN ES IHNEN SO WENIG GEFÄLLT WIE MIR, WERDEN WIR UNS ERST MAL AN IHRE FERSEN HEFTEN.
VON MIR AUS!
AU FEIN!

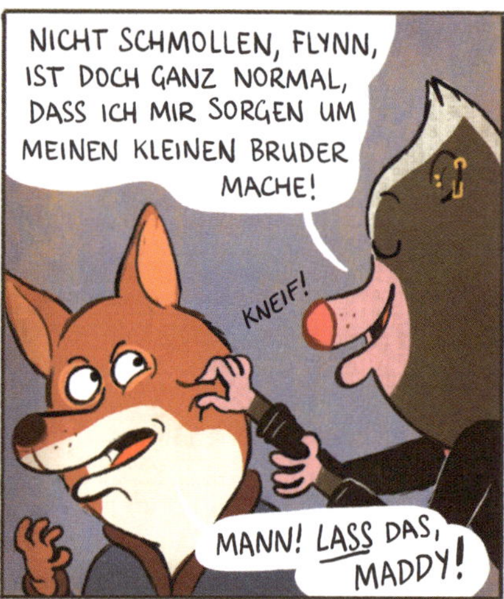
NICHT SCHMOLLEN, FLYNN, IST DOCH GANZ NORMAL, DASS ICH MIR SORGEN UM MEINEN KLEINEN BRUDER MACHE!
KNEIF!
MANN! LASS DAS, MADDY!

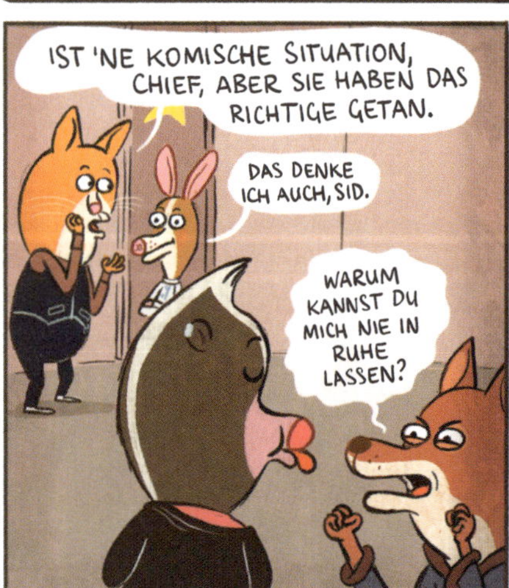
IST 'NE KOMISCHE SITUATION, CHIEF, ABER SIE HABEN DAS RICHTIGE GETAN.
DAS DENKE ICH AUCH, SID.
WARUM KANNST DU MICH NIE IN RUHE LASSEN?

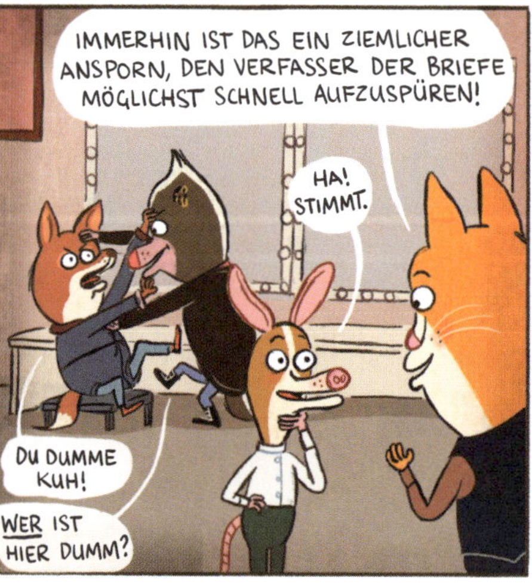
IMMERHIN IST DAS EIN ZIEMLICHER ANSPORN, DEN VERFASSER DER BRIEFE MÖGLICHST SCHNELL AUFZUSPÜREN!
HA! STIMMT.
DU DUMME KUH!
WER IST HIER DUMM?

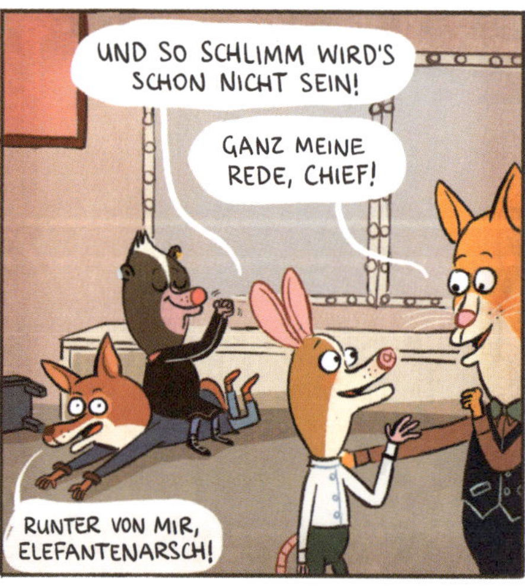
UND SO SCHLIMM WIRD'S SCHON NICHT SEIN!
GANZ MEINE REDE, CHIEF!
RUNTER VON MIR, ELEFANTENARSCH!

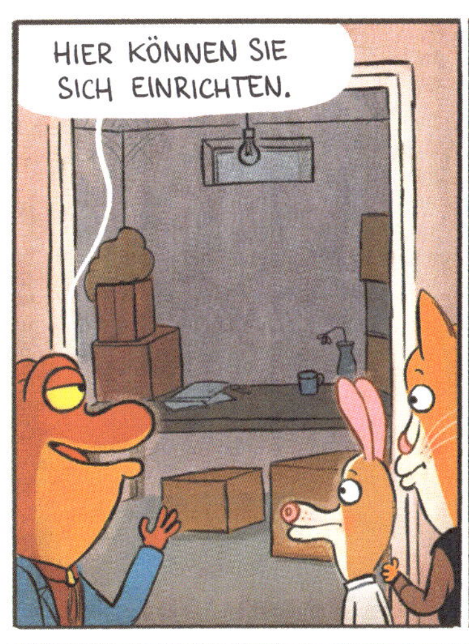
HIER KÖNNEN SIE SICH EINRICHTEN.

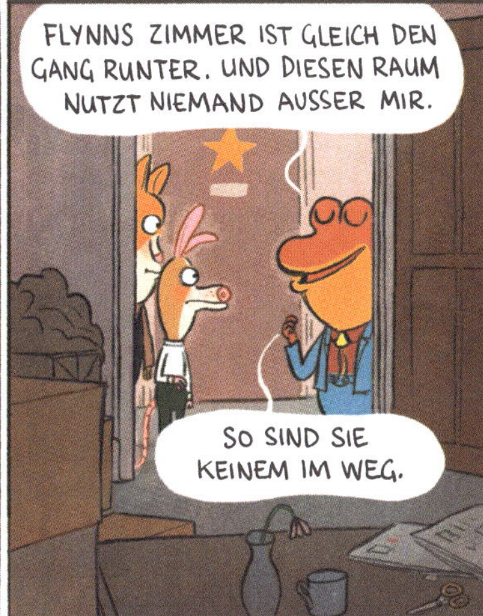
FLYNNS ZIMMER IST GLEICH DEN GANG RUNTER. UND DIESEN RAUM NUTZT NIEMAND AUSSER MIR.
SO SIND SIE KEINEM IM WEG.

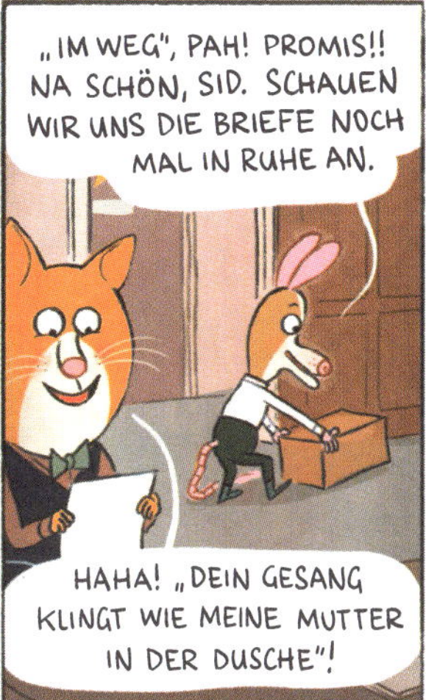
„IM WEG", PAH! PROMIS!! NA SCHÖN, SID. SCHAUEN WIR UNS DIE BRIEFE NOCH MAL IN RUHE AN.
HAHA! „DEIN GESANG KLINGT WIE MEINE MUTTER IN DER DUSCHE"!

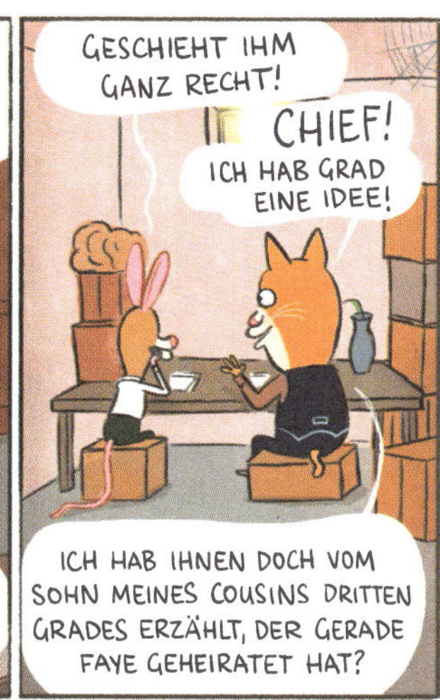
GESCHIEHT IHM GANZ RECHT!
CHIEF!
ICH HAB GRAD EINE IDEE!
ICH HAB IHNEN DOCH VOM SOHN MEINES COUSINS DRITTEN GRADES ERZÄHLT, DER GERADE FAYE GEHEIRATET HAT?

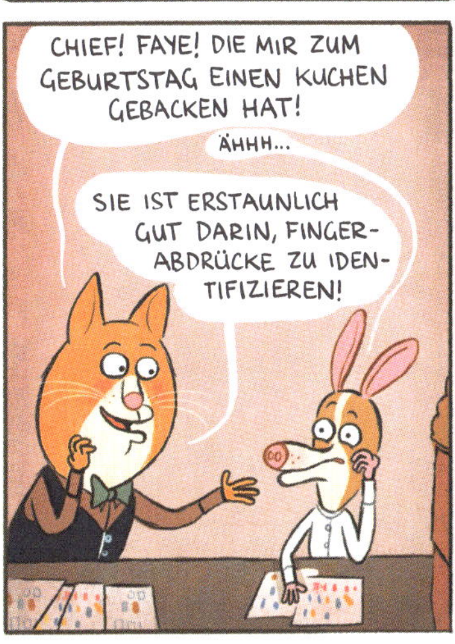
CHIEF! FAYE! DIE MIR ZUM GEBURTSTAG EINEN KUCHEN GEBACKEN HAT!
ÄHHH...
SIE IST ERSTAUNLICH GUT DARIN, FINGER-ABDRÜCKE ZU IDEN-TIFIZIEREN!

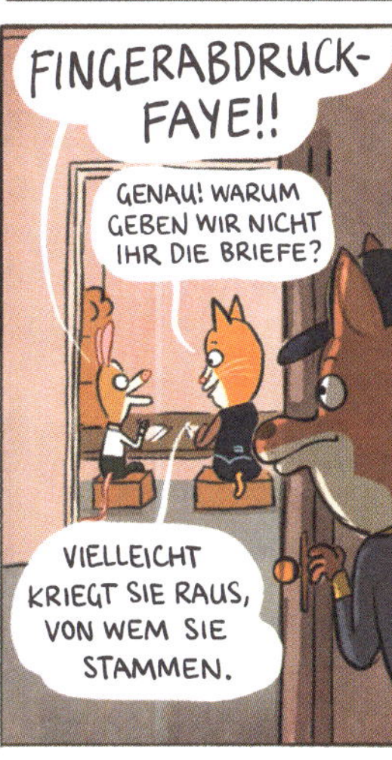
FINGERABDRUCK-FAYE!!
GENAU! WARUM GEBEN WIR NICHT IHR DIE BRIEFE?
VIELLEICHT KRIEGT SIE RAUS, VON WEM SIE STAMMEN.

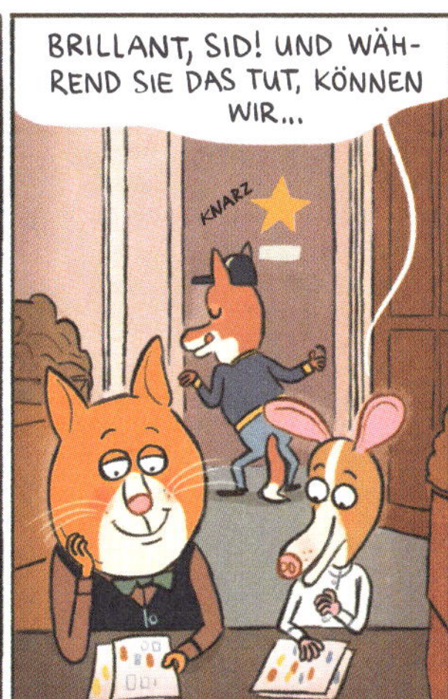
BRILLANT, SID! UND WÄH-REND SIE DAS TUT, KÖNNEN WIR...
KNARZ

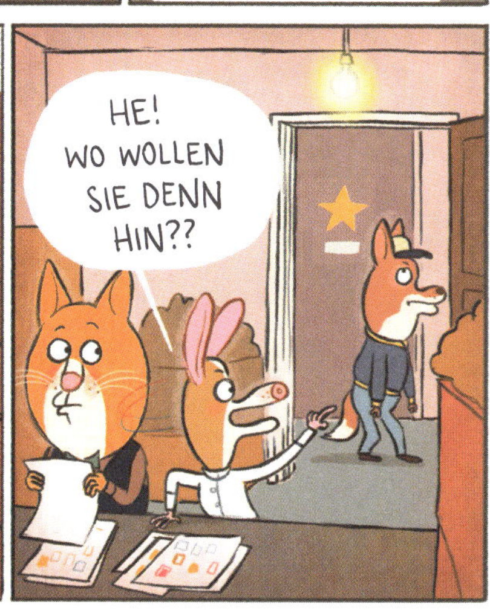
HE! WO WOLLEN SIE DENN HIN??

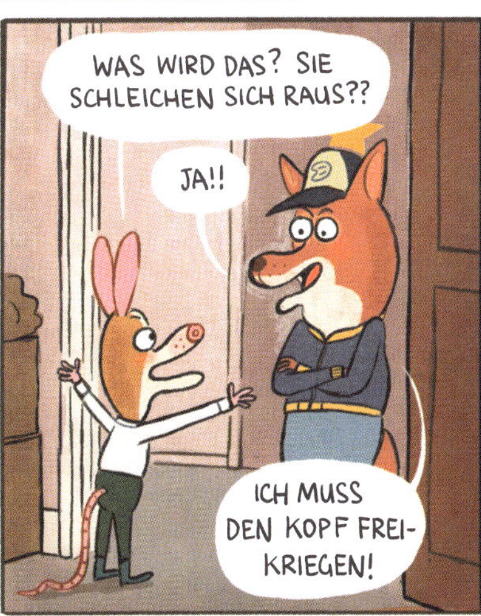
WAS WIRD DAS? SIE SCHLEICHEN SICH RAUS??
JA!!
ICH MUSS DEN KOPF FREI-KRIEGEN!

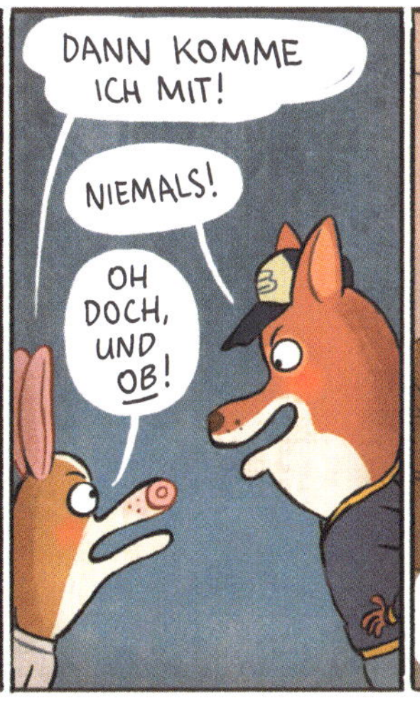
DANN KOMME ICH MIT!
NIEMALS!
OH DOCH, UND OB!

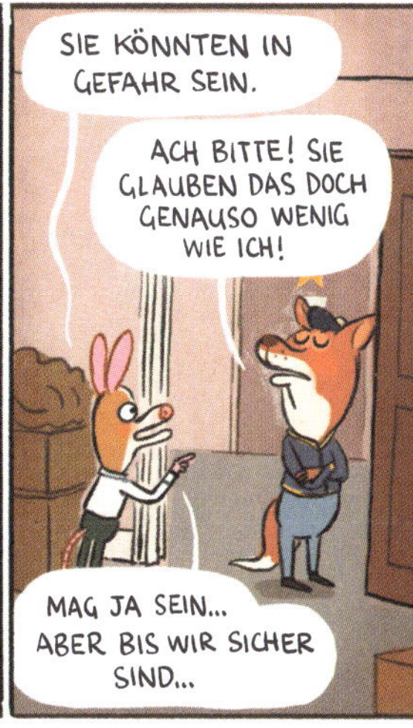
SIE KÖNNTEN IN GEFAHR SEIN.
ACH BITTE! SIE GLAUBEN DAS DOCH GENAUSO WENIG WIE ICH!
MAG JA SEIN... ABER BIS WIR SICHER SIND...

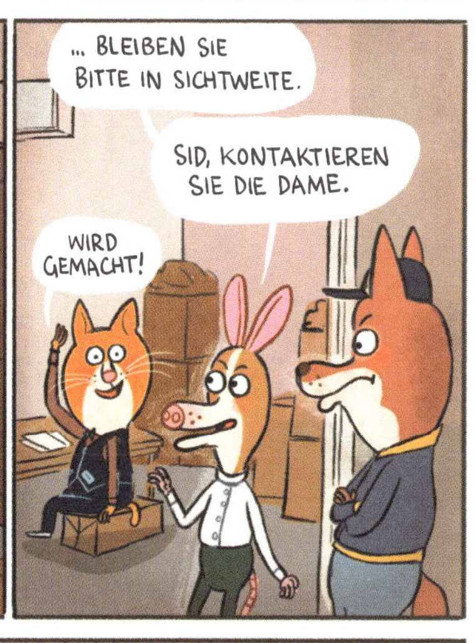
... BLEIBEN SIE BITTE IN SICHTWEITE.
SID, KONTAKTIEREN SIE DIE DAME.
WIRD GEMACHT!

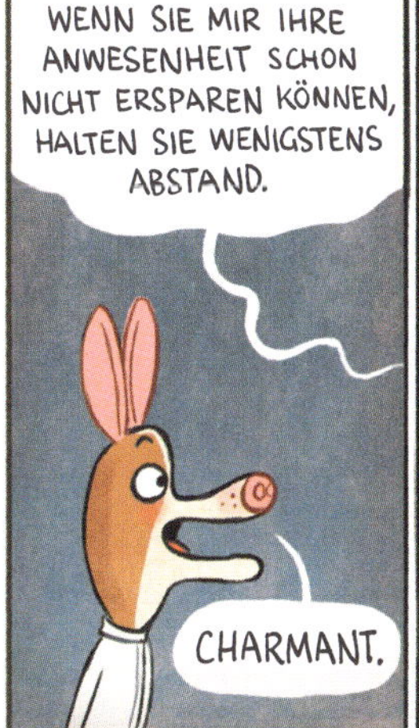
WENN SIE MIR IHRE ANWESENHEIT SCHON NICHT ERSPAREN KÖNNEN, HALTEN SIE WENIGSTENS ABSTAND.
CHARMANT.

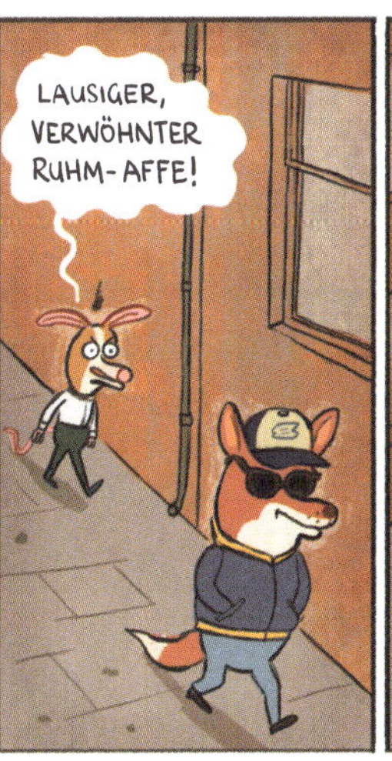
LAUSIGER, VERWÖHNTER RUHM-AFFE!

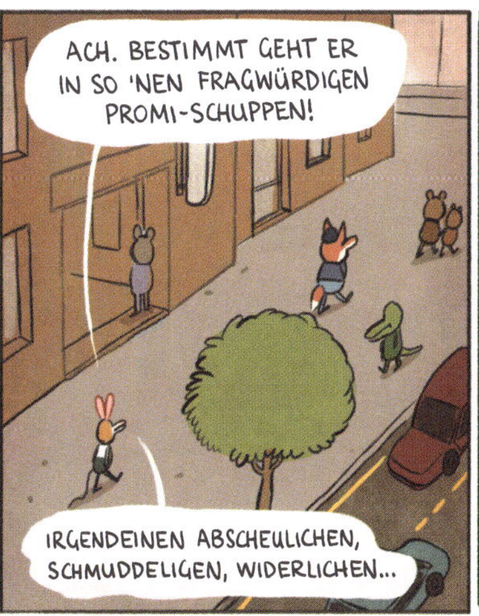
ACH. BESTIMMT GEHT ER IN SO 'NEN FRAGWÜRDIGEN PROMI-SCHUPPEN!
IRGENDEINEN ABSCHEULICHEN, SCHMUDDELIGEN, WIDERLICHEN...

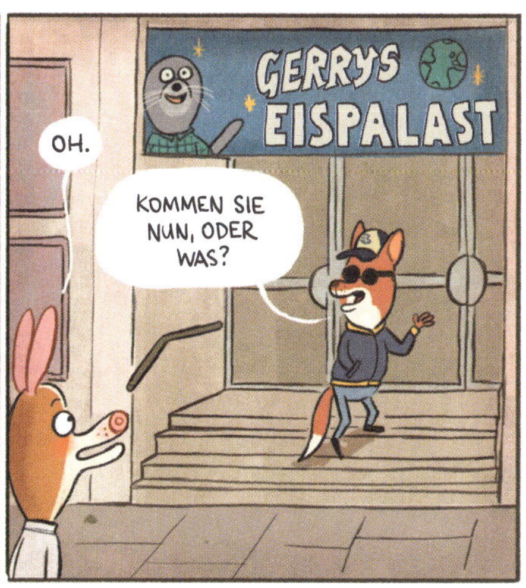
GERRYS EISPALAST
OH.
KOMMEN SIE NUN, ODER WAS?

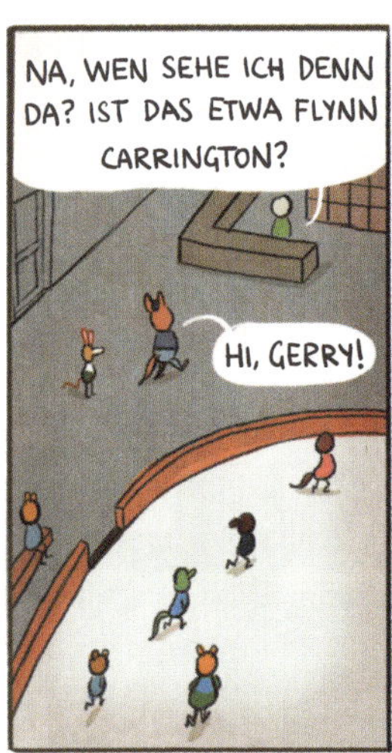
NA, WEN SEHE ICH DENN DA? IST DAS ETWA FLYNN CARRINGTON?
HI, GERRY!

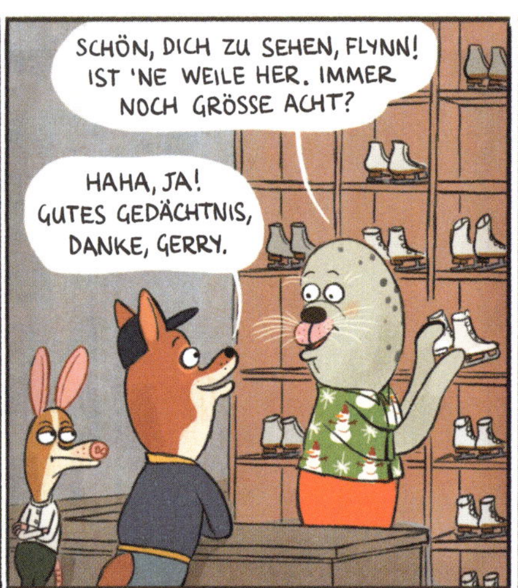
SCHÖN, DICH ZU SEHEN, FLYNN! IST 'NE WEILE HER. IMMER NOCH GRÖSSE ACHT?
HAHA, JA! GUTES GEDÄCHTNIS, DANKE, GERRY.

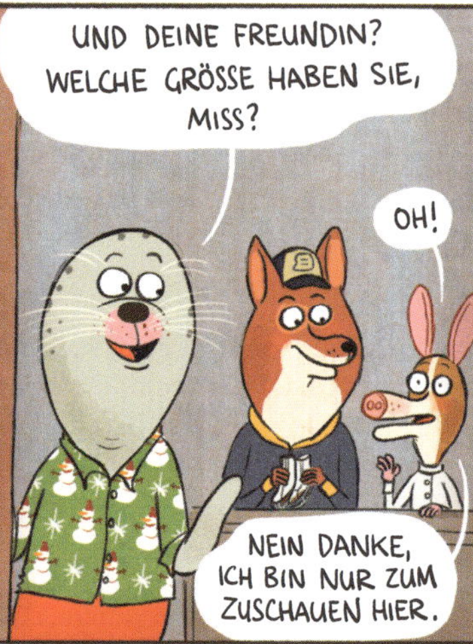
UND DEINE FREUNDIN? WELCHE GRÖSSE HABEN SIE, MISS?
OH!
NEIN DANKE, ICH BIN NUR ZUM ZUSCHAUEN HIER.

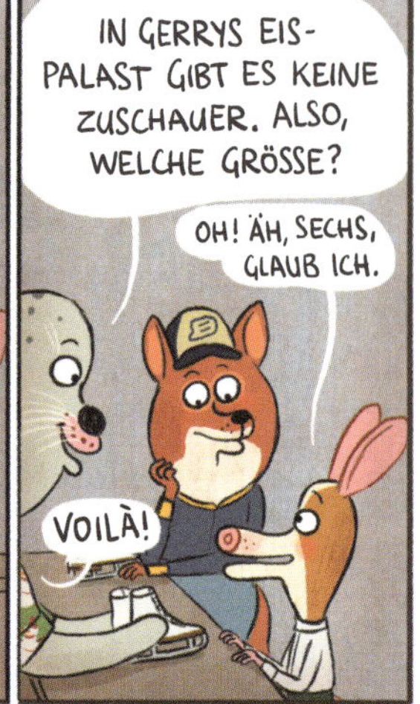
IN GERRYS EIS-PALAST GIBT ES KEINE ZUSCHAUER. ALSO, WELCHE GRÖSSE?
OH! ÄH, SECHS, GLAUB ICH.
VOILÀ!

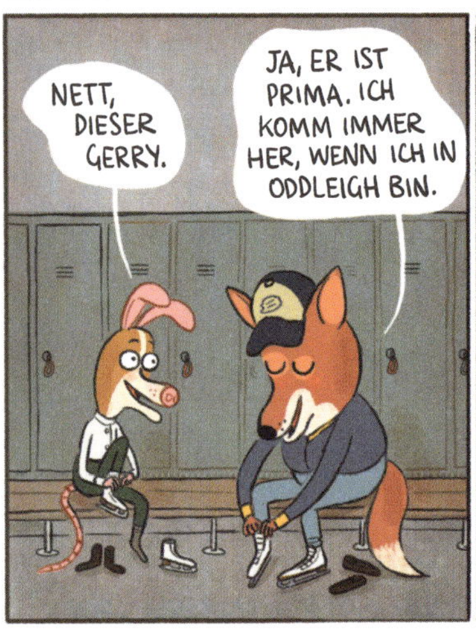
NETT, DIESER GERRY.
JA, ER IST PRIMA. ICH KOMM IMMER HER, WENN ICH IN ODDLEIGH BIN.

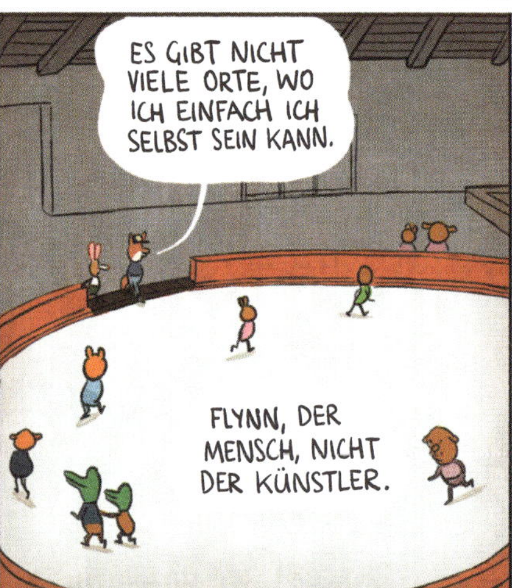
ES GIBT NICHT VIELE ORTE, WO ICH EINFACH ICH SELBST SEIN KANN.
FLYNN, DER MENSCH, NICHT DER KÜNSTLER.

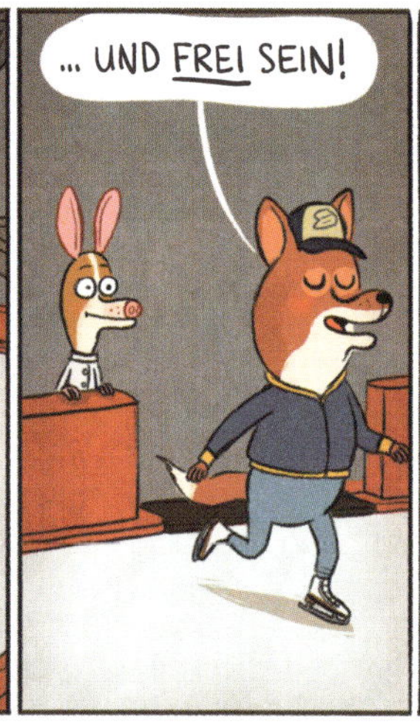
... UND FREI SEIN!

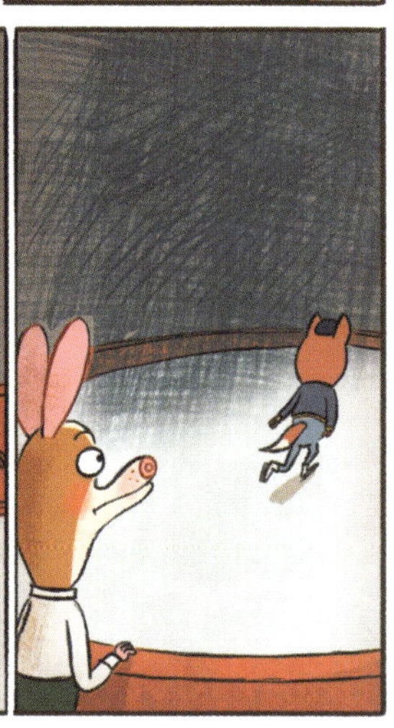

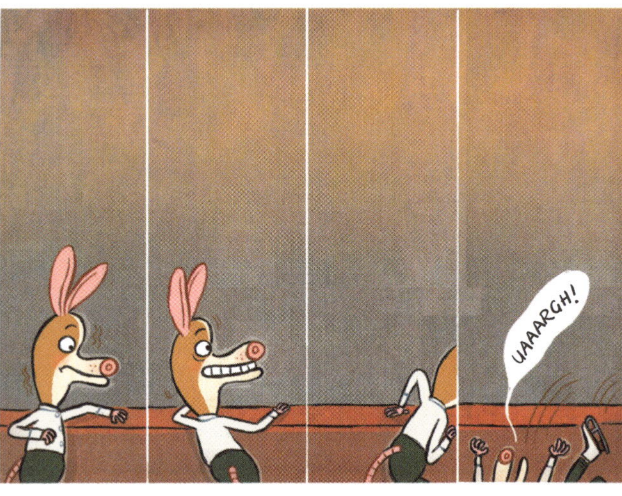
UAAARGH!

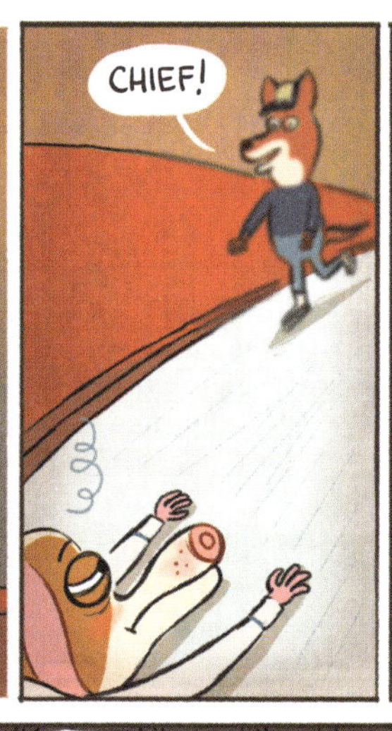
CHIEF!

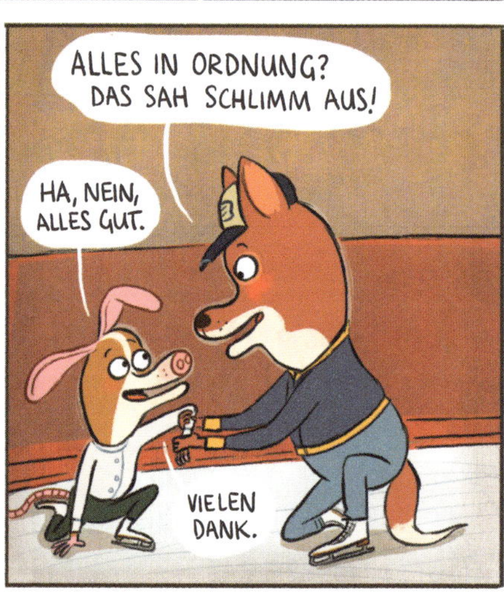
ALLES IN ORDNUNG? DAS SAH SCHLIMM AUS!
HA, NEIN, ALLES GUT.
VIELEN DANK.

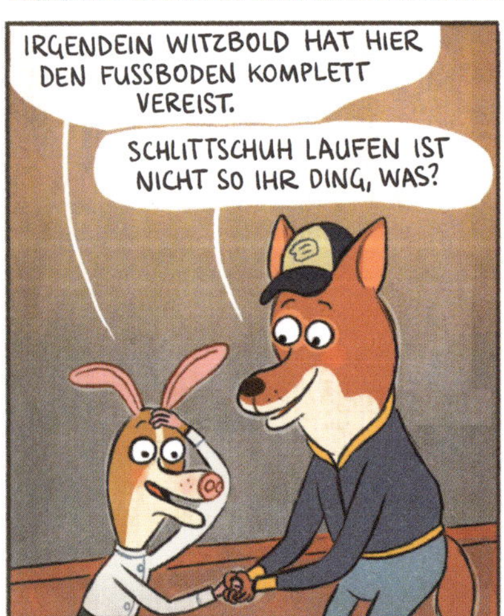
IRGENDEIN WITZBOLD HAT HIER DEN FUSSBODEN KOMPLETT VEREIST.
SCHLITTSCHUH LAUFEN IST NICHT SO IHR DING, WAS?

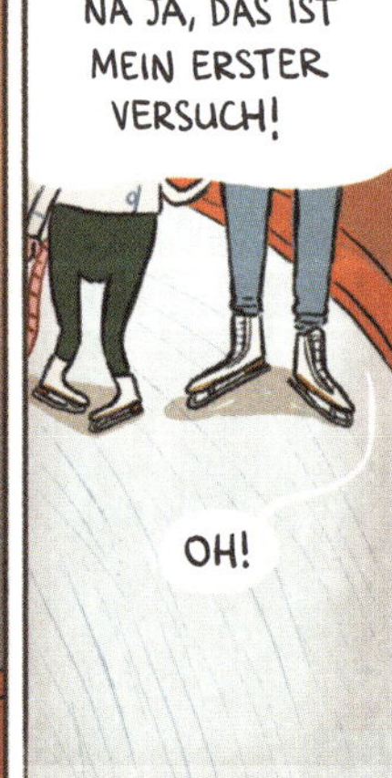
NA JA, DAS IST MEIN ERSTER VERSUCH!
OH!

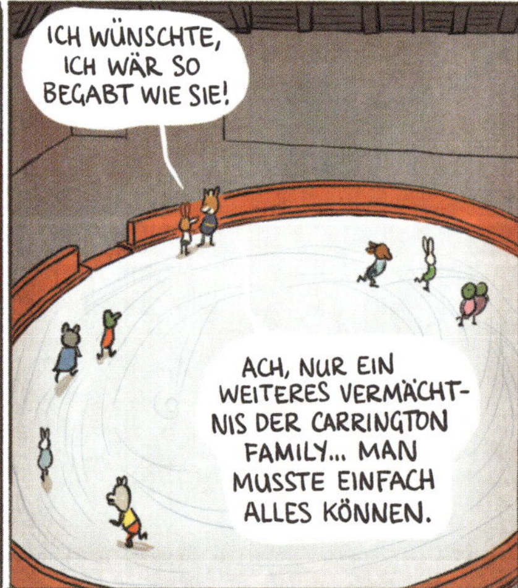
ICH WÜNSCHTE, ICH WÄR SO BEGABT WIE SIE!
ACH, NUR EIN WEITERES VERMÄCHT-NIS DER CARRINGTON FAMILY... MAN MUSSTE EINFACH ALLES KÖNNEN.

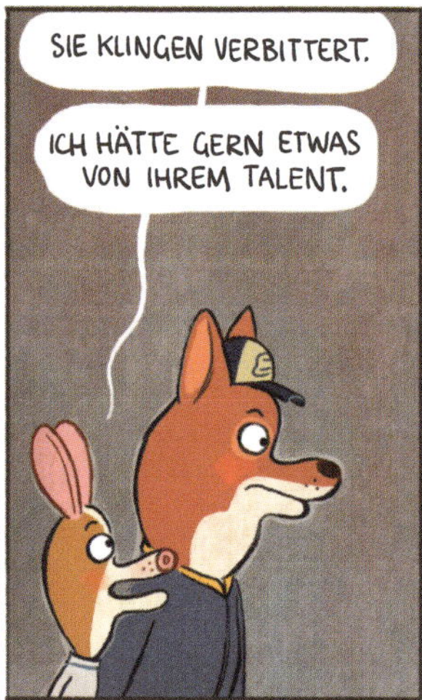
SIE KLINGEN VERBITTERT.
ICH HÄTTE GERN ETWAS VON IHREM TALENT.

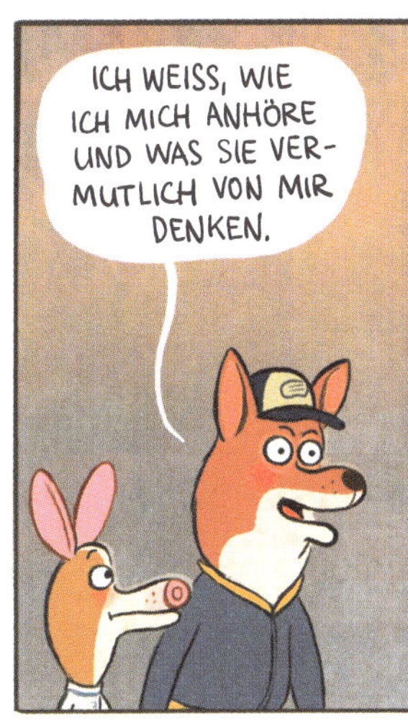

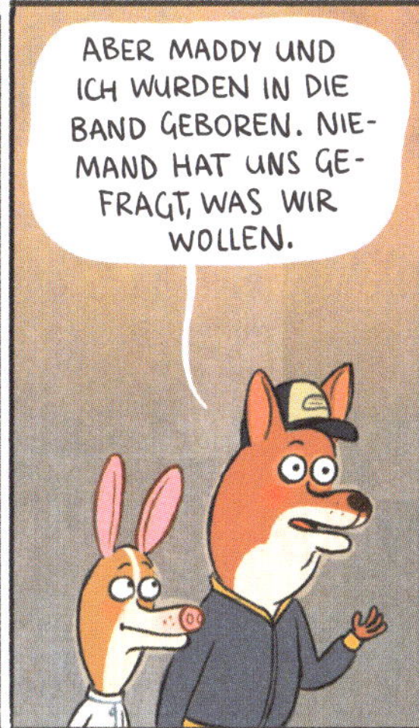

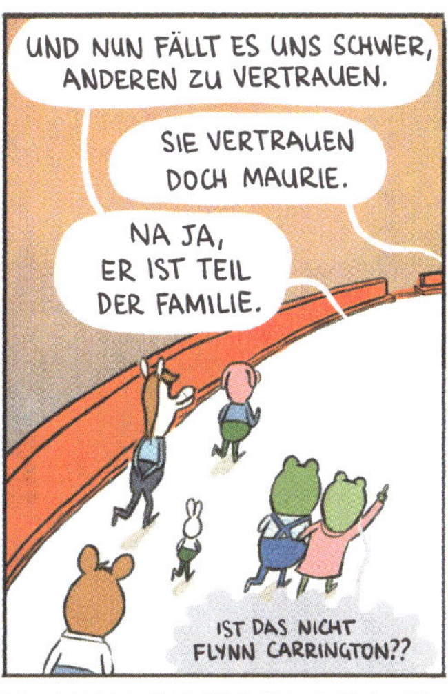

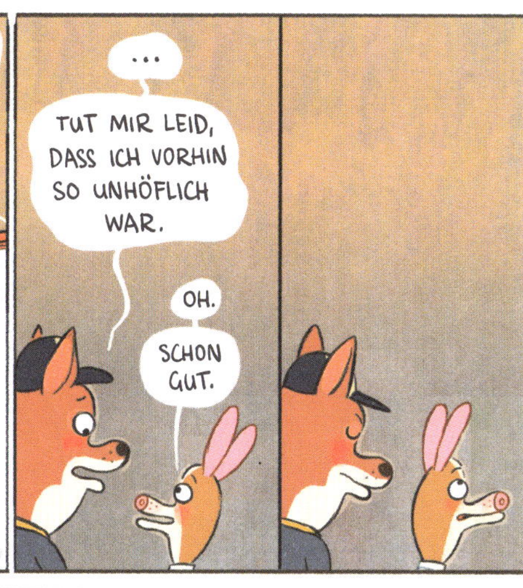

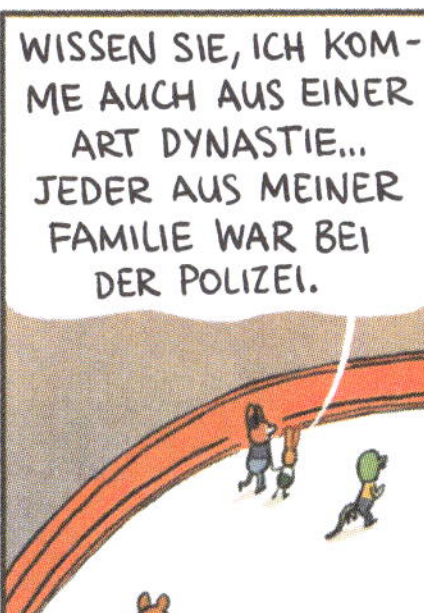

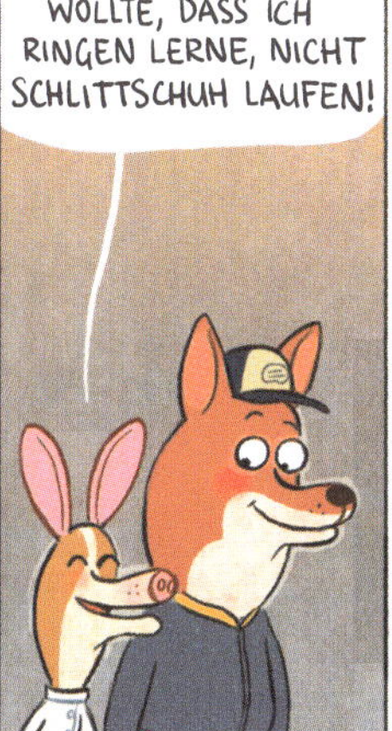

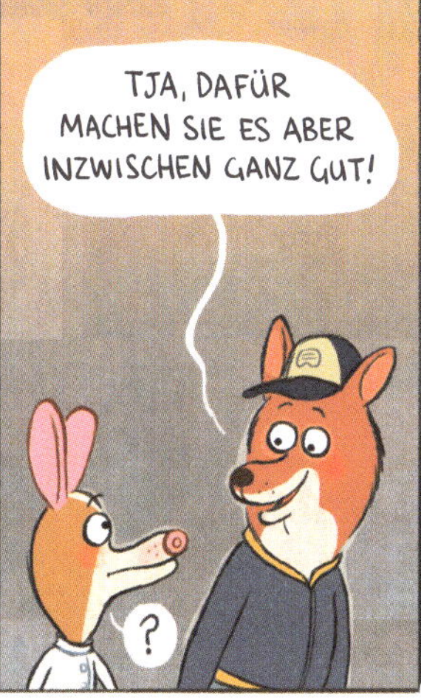

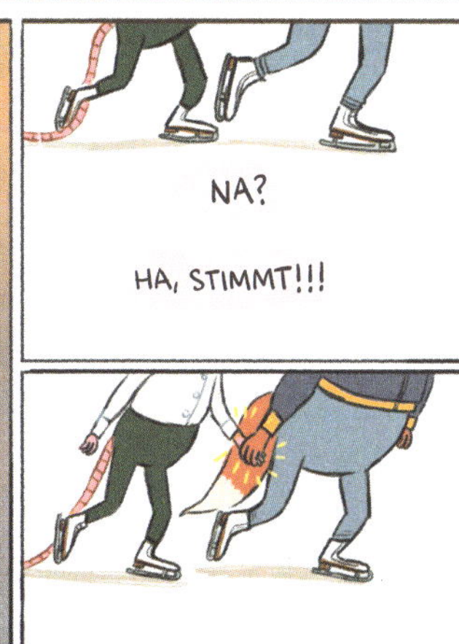

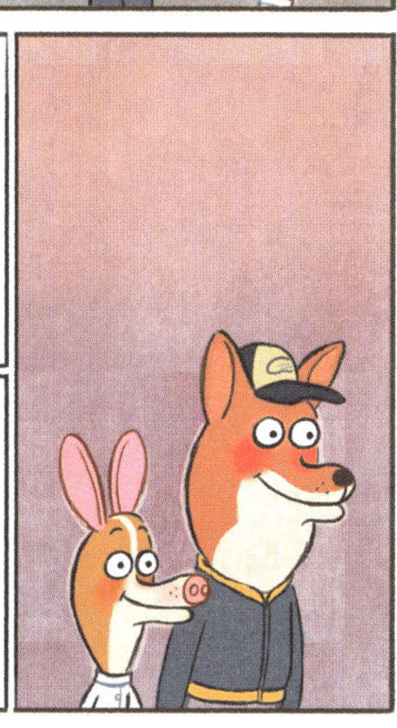

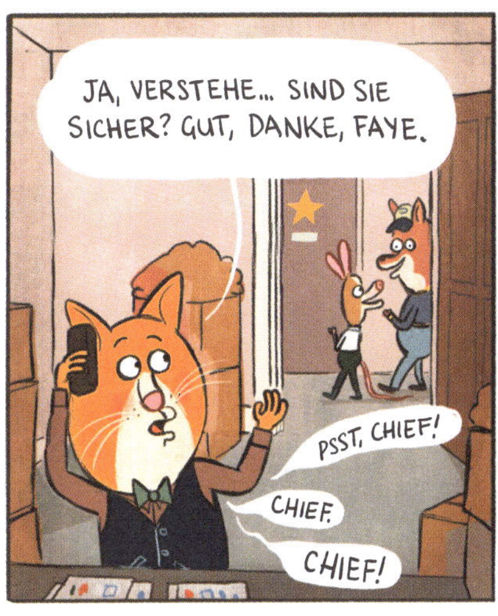

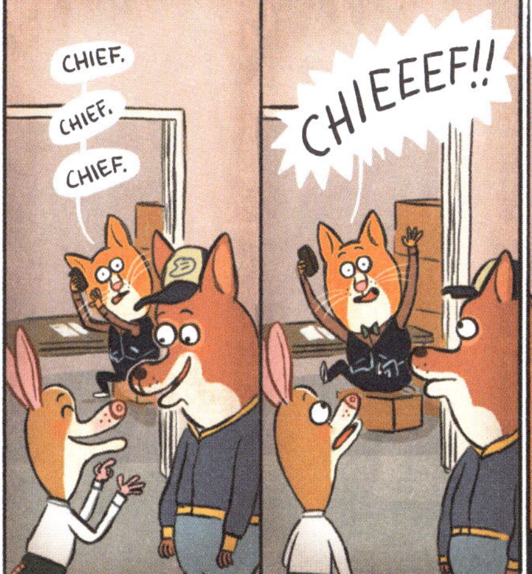

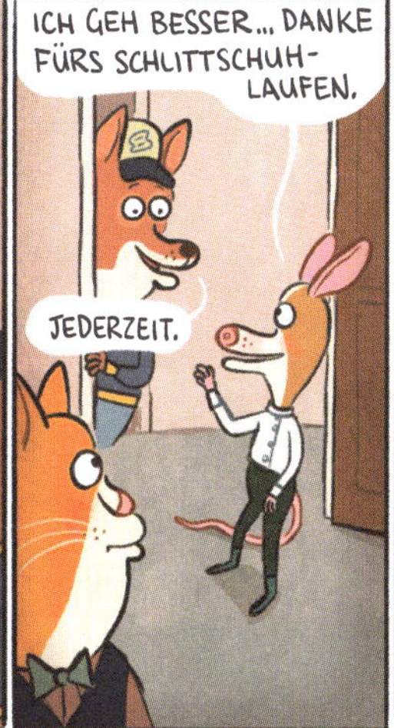

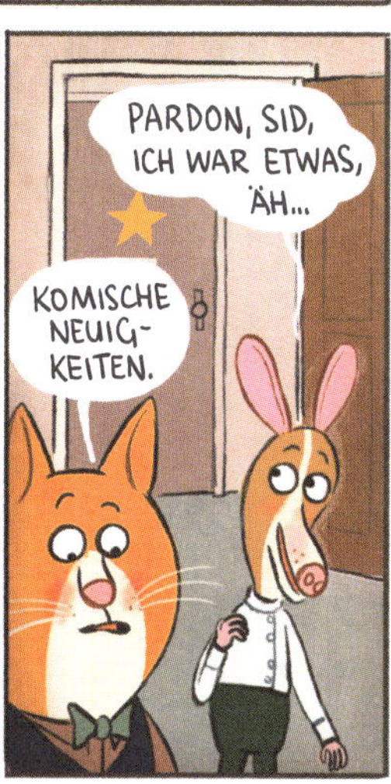

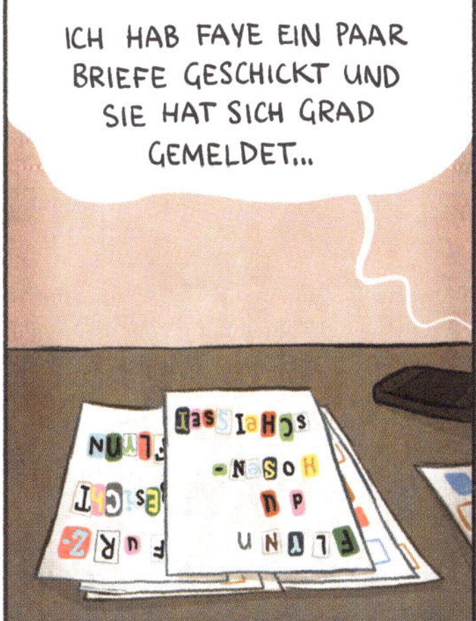

SIE HAT SPUREN VON FLYNN GEFUNDEN, KLAR, ER HAT DIE BRIEFE JA ANGEFASST, ALS ER SIE GELESEN HAT...

ABER DIE ANDEREN SPUREN SIND SEINEN SO ÄHNLICH, DASS...

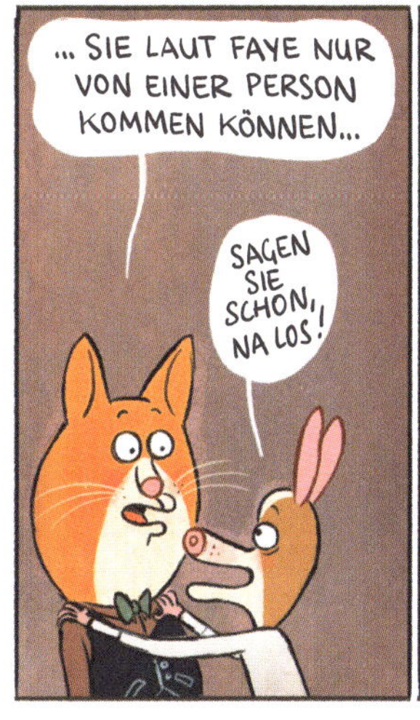

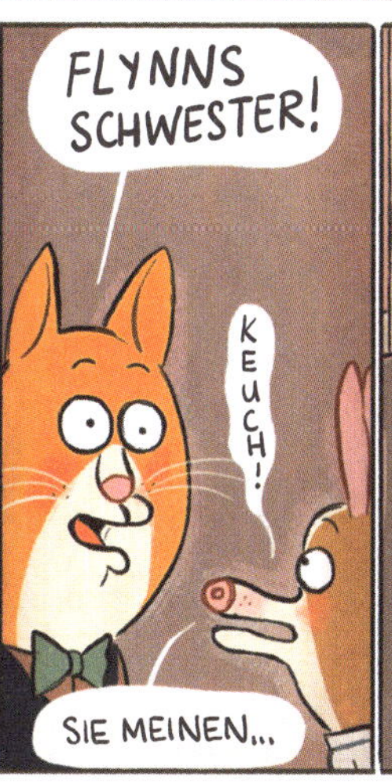

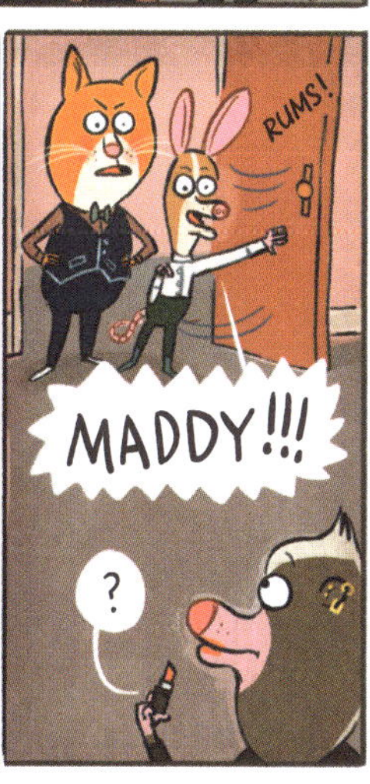

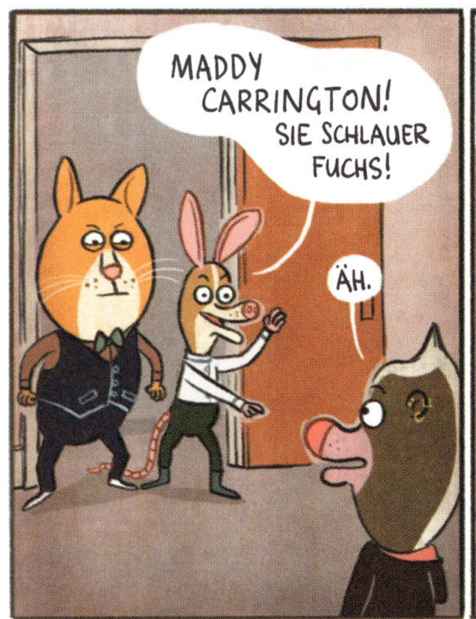
MADDY CARRINGTON! SIE SCHLAUER FUCHS!
ÄH.

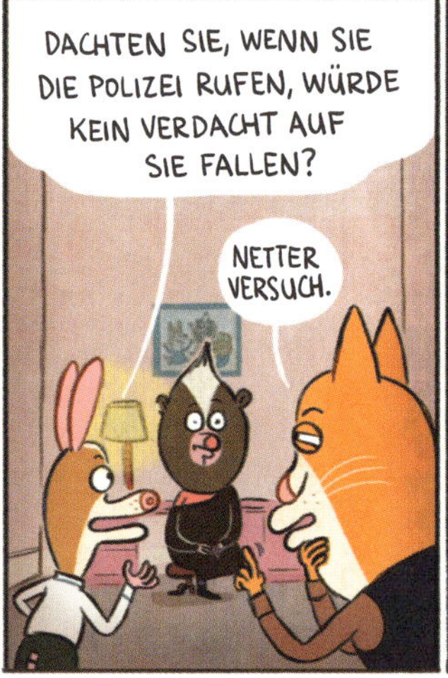
DACHTEN SIE, WENN SIE DIE POLIZEI RUFEN, WÜRDE KEIN VERDACHT AUF SIE FALLEN?
NETTER VERSUCH.

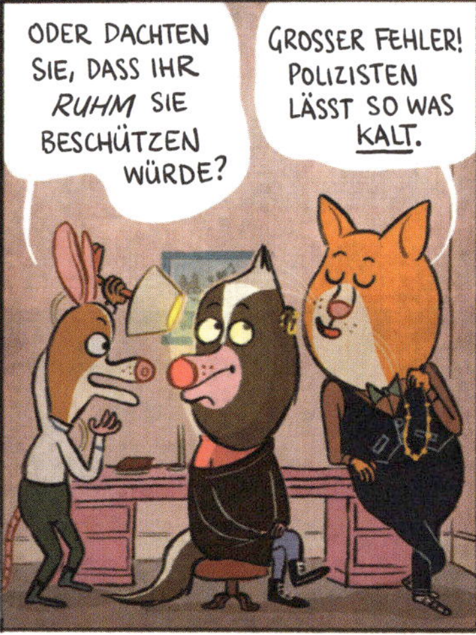
ODER DACHTEN SIE, DASS IHR *RUHM* SIE BESCHÜTZEN WÜRDE?
GROSSER FEHLER! POLIZISTEN LÄSST SO WAS KALT.

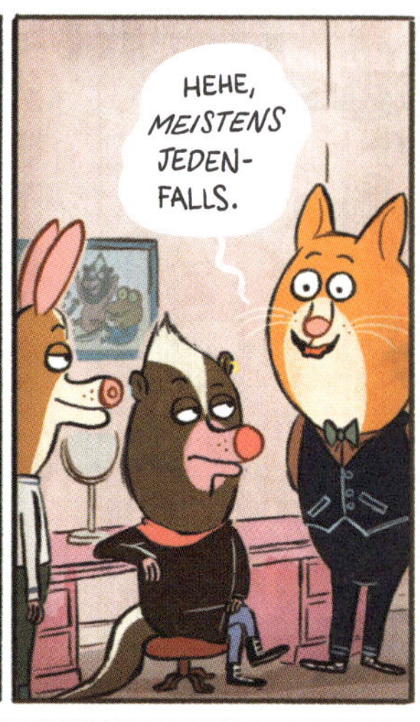
HEHE, *MEISTENS* JEDENFALLS.

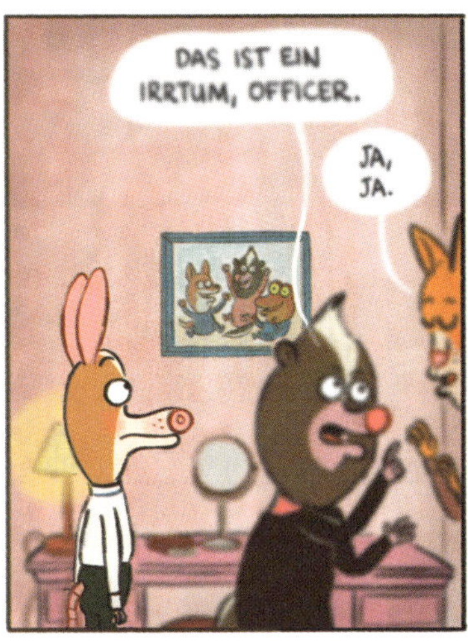
DAS IST EIN IRRTUM, OFFICER.
JA, JA.

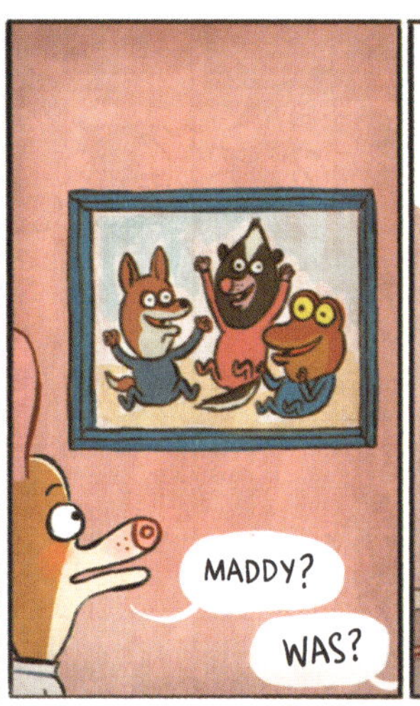
MADDY?
WAS?

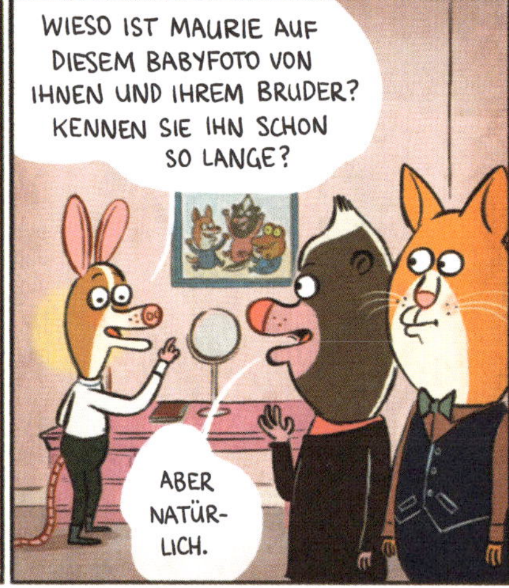
WIESO IST MAURIE AUF DIESEM BABYFOTO VON IHNEN UND IHREM BRUDER? KENNEN SIE IHN SCHON SO LANGE?
ABER NATÜRLICH.

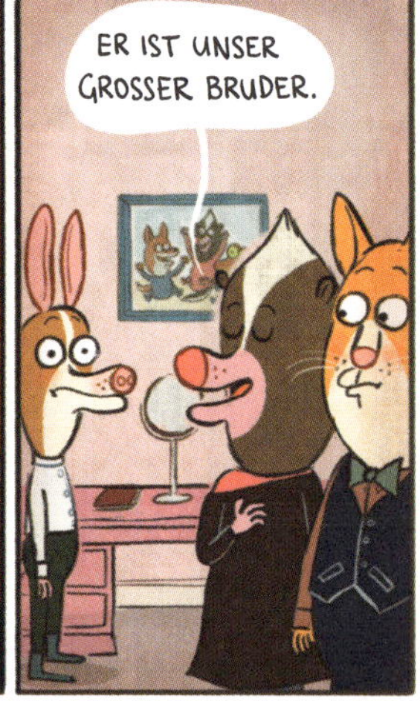
ER IST UNSER GROSSER BRUDER.

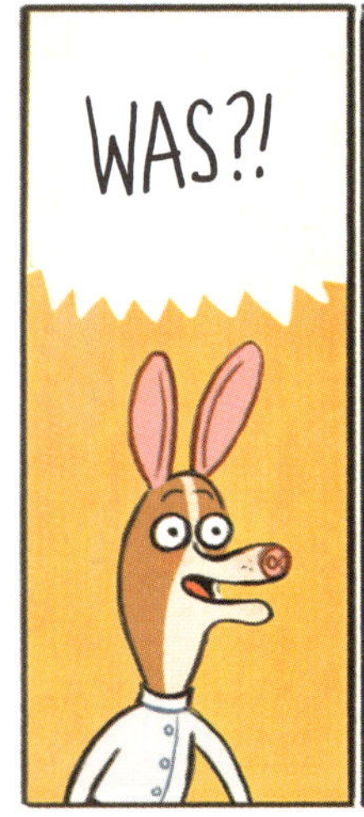
WAS?!

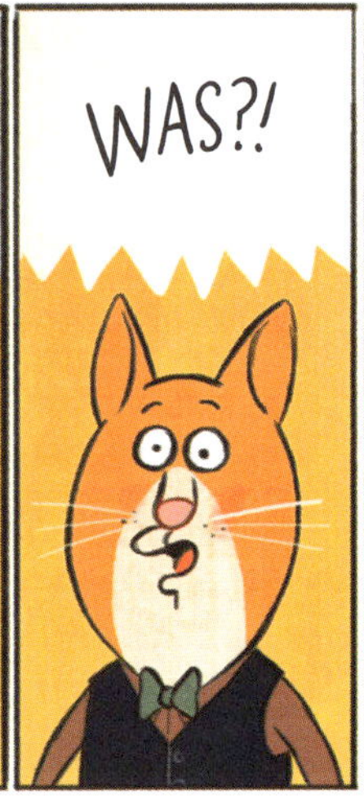
WAS?!

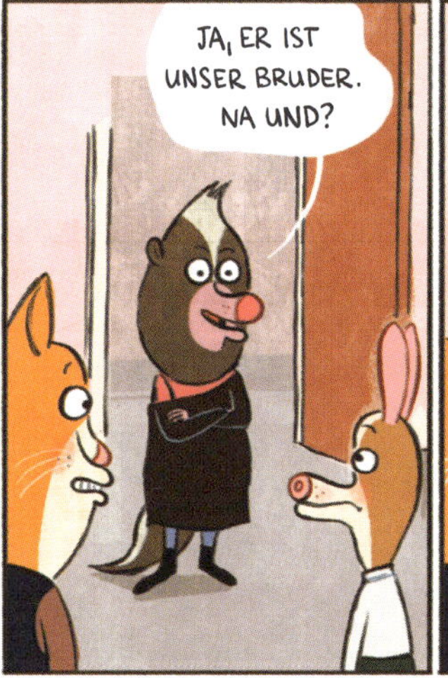
JA, ER IST UNSER BRUDER. NA UND?

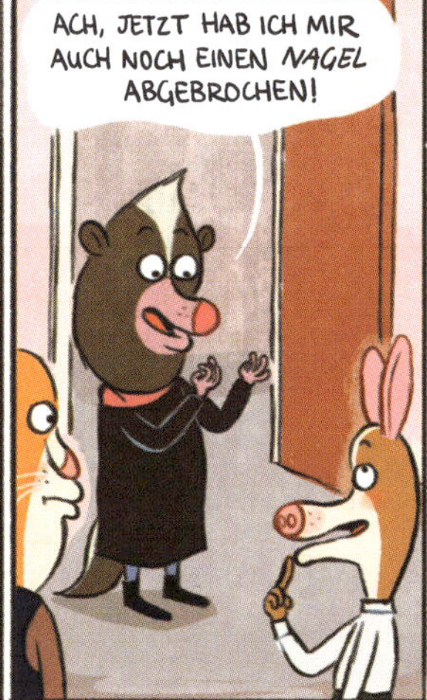
ACH, JETZT HAB ICH MIR AUCH NOCH EINEN *NAGEL* ABGEBROCHEN!

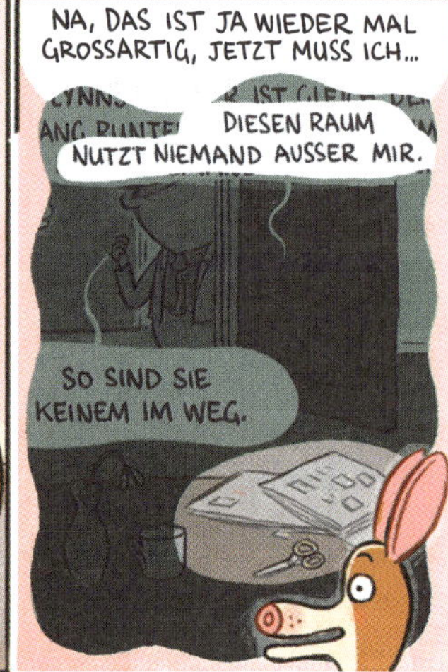
NA, DAS IST JA WIEDER MAL GROSSARTIG, JETZT MUSS ICH...
DIESEN RAUM NUTZT NIEMAND AUSSER MIR.
SO SIND SIE KEINEM IM WEG.

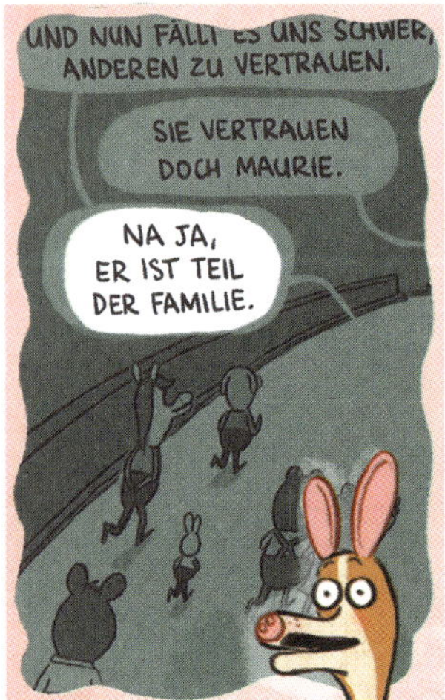
UND NUN FÄLLT ES UNS SCHWER, ANDEREN ZU VERTRAUEN.
SIE VERTRAUEN DOCH MAURIE.
NA JA, ER IST TEIL DER FAMILIE.

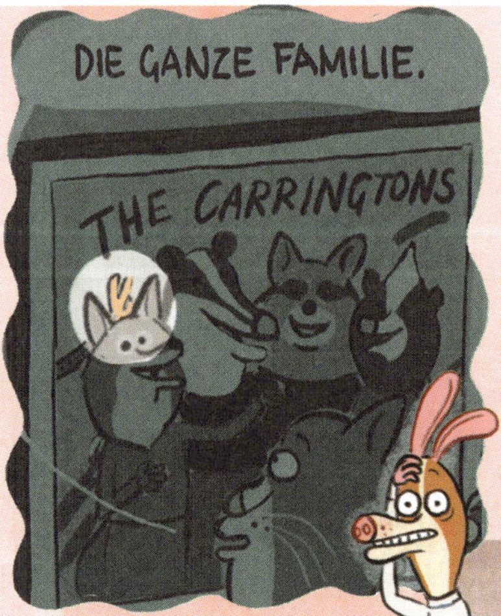
DIE GANZE FAMILIE.
THE CARRINGTONS

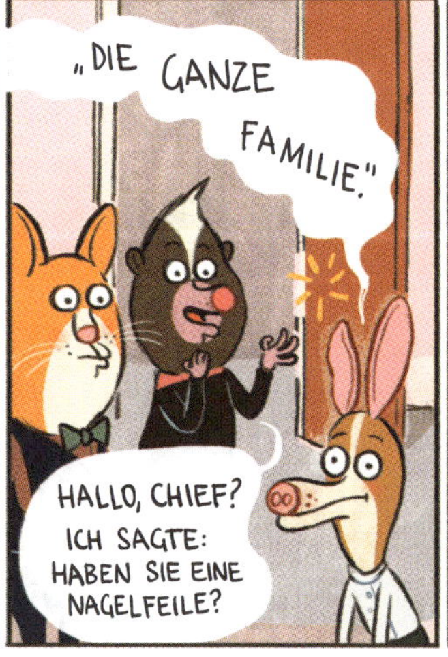
„DIE GANZE FAMILIE."
HALLO, CHIEF? ICH SAGTE: HABEN SIE EINE NAGELFEILE?

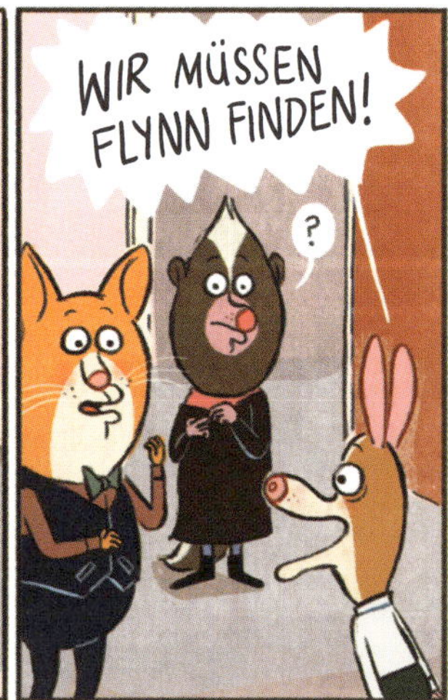
WIR MÜSSEN FLYNN FINDEN!
?

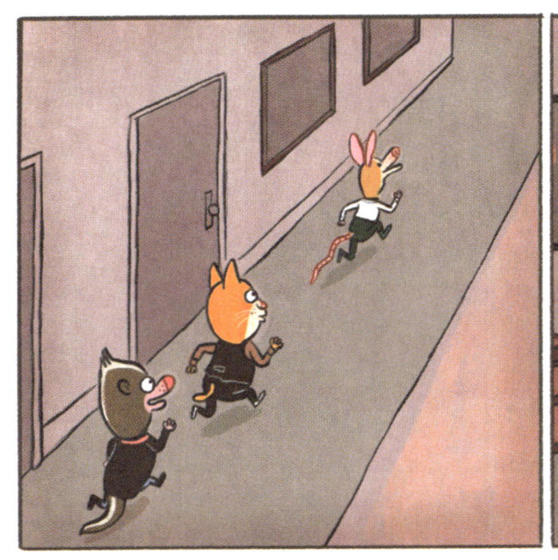
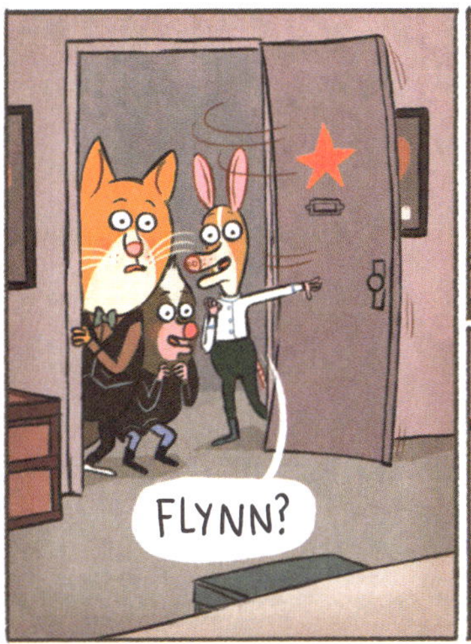
FLYNN?
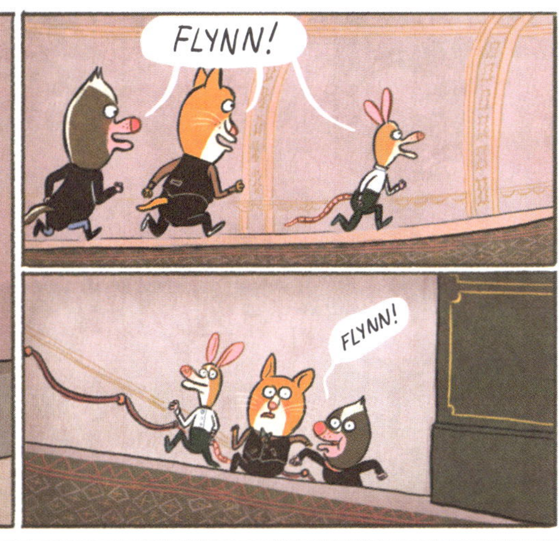
FLYNN!
FLYNN!
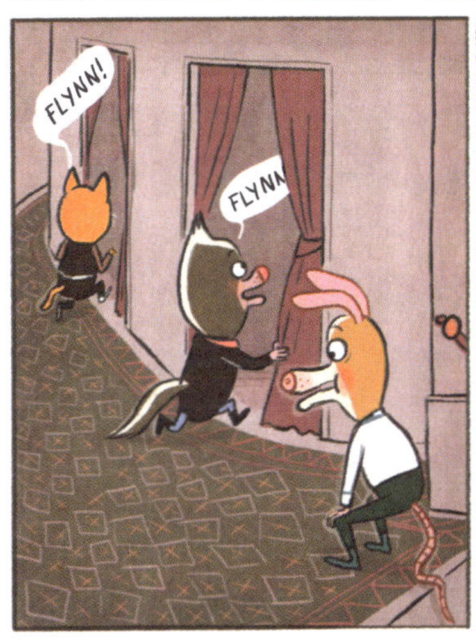
FLYNN!
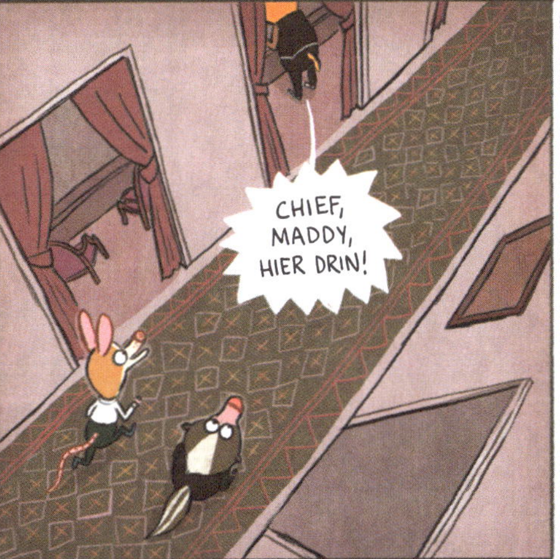
CHIEF, MADDY, HIER DRIN!
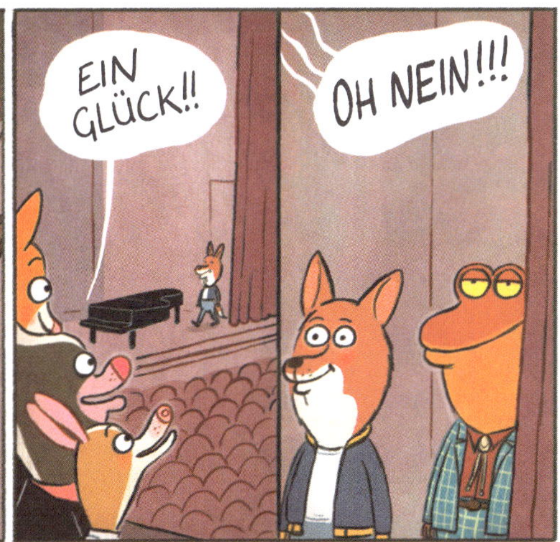
EIN GLÜCK!!
OH NEIN!!!
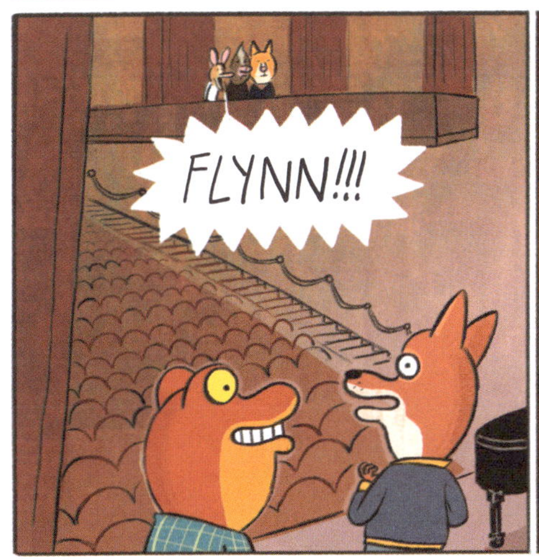
FLYNN!!!
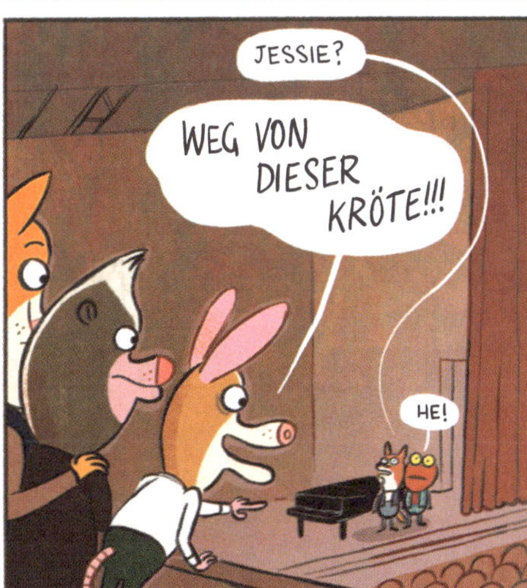
JESSIE?
WEG VON DIESER KRÖTE!!!
HE!
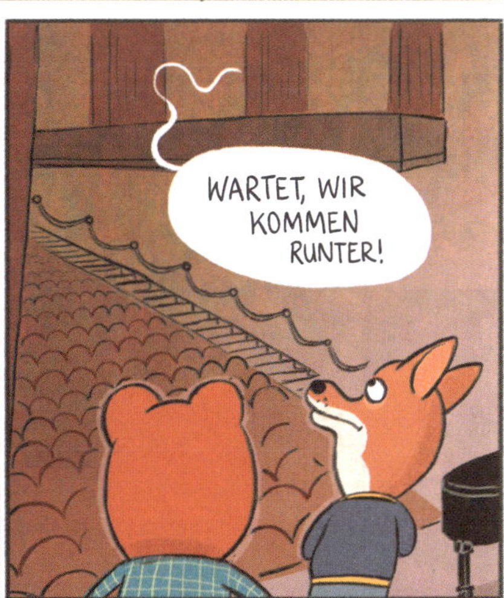
WARTET, WIR KOMMEN RUNTER!
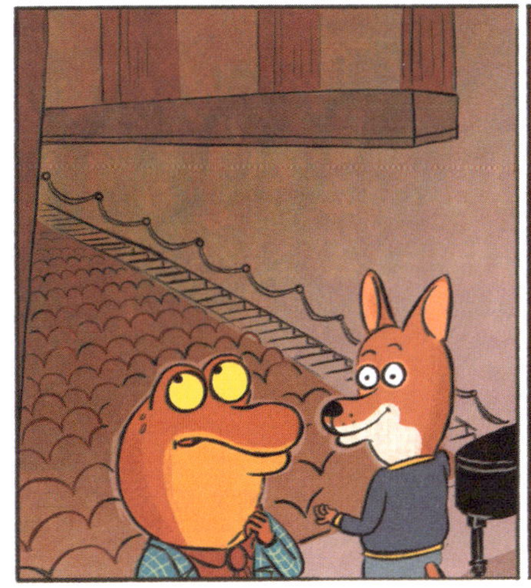
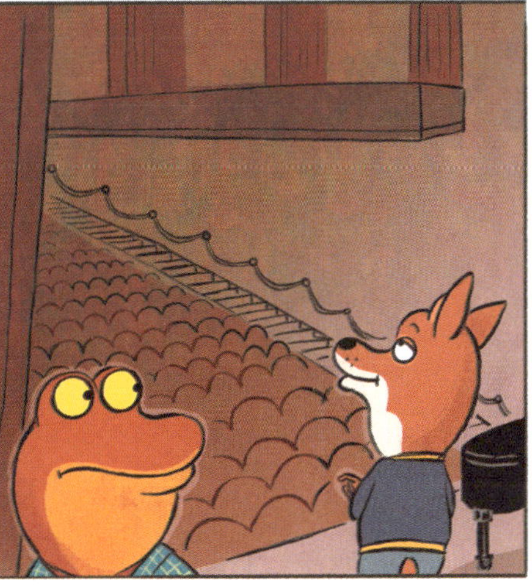
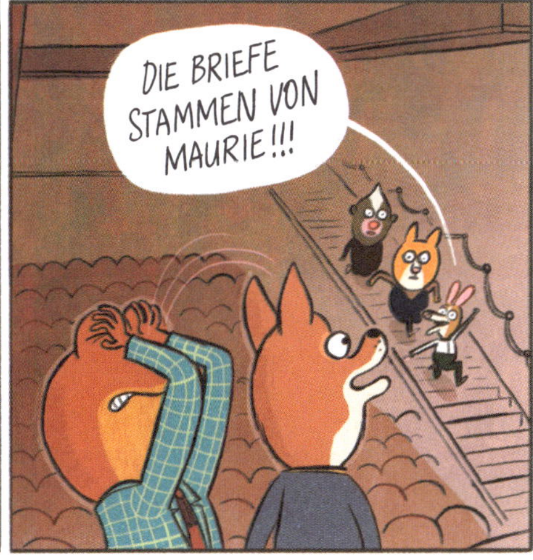
DIE BRIEFE STAMMEN VON MAURIE!!!

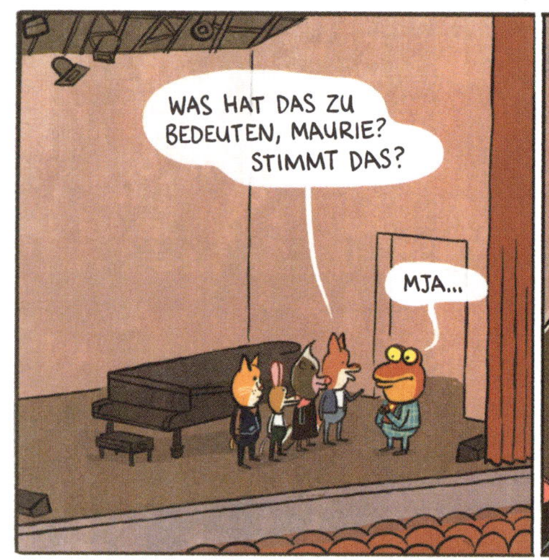
WAS HAT DAS ZU BEDEUTEN, MAURIE? STIMMT DAS?
MJA...
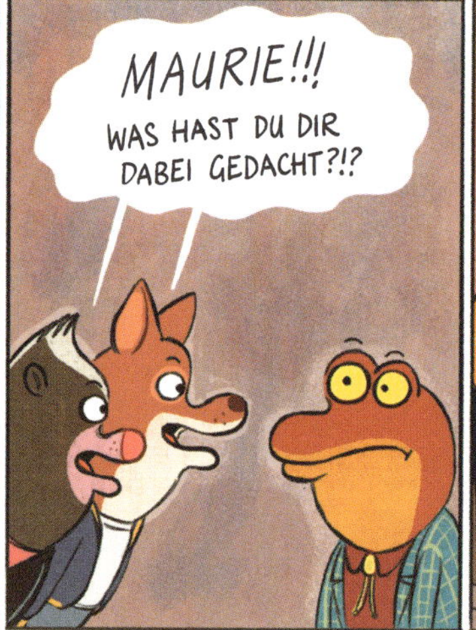
MAURIE!!! WAS HAST DU DIR DABEI GEDACHT?!?
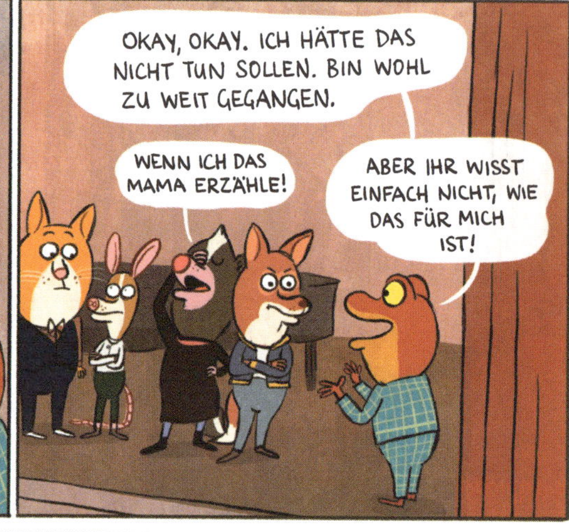
OKAY, OKAY. ICH HÄTTE DAS NICHT TUN SOLLEN. BIN WOHL ZU WEIT GEGANGEN.
WENN ICH DAS MAMA ERZÄHLE!
ABER IHR WISST EINFACH NICHT, WIE DAS FÜR MICH IST!
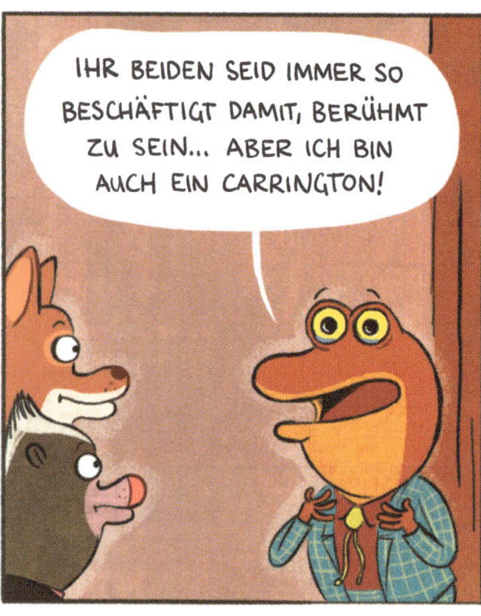
IHR BEIDEN SEID IMMER SO BESCHÄFTIGT DAMIT, BERÜHMT ZU SEIN... ABER ICH BIN AUCH EIN CARRINGTON!
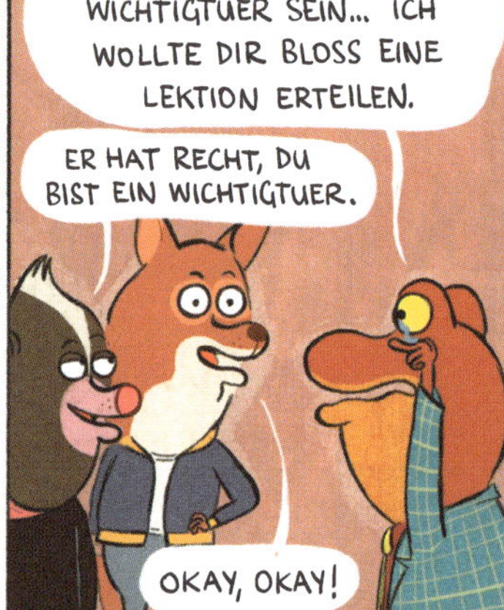
UND FLYNN KANN SO EIN WICHTIGTUER SEIN... ICH WOLLTE DIR BLOSS EINE LEKTION ERTEILEN.
ER HAT RECHT, DU BIST EIN WICHTIGTUER.
OKAY, OKAY!
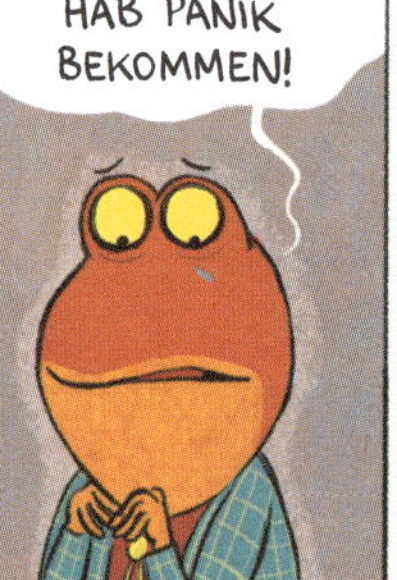
ICH WEISS, ICH HÄTTE DAS ALLES AUFKLÄREN SOLLEN, ALS MADDY DIE POLIZEI GERUFEN HAT... ABER ICH HAB PANIK BEKOMMEN!
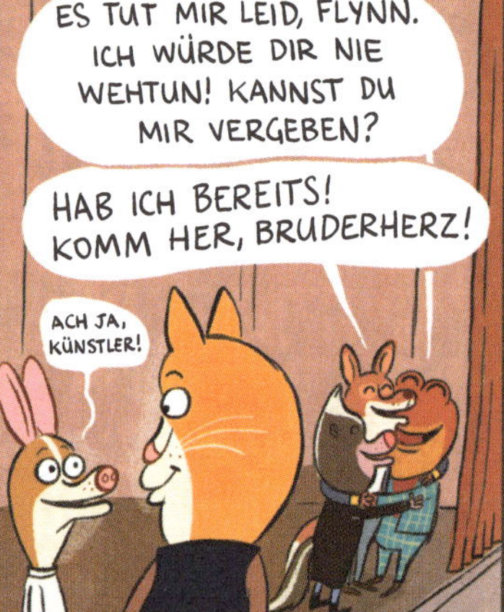
ES TUT MIR LEID, FLYNN. ICH WÜRDE DIR NIE WEHTUN! KANNST DU MIR VERGEBEN?
HAB ICH BEREITS! KOMM HER, BRUDERHERZ!
ACH JA, KÜNSTLER!
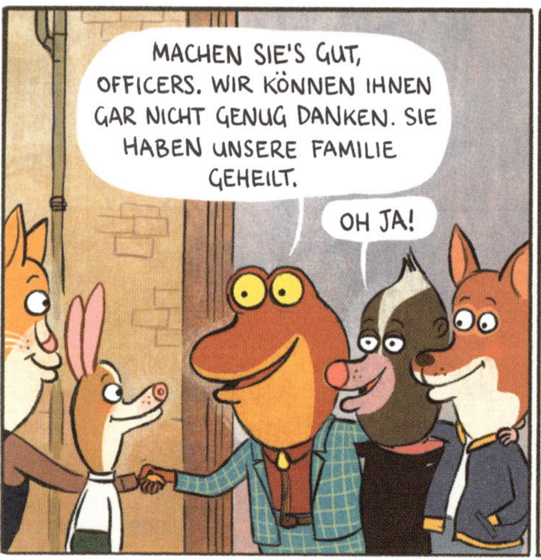
MACHEN SIE'S GUT, OFFICERS. WIR KÖNNEN IHNEN GAR NICHT GENUG DANKEN. SIE HABEN UNSERE FAMILIE GEHEILT.
OH JA!
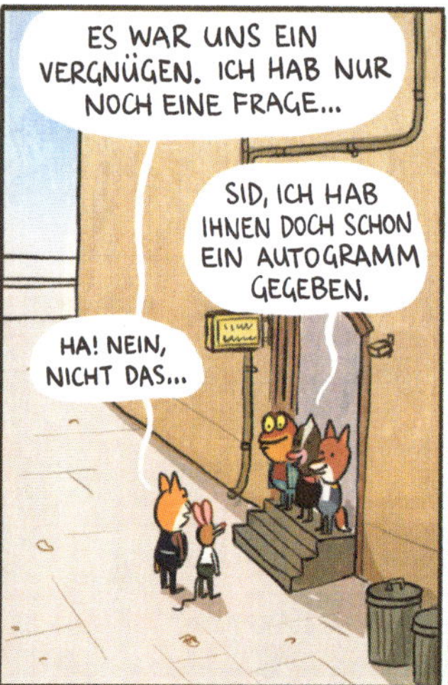
ES WAR UNS EIN VERGNÜGEN. ICH HAB NUR NOCH EINE FRAGE...
SID, ICH HAB IHNEN DOCH SCHON EIN AUTOGRAMM GEGEBEN.
HA! NEIN, NICHT DAS...
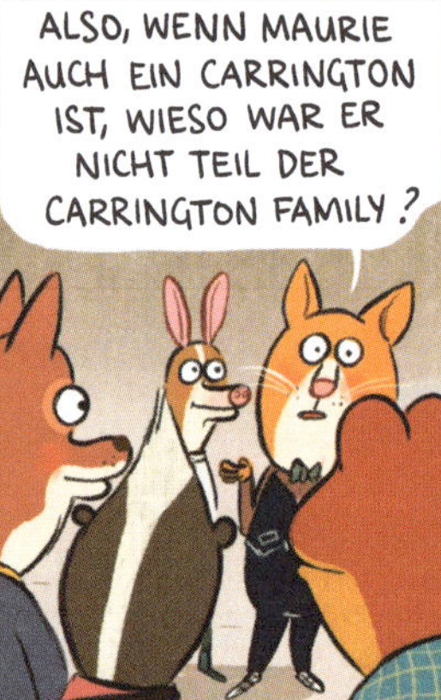
ALSO, WENN MAURIE AUCH EIN CARRINGTON IST, WIESO WAR ER NICHT TEIL DER CARRINGTON FAMILY?
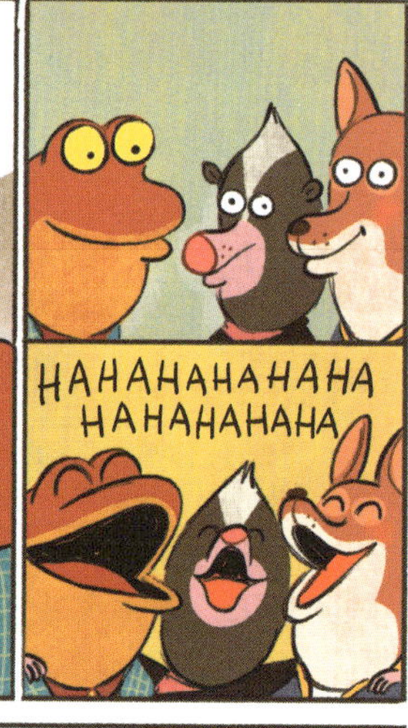
HAHAHAHAHAHA HAHAHAHAHA
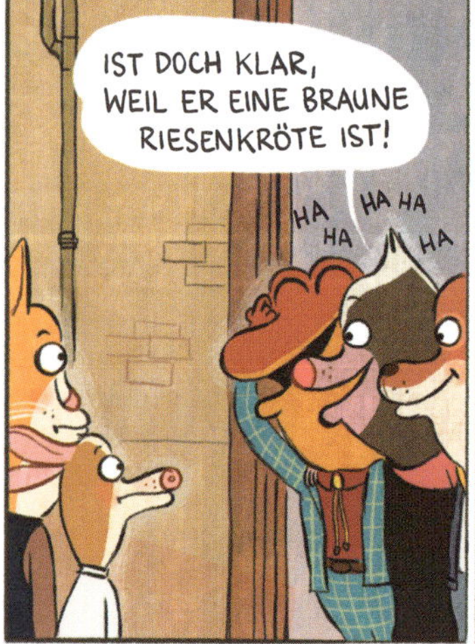
IST DOCH KLAR, WEIL ER EINE BRAUNE RIESENKRÖTE IST!
HA HA HA HA HA
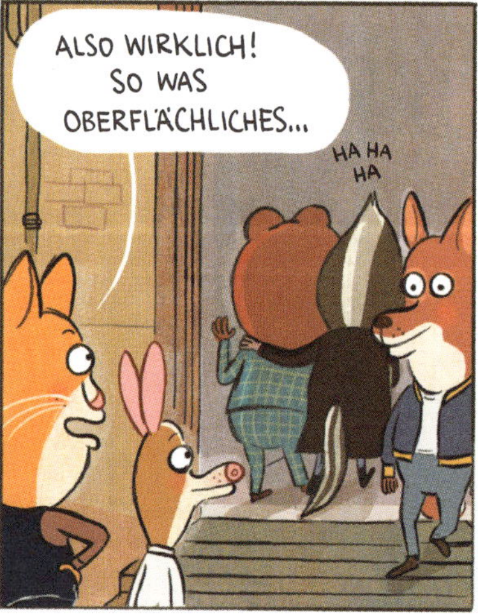
ALSO WIRKLICH! SO WAS OBERFLÄCHLICHES...
HA HA HA
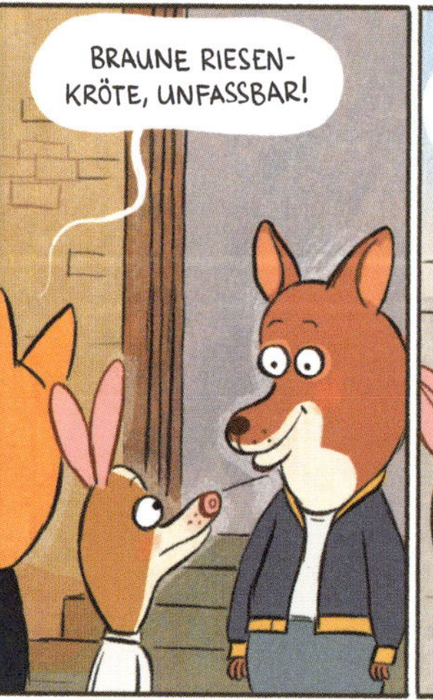
BRAUNE RIESEN-KRÖTE, UNFASSBAR!
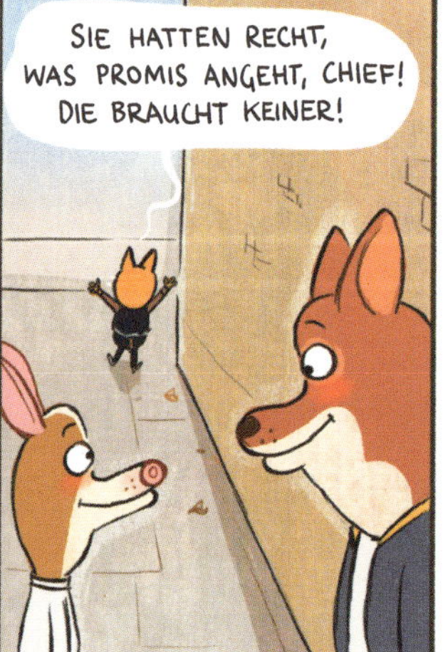
SIE HATTEN RECHT, WAS PROMIS ANGEHT, CHIEF! DIE BRAUCHT KEINER!

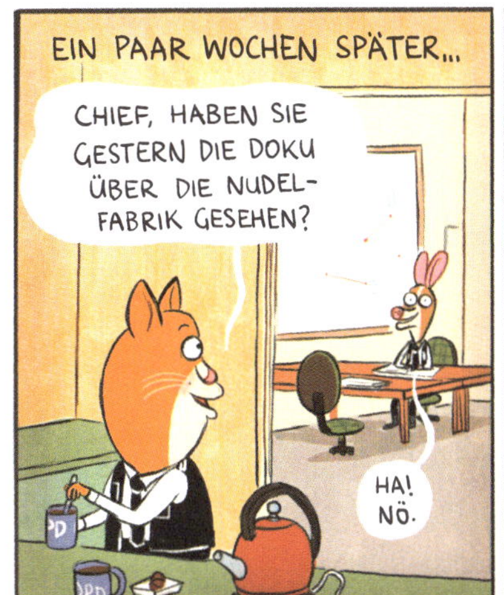
EIN PAAR WOCHEN SPÄTER...
CHIEF, HABEN SIE GESTERN DIE DOKU ÜBER DIE NUDEL-FABRIK GESEHEN?
HA! NÖ.

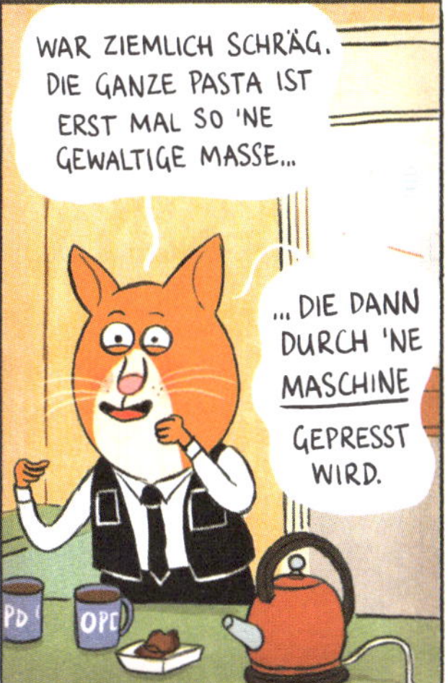
WAR ZIEMLICH SCHRÄG. DIE GANZE PASTA IST ERST MAL SO 'NE GEWALTIGE MASSE...
... DIE DANN DURCH 'NE MASCHINE
GEPRESST WIRD.

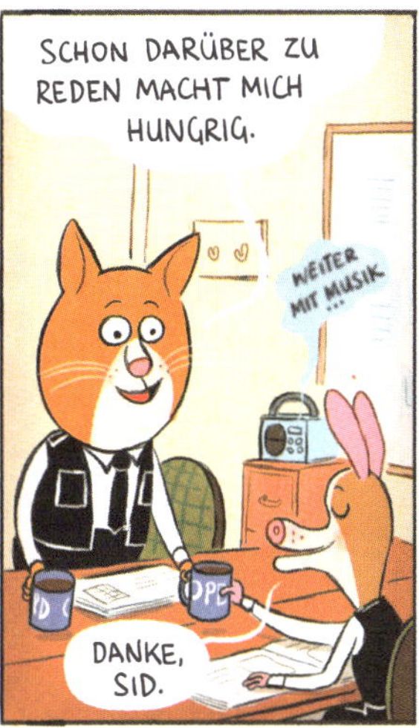
SCHON DARÜBER ZU REDEN MACHT MICH HUNGRIG.
WEITER MIT MUSIK ...
DANKE, SID.

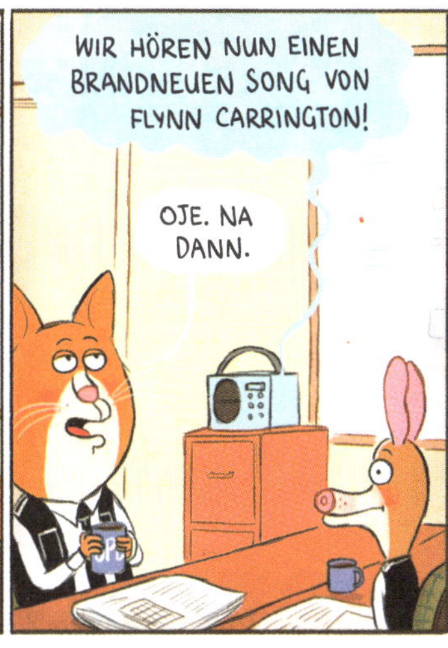
WIR HÖREN NUN EINEN BRANDNEUEN SONG VON FLYNN CARRINGTON!
OJE. NA DANN.

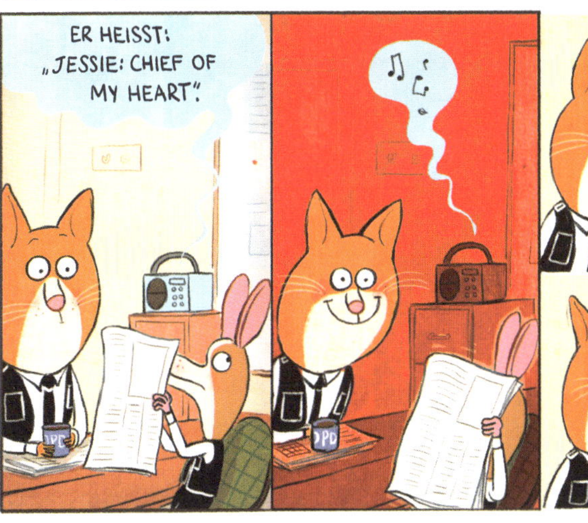
ER HEISST: „JESSIE: CHIEF OF MY HEART".

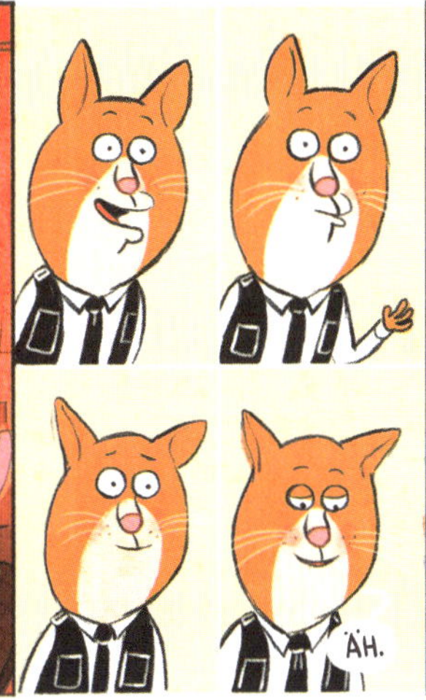
ÄH.

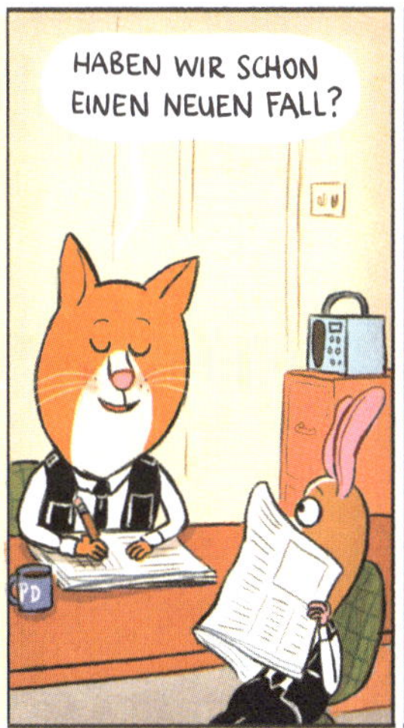
HABEN WIR SCHON EINEN NEUEN FALL?

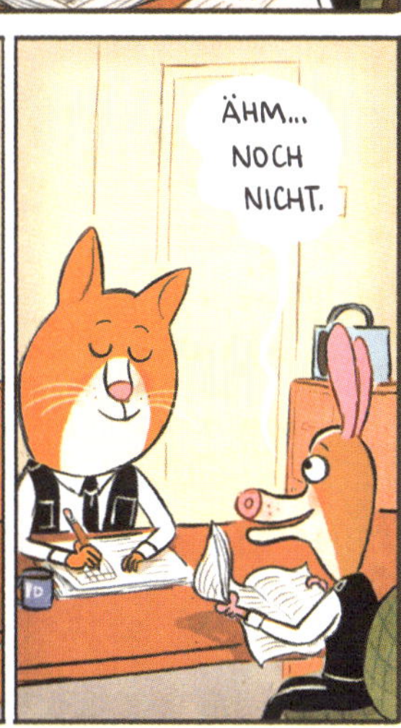
ÄHM... NOCH NICHT.

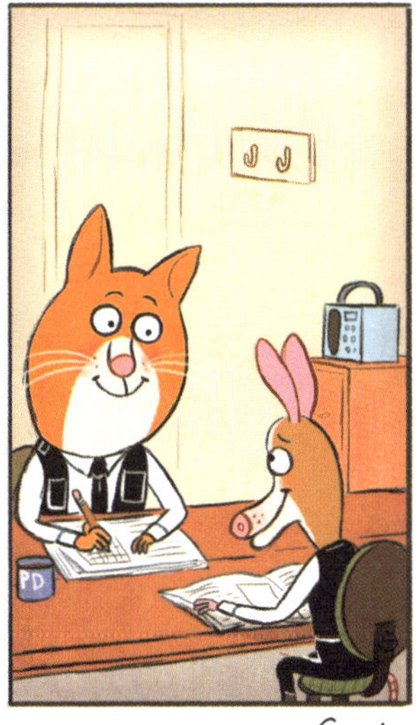

Ende

KREUZWORTRÄTSEL: ODDLEIGH-ORAKEL

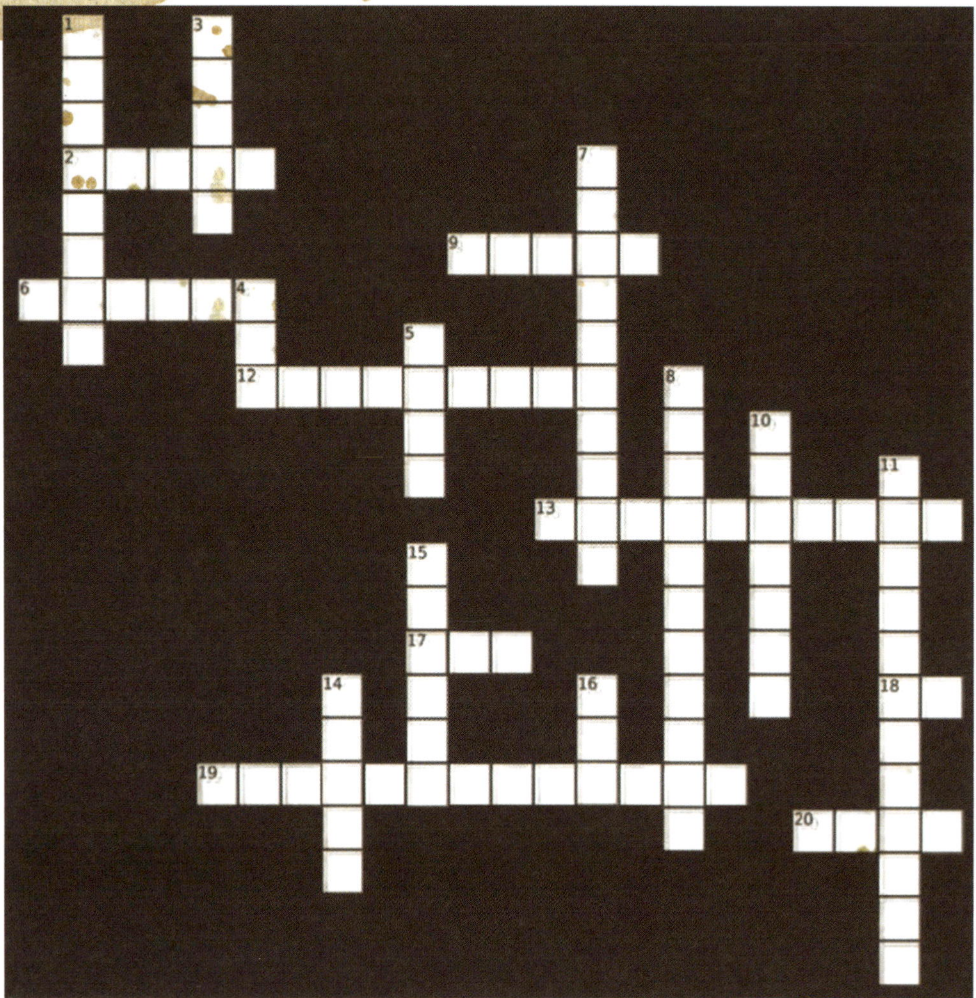

WAAGERECHT

2. Nicht verzagen, _____ tragen! (5)
6. Die Raupe, die keinen Kuchen haben darf (6)
9. Welches Symbol ist auf der Tür von Flynns Garderobe? (5)
12. Welchen Film schauen sich Sid, Jessie und Ptess an? (9)
13. Die berühmte _________ Family (10)
17. Die drei Buchstaben auf dem T-Shirt, das Sid Ptess anzieht (3)
18. Die Lösung des Kreuzworträtsels am Ende der ersten Geschichte (2)
19. Als was entpuppte sich der Brontosaurus-Ellbogen des Professors? (13)
20. Ptess' Lieblingswort (4)

SENKRECHT

1. Die Großtante spukt in der _______ Kammer. (8)
3. Der Name eines seltsamen Zahnarztes (und eines Eckzahns) (5)
4. In was verwandelt der Fluch von Großtante Gertwin die Besucher? (3)
5. Um den Stachelmann zu umarmen, bräuchte man laut Sid ein dickes _______. (4)
7. Ein beachtliches Familienanwesen (10)
8. Eine englische Jagdmütze, die auch Sherlock Holmes trug (11)
10. Wie viele Tage ist der Anführer nach eigener Aussage im Kokon „gereift"? (7)
11. Trockenfrucht, die sich anstelle der großen „Nummer eins" im Glas befindet (12)
14. Welche Farbe hat Dr. Hauers Kittel? (5)
15. Welche Art von Tier ist Maurie? (6)
16. Ein älterer Mann, der sein Gebiss verlegt hat (3)

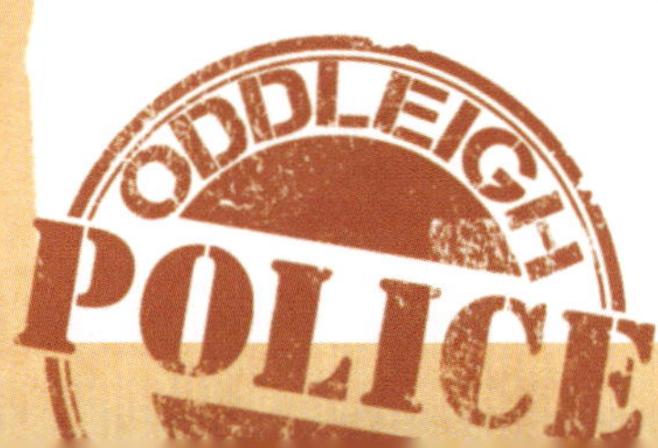

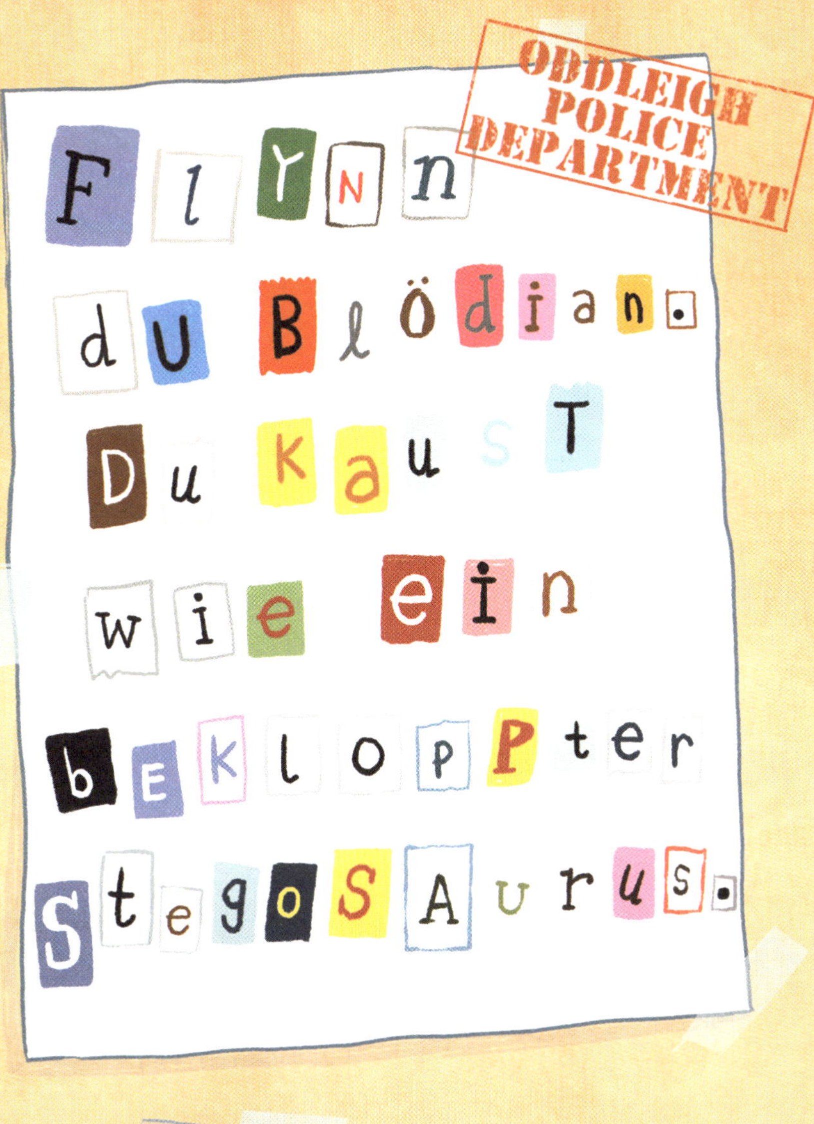

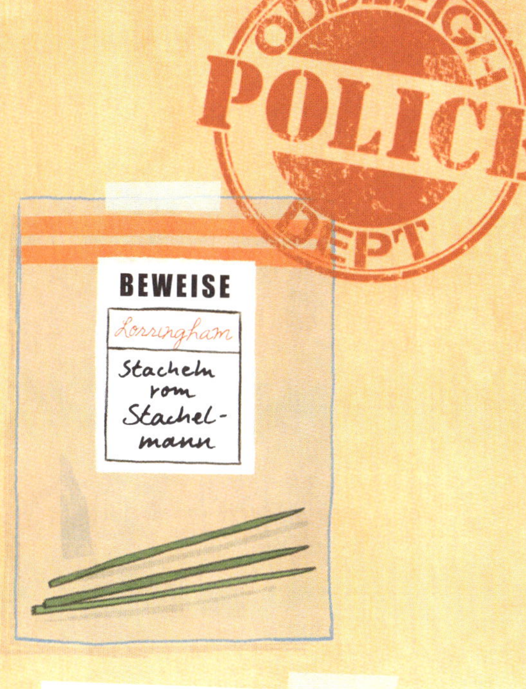

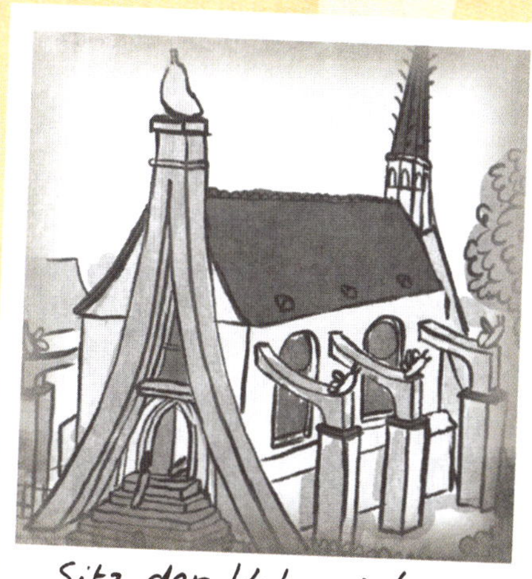

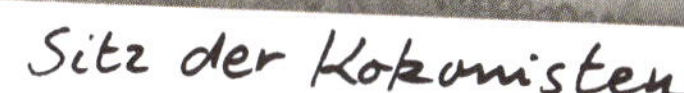
Sitz der Kokonisten

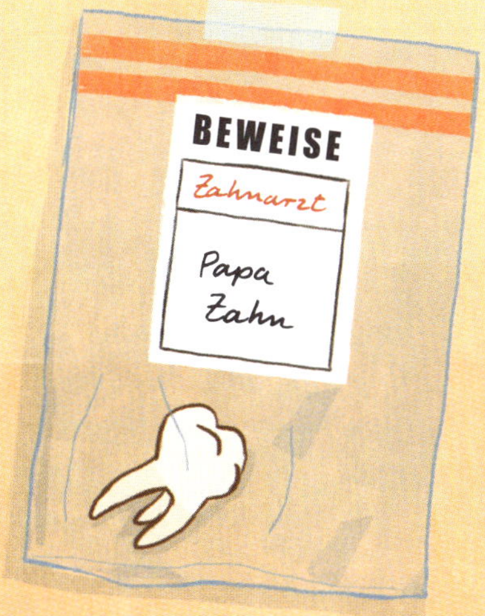

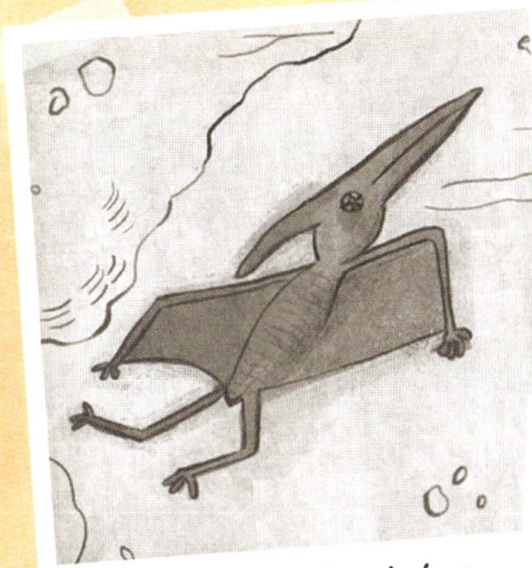
Pterodactylus

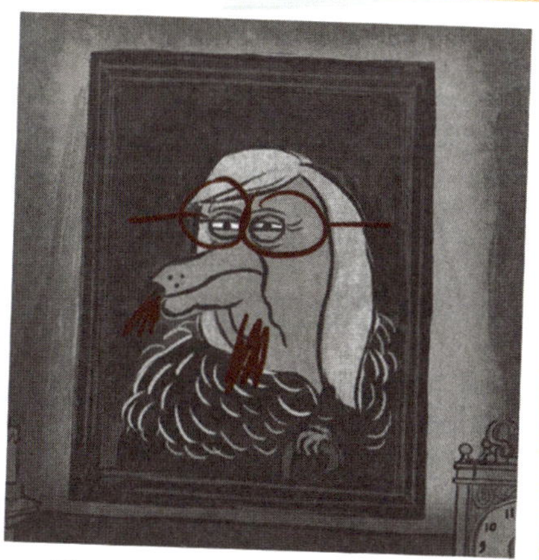
Großtante Gertwin

Ein älterer Man namens Joe
verlegt sein Gebiss irgendwo.
Was er leider vergaß:
Es liegt da, wo er saß,
und so beißt's ihn gleich drauf in den Po!

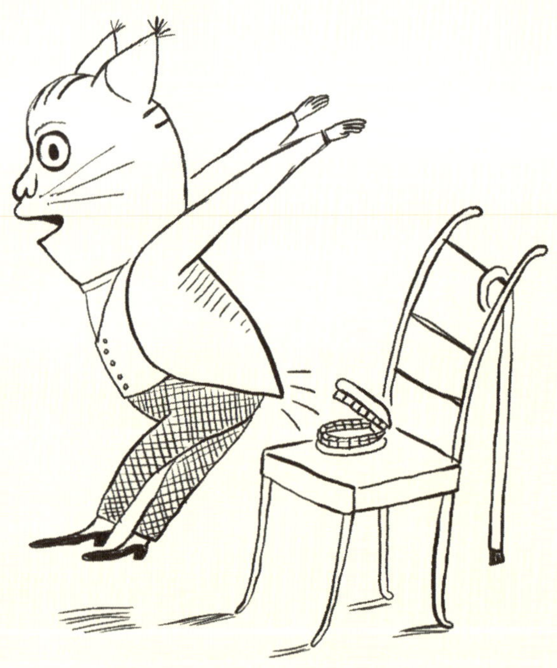

Und wärest du ein Kiesel

von Sid Senior

Und wärest du ein Kiesel
am Strand in einer Bucht,
dann wäre ich die Welle,
die deine Nähe sucht.

Und wärest du ein Schiff,
vom wilden Sturm gelenkt,
dann wäre ich der Hafen,
der sicher dich empfängt.

Und wärest du ein Stern,
würdest den Himmel zier'n,
wär ich ein Teleskop,
um dich nicht zu verlier'n.

Und wärest du ein Apfel,
der an dem Baume hängt,
dann wäre ich der Korb,
der dich nach Hause bringt.

Und wärst du eine Motte,
die durch das Dunkel tanzt,
dann wäre ich die Kerze,
damit du sehen kannst.

Und wärst du eine Kanne Tee,
auf den sich alle freu'n,
dann wäre ich die Haube,
um dir stets nah zu sein.

Und wärst du ein Gemälde,
das zeigt, wie schön du bist,
dann wäre ich der Rahmen,
der dich nicht fallen lässt.

Und wärest du ein Bilderbuch,
das steht im Kabinett,
dann nähm ich dich aus dem Regal
und mit mir in mein Bett.

Doch du bist mein kleiner Schatz,
und zu meinem Entzücken
hab ich Lippen, dich zu küssen,
und Arme, dich zu drücken.

Gute Nacht!

Anmerkungen und Notizen zu den Fällen

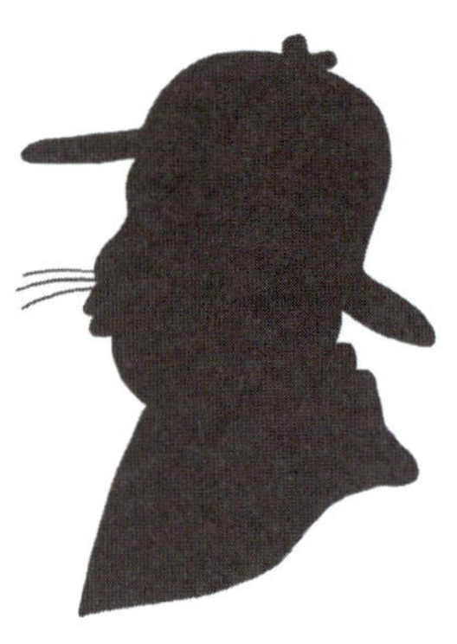

Der Fluch von Lorringham

Seite 7
Rechts die klassische Silhouette von Sherlock Holmes – natürlich mit Deerstalker.

Seite 10
Sid liest das Gedicht „Und wärest du ein Kiesel", verfasst von seinem Vater, Sid Senior.

Seite 14
Sid liest einen Limerick des fleißigen Autors Anonymus.

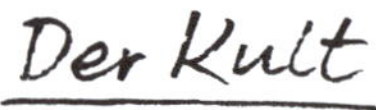

Der Kult

Seite 20
Es ist nicht bekannt, wo sich die Hormonsäcke dieser Raupen befinden und was „defibrillieren" in diesem Zusammenhang genau bedeutet. Es könnte auf jeden Fall ein Kamm nötig sein. (Beim Menschen ist mit „Defibrillation" eine Behandlung mit Stromstößen gemeint, die bei Notfällen angewandt wird, um das Herz des Patienten wieder zum Schlagen zu bringen.)

Seite 21
Jeder weiß, dass haarige Raupen gefährlich sind. Also zumindest ihre Haare.

Seite 21
Zellsuppe: Zunächst verdaut die Raupe sich selbst, indem sie Enzyme freisetzt, die ihr Gewebe zersetzen. Würde man den Kokon im richtigen Moment aufschneiden, träte tatsächlich eine Art Schmetterlingssuppe heraus. Doch der Inhalt des Kokons ist kein formloses Chaos. Einige gut organisierte Zellgruppen, die sogenannten Imaginalscheiben, überleben die Zersetzung.
Bevor sie aus ihrem Ei schlüpft, wächst der Raupe eine Imaginalscheibe für jedes Körperteil, das sie später als Schmetterling (oder Motte) benötigt: die Augen, die Flügel, die Beine und so weiter. Bei einigen Arten bleiben diese Imaginalscheiben während ihrer Zeit als Raupe unauffällig, bei anderen nehmen sie bereits vor der Verpuppung die Form der späteren Körperteile an. Einige Raupen haben sogar bereits rudimentäre Flügel an ihrem Körper, aber man sieht es ihnen nicht an.
Jabr, Ferris: Wie aus einer Raupe ein Schmetterling wird.
Scientific American, 12. August 2012.

Seite 25
Der Kokon einer Raupe besteht normalerweise nicht aus ihren Exkrementen.

Ptess von den Oddleigh Hills

Seite 29
„Groß wie Doppeldeckerbusse": Die Abwesenheit von Doppeldeckerbussen im Hettangium erschwert es merklich, Sids Behauptung auf ihren Wahrheitsgehalt zu überprüfen.

Seite 37
Georges Léopold Chrétien Frédéric Dagobert, Baron de Cuvier (* 3. August 1769; † 13. Mai 1832) war ein französischer Naturforscher und gilt als wissenschaftlicher Begründer der Paläontologie. Er untersuchte die Anatomie verschiedener Lebewesen und verglich systematisch alle Ähnlichkeiten und Unterschiede. Diese Studien ermöglichten ihm, aus der Existenz einiger Knochen die Gestalt anderer Knochen und der zugehörigen Muskeln abzuleiten. So gelang ihm schließlich die Rekonstruktion eines ganzen Tierkörpers aus nur wenigen Teilen.
Wikipedia

Der Zahnarzt

Seite 44
Dr. Hauers derzeitiger Familienstand ist unbekannt.

Die Leibwächter

Seite 53
In Chief Inspector Jessies Familie haben tatsächlich alle erfolgreich die Polizeilaufbahn eingeschlagen. Ihr Cousin Superintendent Fred wurde erst kürzlich mit einer Medaille für „Tapferkeit vor dem Absurden" ausgezeichnet.

LÖSUNGEN KREUZWORTRÄTSEL

WAAGERECHT
2. Tweed
6. Reggie
9. Stern
12. Spiderman
13. Carrington
17. OPD
18. Po
19. Kleiderbuegel
20. Krah

SENKRECHT
1. Samtenen
3. Hauer
4. Eis
5. Fell
7. Lorringham
8. Deerstalker
10. Hundert
11. Doerrpflaume
14. Weiss
15. Kroete
16. Joe

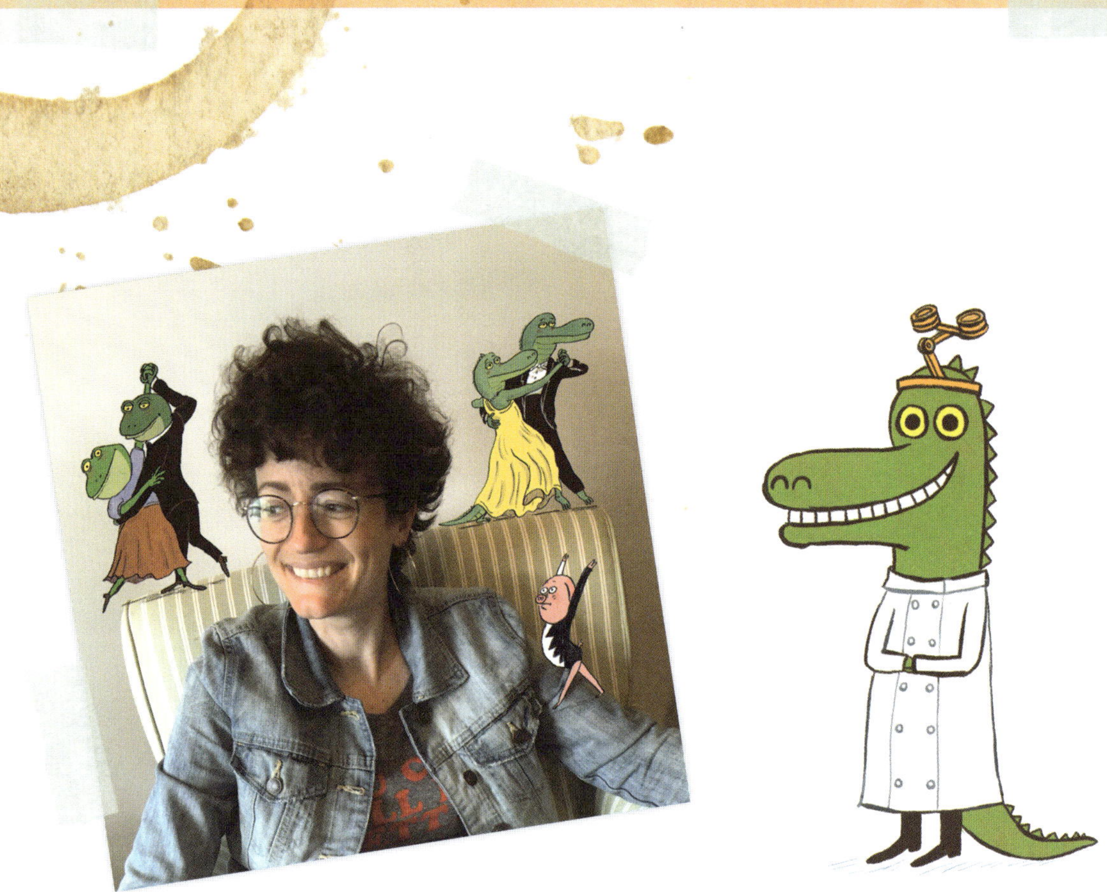

TOR FREEMAN

wurde in London geboren. Seit 1999 arbeitet sie als Kinderbuchautorin und Illustratorin.

Einige ihrer Bücher sind Die Gebrüder Tukan (Lappan), die Olivia-Reihe (Atlantis) und die Pino-Pfote-Bände (Magellan).

2012 erhielt sie ein Stipendium der „Sendak Fellowship" und 2017 wurde sie mit dem „Observer/Cape/Comica Graphic Short Story Prize" ausgezeichnet.

Willkommen in Oddleigh ist ihr erster Comic.

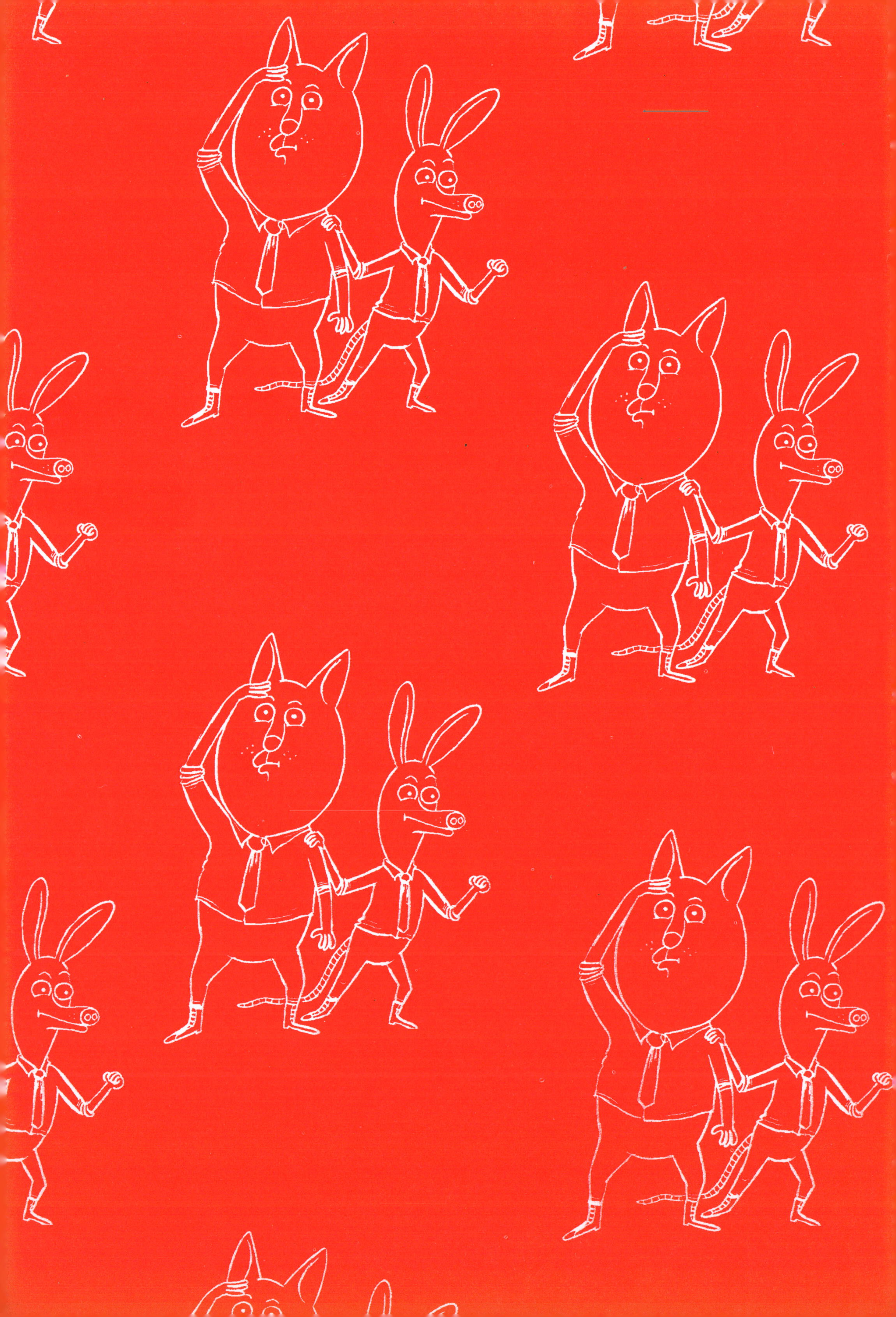